일요일의 역사가

필리프 아리에스 자서전

Un historien du dimanche

일요일의 역사가

필리프 아리에스 자서전

필리프 아리에스
Philippe Ariès
지음

이은진
옮김

일러두기

1. 이 책은 Philippe Ariès, *Un historien du dimanche*(Les Éditions du Seuil, 1980)를 완역한 것이다.
2. 주는 모두 각주로 처리했고, 원서의 주는 (원주)로 표시했다. 그 외의 주는 모두 옮긴이가 작성했다.

나의 누이 마리 로즈 아리에스에게

차례

1960년대 초, 파리에서는 어느 바나나 수입업자가 아동과 가족의 역사에 대해 새로운 이론을 내놓았다는 소문이 돌았다. 그의 이름은 필리프 아리에스, 플롱Plon출판사에서 갓 책을 펴낸 무명 저자였다. 사실 그의 직업은 바나나와 간접적인 관계밖에 없었지만 어떻든 학계보다는 가까운 관계였다. 훗날 그에게 명성을 가져다줄 그의 역사가적 직관과 발견들에 대해 대부분의 대학에서는 모르고 있었다. 당시 학계에서는 심성사histoire des mentalités*가 유행이 아니었다. 우리의 유격대원 역사학자는 이미 오래전부터 홀로 이 미지의 영역을 탐구해 왔고 몇몇 전투에서 거둔 승리를 아는 사람은 자신 말고는 아무도 없

* 사회 구조 속에 드러나는 집단적이고 공통적인 태도와 성향이 시대에 따라 달라지는 양상을 다루는 20세기 역사학의 한 분야를 일컫는다. 이에 따라 가족생활, 어린이에 대한 태도, 죽음에 대한 태도, 공포, 연옥과 같은 상상적 세계의 변모 등 무의식적 심성mentalité이 역사 연구의 대상이 되었다. '집단 정신사'로도 불린다.

었다. 한없이 몰락해 가던 사건사(전쟁, 쿠데타, 정변政變, 과도한 섭정, 그림자 내각 등)에 비하면 사회·경제사(그래프, 물가, 유동 지수, 공황, 계급 등)도 참신하게 여겨지던 때였던 것이다.

이때, 소르본대학 조교수였던 라울 지라르데Raoul Girardet*가 이 '일요일의 역사가'를 알려 준 것은 우리에게 행운이었다. 자신의 오랜 친구인 아리에스의 첫 번째 대작 『프랑스 민중사*Histoire des populations françaises*』**를 읽도록 한 것이다. 우리는 그때까지 가 보지 못한 세계 즉 삶과 죽음에 직면한 인간의 의식적·무의식적 태도의 역사라는 새로운 세계에 빠져들었다. 온통 정치 문제에 몰두해 있던 나는 아리에스 덕분에 정치적 행동이 사회성, 전통적인 집단 습속, 의식 너머에서 개인들을 정신적 가족으로 묶는 유대 관계의 힘에 기인한다는 것을 비로소 깨닫게 되었다.

그 후, 쇠유Seuil출판사의 역사 총서 편집을 맡게 된 나는 2차 대전 후 반짝 생겼다 사라진 군소 출판사에서 첫 출간된 그 책을 당연히 재간하고 싶었다. 그 일을 계기로 필리프 아리에스를 처음 만났다. 벌써 10여 년 전 일이다.

당시 50대였던 아리에스는 하얗게 센 머리에 자연스러운 총기

---

* 1917~2013. 프랑스 역사학자로 프랑스 민족주의와 전쟁사 전문가. 군인 가문 출신으로 파리대학, 파리정치학연구소, 생시르 군사학교 현대사 교수를 역임하였다.

** 필리프 아리에스의 첫 번째 본격 연구서. 원제는 『18세기 이후 프랑스 민중과 삶에 대한 태도의 역사*Histoire des populations françaises et de leurs attitudes devant la vie depuis le XVIIIe siècle*』(Editions Self, 1948).

가 넘치는 인물로, 어떤 주제에 대해서도 거리낌 없이 얘기를 풀어 놓았다. 그의 말에는 뭐랄까, 외로운 금광 채굴꾼의 경험에서 우러나온 오묘한 의외성, 즉흥성, 반전 같은 것이 배어 있었다. 마침 우리는 68혁명에서 이어지는 엄청난 열광 상태 속에 살고 있었다. 좌파와 우파를 가르는 해묵은 경계선은 이미 희미해져 있었다. '악시옹 프랑세즈Action Française'*에서 활동했고, 조롱과 함께 보란 듯이 '반동분자'를 자처하던 아리에스도 68혁명 세대의 외침에 심정적으로 공감했다. 결단코 전통주의적이라고 믿었던 자신의 젊은 날 이념들이 좌파의 입에서 똑같이 흘러나오는 것을 목도하며 경탄했다.

그는 모든 것에 대해 거침없이 말했지만 그렇다고 '가르치려' 들지는 않았다. 자신의 모순을 흔쾌히 인정했고 자신에게 쏟아지는 비난들을 소탈한 웃음으로 받아넘겼다. 자기 자신에 대해 그렇게 웃을 수 있는 사람은 아주 드문 법이다. 매력적인 사람조차 갑자기 견딜 수 없게 만드는, 작가 특유의 허영심이라고는 전혀 없는 아리에스였지만 다만 실수할 수 있는 권리, 그것이 없다면 지식의 정복은 있을 수 없는, 그 오류의 권리만큼은 요구했다. 우리의 과거를 전혀 새로운 설문지

* '프랑스의 행동'이라는 뜻으로, 프랑스의 반공화주의 우익 단체이자 이 단체의 이념을 담아 1908년부터 1944년까지 발행한 일간지의 이름이다. 드레퓌스 사건 당시 반유대주의와 강한 민족주의를 표방한 이 단체의 주요 지지층은 가톨릭 신자와 중소기업인, 전문가 등이었다. 2차 대전 당시 독일에 협력했던 비시 정부(1940~1944)와 연합하여 국민의 신뢰를 잃고 해체됐다.

에 따라서 풀어 간 그의 초기 가설들 가운데 일부는 오늘날 논쟁의 여지가 있을 수 있다. 그러나 설사 그 가설들이 '오류'라 하더라도 이러한 오류들이 있었기에 논쟁과 연구, 결국은 학문의 진보를 촉발했던 것이다. 아리에스의 새로운 연구 성과를 맨 처음 포착한 이들은 인구통계학자들이었고, 이어서 사회학자들이었다. 아리에스는 마지막 대작 『죽음 앞의 인간*L'Homme devant la mort*』을 발표한 다음 해, 65세가 되어서 비로소 역사학자들에게 동료 역사학자로 인정받았다. 그러나 그사이 역사라는 학문의 대상은 이미 더 많은 호기심으로 풍부해졌고 아리에스가 그러한 변화에 큰 몫을 한 셈이다. 오늘날 수백 명의 역사학자들이 그가 개척한 주제들을 천착하고 있고 학문적으로 신중하게 접근하고 있으며 국가 교수 자격시험에도 그러한 주제들이 다양하게 포함되어 있다. 비록 그 학문적 신중성 때문에 결국 인간의 성性보다는 천사의 성을, 감정적 관계보다는 국제 관계를, 사랑, 우연, 죽음의 상호 작용보다는 정치적 전략을 말하는 편이 더 속 편하기는 하지만 말이다.

주장할 내용도 없는 사람들이 라디오와 텔레비전에 출연해 그의 책이 과대평가되었다고 거품을 물었는데, 그보다는 아리에스 자신이 직접 자신의 인생과 사상에 대해 말하도록 하는 게 더 낫다고 판단했다. 게다가 그는 정말 보기 드문 인물, 희귀조 아닌가! 사실 분류 불가능한 지식인 아리에스는 자신의 이념적 계보가 모라스Charles Maurras*

* 1868~1952. 프랑스의 시인 · 비평가 · 사상가. 왕정주의와 반유대주의, 민족주의를 표방하는 '악시옹 프랑세즈'를 결성한 지도자.

계보라고 줄곧 자처하지만 이제는 더 이상 그 계보와 큰 관련이 있어 보이지 않는다. 모라스 계보의 아이러니한 탕아가 된 아리에스는 그럼에도 여전히 그들과 정신적 가족으로서 유대감을 갖고 있다. 이념이나 이론, 선언문들보다 훨씬 더 소중한 타고난 환경, 오래된 기억들, 동지와 친구들, 이 모든 것들에 끈끈하게 연결되어 있는 것이다.

필리프 아리에스는, 같은 이념적 깃발 아래 살지도 않았고 같은 세대도 아니고 심지어 그가 '반동분자'로 자처한다면 그 말을 곧이곧대로 들었을 성향을 가진 나에게, 그래서 더욱더 나이브한 호기심 가득한 내 질문에 열린 마음으로 귀를 기울였다. 책의 편집 과정에서 독자의 주의를 흩뜨리지 않도록 우리는 질문을 없애고 대답 속에 녹여 내서 매끄러운 독서가 되기를 바랐다. 다만 마지막 장은 원래의 인터뷰 형식으로 남겨 두었다. 가공되지 않은 원자료에 대한 애정이기도 하고, 여러 시간에 걸쳐 이뤄진 대화의 상징 같은 것이다. 그러나 이 장도 역시 대화라기보다 독백이다. 기왕이면 오래된 보르도 와인을 마시고 주량을 넘기지 않는 이 유쾌한 학자의 거부할 수 없는 너털웃음 덕분에 간간이 끊겼다 이어지는 눈부신 독백이다.

미셸 비노크Michel Winock*

---

* 1937~ . 프랑스의 역사가이자 작가. 프랑스 공화정사, 지성사의 대가로 파리정치학교에서 현대사를 강의했다. 쇠유출판사의 '푸앙 이스투아르Points Histoire' 시리즈를 책임 편집하고 대중적인 역사 전문지 『역사*L'Histoire*』를 창간하는 등, 프랑스 역사 출판의 황금기를 열었다. 명저 『지식인의 세기』(1997)(메디치 상), 『마담 드 스탈』(2010)(공쿠르 상) 등 많은 저서가 있고 지금도 왕성하게 활동 중이다.

1. 대서양의 일족들

아리에스 일가는 생베르트랑드코맹주Saint-Bertrand-de-Comminges* 근처의 작은 촌락에 모여 살았다. 18세기 말, 그곳에는 같은 성을 가진 집이 열 가구 있었다. 언젠가 연구해 볼 계획이나 나는 우리 성씨의 시조에 대해서 아는 바가 거의 없다. 거기서 갈라져 나온 우리 집안은 18세기 말에 코맹주를 떠났다. 아예 프랑스 본토를 떠나 카리브 해의 프랑스령 마르티니크 섬에 정착했는데 이때부터는 나도 상세하게 알고 있다. 우리 집안의 역사는 프랑스의 서인도 제도 식민화 초기에 시작되었다. 캐나다의 프랑스인들은 본국으로 돌아갈 희망을 접고 그곳에 정착한 반면에 프랑스령 서인도 제도의 프랑스인들은 본국으

* 프랑스 남서부 피레네 산맥의 작은 마을.

로 돌아가 여생을 보내는 경우가 많았다.* 그러나 그 후손들은 섬에 계속 남아서 본국과 이어 주는 모항母港과의 연을 끊지 않았는데, 우리 조상들의 경우에는 모항이 프랑스 서남부의 보르도였다. 18세기 중반부터 프랑스와 마르티니크, 보르도와 생피에르Saint-Pierre**를 꾸준히 오갔다.

향기로운 섬들

우리 집안은 백인이었고 이 점을 소중히 여겼다. 프랑스 본토에서 태어난 백인이나 흑인이 아닌, '크레올créole' 즉 서인도 제도에서 태어난 백인이라는 사실에 자부심이 있었다. '크레올'이 '흑백 혼혈mulâtre'과 같은 의미로 쓰이는 곳은 프랑스 본토밖에 없었다. 한번은 프랑스 본토에서 있었던 어느 저녁 모임에서 우리 어머니 자리를 흑인 남성 옆으로 잡아 둔 일이 있었다. 해외 동포끼리 친해지도록 한 배려였지만 이는 두 집단 간의 전통적인 거리를 모르기 때문에 생긴

* 1763년 파리 조약으로 프랑스는 서인도 제도 식민지들은 유지했으나 북미의 식민지는 대부분 영국과 스페인에 빼앗겼다. 북미 식민지 가운데 유지된 것은 생피에르 미클롱Saint-Pierre-et-Miquelon의 어업 기지가 전부였다. 그 결과 프랑스 고위층만이 본국으로 돌아갔으며 농부들은 정복자 영국의 자비에 운명을 맡기게 되었고 협정 조약으로 캐나다인의 가톨릭 신앙을 유지할 수 있었다.

** 마르티니크의 작은 도시. 한때 '마르티니크의 파리'로 불렸을 만큼 번창했다.

일이었다. 어머니는 이 일로 드러누운 것은 아니었지만 세상이 거꾸로 돌아가는 신호라고 여겼고 우리는 이 에피소드를 재밌어 했다.

또 한 가지 에피소드가 떠오른다. 악시옹 프랑세즈의 열혈 지지자였던 부모님은 레옹 도데Léon Daudet*가 당시 외무부 차관이었던 알렉시 레제, 필명 생종 페르스Saint-John Perse**를 흑인 취급한 것에 크게 마음이 상했다. 부모님은 생종 페르스의 시를 좋아하지도 않았지만 노벨상을 받은 시인이건 아니건, 중요한 것은 그가 크레올이라는 사실이었다. 아버지는 기회가 될 때마다 레옹 도데에게 편지를 보내서 알렉시 레제가 과들루프 섬의 오래된 백인 가문 출신임을 설명했다. 그러나 레옹 도데는 다음 날이면 다시 흔들림 없이 예의 그 '흑인 생레제 레제'를 비난하곤 했다. 그렇지만 부모님은 인종 차별주의자가 아니었다. 두 분은 나름의 방식으로 흑인을 좋아했다. 마치 잘 대해 주면 재미있고 다정해지는 아이들이거나 어른이 되지 않아도 되는 아이들인 것처럼 대했고, 비록 비시 정권하에서지만 상원의원을 거쳐 장관까지 올라간 마르티니크 출신 흑백 혼혈 레메리Henry Lémery의 사례가 입증하듯, 노력하면 성공할 수 있는 아이들처럼 흑인들을

---

* 1867~1942. 소설가 알퐁스 도데의 큰아들로 작가·언론인·정치인. 샤를 모라스와 함께 악시옹 프랑세즈에 뛰어들어 1908년부터 『악시옹 프랑세즈』 신문을 보수적·민족주의적·왕당파적 입장의 일간지로 개편했다.

** 1887~1975. 본명은 마리르네 오귀스트 알렉시 생레제 레제Marie-René Auguste Alexis Saint-Léger Léger. 서인도 제도 과들루프 섬 출신의 프랑스 시인, 외교관으로 1960년 노벨 문학상을 받았다. 『원정』, 『연대기』, 『단테를 위하여』 등의 작품이 있다.

대했다. 그리고 기회가 있을 때마다 자랑스럽게 이 성공 사례를 언급하곤 했다. 물론 오늘날 이런 태도는 온정주의적이고 반동적으로 보일 것이다. 어쨌든 부모님은 나에게 흑인들을 무시하거나 미워하도록 가르치지 않았고 다만 일정한 거리와 서열을 지키기를 바랐다. 정교한 협상을 거쳐서 다른 신분으로 받아들여지는 아주 드문 경우를 제외하고는 각자가 태어난 자리에서 살다 가야 하는 앙시앵레짐을 규범으로 삼던 분들이었다.

부모님은 두 분 모두 '다Da'라는 유모의 손에서 자랐다. '다'는 예전에 노예였거나 노예의 딸이었던 나이 든 흑인 여성들이었다. 그녀들은 우리 집에서 당당하게 군림했다. 마르티니크에 살 때나, 그녀들이 삶을 마친 보르도에 살 때도 그 점은 변함이 없었다. 우리 친할머니, 이모할머니들에게 자기들이 먹고 싶은 음식을 주장했고, 의견이 다를 때면 자기 말을 들어줄 때까지 부루퉁해 있었다. 가족 앨범을 보면 '다'는 우리 부모님, 친지들과 나란히 서 있다. 마르티니크 섬 생피에르에서든 프랑스 보르도에서든 시내의 '일류' 사진관에서 가족사진을 찍을 때마다 함께 갔다.

'다' 유모들은 임종할 때 우리 가족에게 작은 유산을 남기고 떠났다. 아주 예쁜 보석 몇 개, 옷에 달았던 브로치들, 마르티니크 흑인의 전통 수공예인 커다란 금색 구슬로 만든 '슈 목걸이', 그리고 엄청나게 많은 성물 수집품이었다. 어린 나에게는 이 수집품이 가장 신기했다. 카푸친* 수도사라 해도 들지 못했을 거대한 묵주며, 유모의 방을 장식하던 싸구려 소형 석고상들은 성당 하나를 채울 만큼 많았다.

몽마르트르의 사크레쾨르 성당 모형, 성 요셉상, 유모들이 가장 좋아하던 파도바의 안토니오 성인상, 루르드의 성모상 등등 끝도 없었다. 게다가 글을 읽을 줄 몰랐던 유모들은 글 없이 그림만으로 된 성무일도서와 책들을 한가득 갖고 있었다. 그림에는 포스터 글씨만큼 큰 제목이 달려 있을 뿐이었다. 우리 부모님으로선 절대 버릴 수는 없지만 어찌할 바를 몰랐던 이 물건들은 어린 나의 차지가 되었다. 나는 이 물건들을 가지고 놀았다. 당시에는 여자아이들이 인형 놀이를 하듯 사내아이들은 미사 놀이를 했기 때문이다. 실제로 당시 장난감 가게에서는 인형 놀이 용품과 함께 미사용 제단, 촛대, 성체 현시대聖體顯示臺, 향로 등등의 미니어처 장난감들을 팔았다.

우리 부모님은 아들 셋에 딸 하나를 두었는데, 양차 대전 사이에 이 정도면 다자녀 가정이었다. 제3공화국 말기의 프랑스는 아이들이 아주 귀했다. 우리는 근친혼의 산물이었다. 다시 말해 나의 친할아버지와 외할아버지는 형제간이었다. 친할머니가 임신 중에 마르티니크 날씨를 힘들어해서 프랑스에서 태어난 우리 아버지는 마르티니크에서 태어난 같은 성의 사촌 여동생과 결혼했다. 그렇게 해서 얻은 네 자녀 중에 지금은 누이와 나만 살아 있다. 2차 대전 말 1945년에 죽은 큰 동생에 대해서는 나중에 다시 얘기하겠다. 자녀가 일곱이

* '카푸친 작은형제회'는 1525년 설립된 프란치스코회 소속의 수도회이다. 성 프란치스코의 청빈한 삶을 따라 노동과 엄격한 생활을 하며 사회의 소외 계층, 빈민층과 함께한다. 빈민 운동에 헌신한 피에르 신부도 카푸친 작은형제회 소속 사제였다.

나 되었던 작은 동생은 1971년 47세에 뇌졸중으로 사망했다. 우리 아버지는 공학 기사였다. 그전까지는 사탕수수 농업, 상업, 법률을 주로 다루던 집안에 기술 분야가 들어온 셈이다. 우리는 아버지 일 때문에 본토의 블루아*로 이주했고 그곳에서 1차 대전 발발 며칠 전에 내가 태어났다. 전쟁이 끝나자 다시 파리로 이사해서 나는 그곳에서 평생을 살았다. 그렇다고 완전한 파리지앵이 된 것은 아니었다. 그만큼 보르도, 지롱드, 마르티니크와 끈끈한 유대 관계를 지속하고 있었던 것이다.

부모님은 향수에 젖어 끊임없이 마르티니크 얘기를 했는데, 어떤 때는 지긋지긋할 정도였다. 아마 본토에서 나고 자란 마르티니크 출신 부모의 자녀라면 내가 느꼈던 이 지겨운 감정을 이해할 것이다. 나는 어려서부터 마르티니크 집안 특유의 아주 반복적인 분위기 속에 자랐다. 집에서 가장 많이 들었던 얘기들 가운데 하나는 먼 친척뻘이라는 에메 뒤 뷕 드 리베리Aimée du Buc de Rivery 얘기였다. 18세기에 배를 타고 가다 터키 해적에게 잡혀서 술탄의 왕궁으로 끌려갔는데, 그곳에서 그녀의 미모와 크레올 여성의 매력으로 발리데 왕비가 되었다는 것이다. 물론 왕비가 되어서도 미덕과 신앙을 고이 간직한 그녀는 자신의 지위를 이용하여 콘스탄티노플에서 곤경에 처한 기독교인들을 도왔다고 한다. 어머니는 에메 뒤 뷕 드 리베리의 작은 초상화들을 수집했다. 지금은 다 잊어버렸지만, 이 아름다운 술탄 왕비

* Blois, 프랑스 중부 루아르 강 유역의 도시. 웅장한 고성과 성당 등, 관광지로 유명하다.

를 둘러싸고 기적 같은 개종과 자선 이야기들이 넘쳐났다. 역사학을 전공하는 대학생이 되어 비판 정신을 표방하던 나는 이런 지어낸 이야기들이 아무런 근거도 없는 허구라고 어머니께 설명했지만 헛수고였다. 부모님은 역사적 정확성 따위에는 완벽하게 무관심했고, 완고한 확신을 가지고 역사와 전설, 자신들의 과거로 미화한 추억과 현실을 뒤섞어 놓았다.

또 한 가지 자주 들었던 이야기는 허구가 아닌 사실로, 마르티니크의 잔 아셰트Jeanne Hachette*라 할 수 있는 어느 조상 이야기였다. 그녀는 루이 14세 시대 아우크스부르크 동맹 전쟁에서 남편이 자기 앞에서 죽는 것을 보고는 영국군에게 총을 쏘았다고 한다. 이 여장부 조상은 총만큼 돈도 잘 다루었던 모양인지, 모두가 허덕이던 시절에 홀몸으로 사업도 잘 일구었다고 한다.

부모님은 마르티니크에서 보낸 유년기의 추억들을 들려주곤 했다. 가장 즐거운 것에서부터 가장 슬픈 것까지 모두 말이다. 어머니가 기억하기로는, 1891년 초강력 태풍으로 집이 날아갈 뻔했던 당시 집안 여자들은 모여서 큰 소리로 기도하며 요한복음을 읽었고, 남자들이 현관문과 창문을 못질해 막아 놓았지만 공 모양의 번개가 벌어

---

* 강력한 왕권 회복으로 프랑스 통합을 꾀하던 루이 11세에 맞선 '무모한 샤를Charles le Téméraire'은 1472년 노르망디 보베를 공격했다. 보베의 주민들은 남녀노소 모두 전투에 나섰다. 이때 16세 소녀 잔 아셰트가 침략자를 도끼로 내리쳐 군기를 빼앗는 용맹함으로 시민들의 사기를 북돋아 승리를 거두었다. 루이 11세는 잔 아셰트에게 평생 세금을 면제하고 보베의 모든 여성들을 우대하는 여러 권리를 부여했다. 종교 색채가 없는 잔 다르크로 흔히 비유된다.

진 문틈 사이로 번쩍이며 날아다녔다고 한다.

그러나 진짜 비극은 1902년에 발생해 순식간에 생피에르를 휩쓸고 3만 명의 사상자를 낸 플레 화산 폭발이었다. 물론 사람들은 다 공화국 탓으로 돌렸다. 한창 선거 시기에 이 대참사가 터졌는데, 지사는 그 신성 불가침한 투표 일자를 바꾸느니 차라리 주민과 자신의 목숨을 내놓기를 더 원했을 거라는 루머가 돌았다. 그러자 남자들은 도시에 남는 것이 자신들의 의무라고 여겼고, 여자들은 선거권이 없다는 사실에 안도하면서 생피에르를 떠났다. 의회 정치에 반대할 좋은 기회였던 것이다.

어머니와 외조부모님은 이미 몇 년 전에 보르도에 정착했기 때문에 다행히 죽음을 피할 수 있었다. 재해 보상금이 있을 리 만무해 현장에서 죽음을 겨우 면한 사람들은 쫄딱 망했고, 서로 돕는 오랜 전통에 따라서 친척들이 그들을 받아들였다. 그렇게 해서 외할머니의 자매인 로르 라옹 이모할머니가 보르도에 도착했을 때는 수중에 돈 한 푼 없었고 대서양 건널 때 입으라고 친구가 준 초라한 외투 하나가 전부였다. 로르 할머니는 보르도에서 1936년까지 살았고 이어서 우리와 함께 파리에 와서 같이 살았다. 그리고 2차 대전이 발발하자 우리 어머니와 함께 피신했던 프랑스 남서부 아르카숑에서 1940년에 돌아가셨다. 나는 로르 할머니를 외할머니처럼 좋아했다. 나에게 큰 영향을 준 사람들 중 한 분이고 로르 할머니와의 추억은 지금도 잊지 못한다. 로르 할머니는 변형된 고대 프랑스어와 아프리카, 스페인 단어가 신기하게 섞인 크레올 단어들을 이야기 사이사이에 보석처럼 끼워 넣었다. 어느 날 파리 우리 집 창문에서 옆집 부부의 애정 행각을 목격하고는 할머니는 미소 지으며 중얼거렸다. "아유, 아주 돼지우리네. 난리도 아니야."

19세기 말 이런 유형의 가족을 이해하기 위해서는 아이들에게 부모 이외에도 다른 모델들 즉 '친척', 친구들, 유모, 하인 등의 모델을 제시했다는 걸 알아야만 한다. 아무리 '핵'가족(아버지-어머니-자녀)이라 해도 가족은 친척과 친구들의 복잡한 연결망 속에서 따뜻하고 치밀한 세계 한가운데 위치한 그런 것이었다. 틀림없이, 가족에 대한 연구에서 나는 이 점을 떠올렸을 것이다. 그렇게 해서 우리 집에는 구성원이 많았다. 아버지, 어머니, 네 명의 자녀, 외할머니, 그리고 외할머니를 돌보는 여동생이자 '나의' 로르 할머니가 있었다. 집안일을 맡은 집사 오귀스틴은—우리는 '틴'으로 불렀다— 우리의 편안한 일상을 돌보았고, 집안 대소사에는 놀라운 요리 솜씨로 음식을 도맡았다. 1912년, 열여덟 살 나이에 우리 집에 들어온 틴은 해마다 그랑드 브리에르에 있는 고향 집에 가서 한 달을 보내면서 근처의 생트안도레 성지 순례를 하곤 했다. 1940년 10월에는 전쟁 때문에 고향에서 돌아오지 못했는데, 몇 년 후에 그곳에서 세상을 떠났다. 틴은 우리 가족의 삶에서 큰 자리를 차지했고 우리는 친척처럼 그녀를 좋아했다. 우리 모두와 말을 놓았고 기쁨과 슬픔을 함께 나누었다. 우리가 시험 보는 날 아침이면 틴도 제정신이 아니었다.

그녀를 거들기 위해 당시 풍습대로 하녀 한두 명 또는 하인 부부가 있었는데, 어머니는 가능하면 마르티니크 출신 중에서 골랐다. 이 모든 사람들에 더해 해마다 5월에서 여름 휴가철까지 우리 아버지의 누이인 마리 아리에스 고모가 집에 머물렀다. 고모는 평생 독신으로, 기막히게 지적이고 음악적이었으나 견디기 어려운 인물이었다. 고모가 집에 오는 날, 우리는 성모의 달 5월에 맞는 성가를 부르면서 그녀를 맞이했다. "성모 성월이요, 제일 좋은 시절, 사랑하올 어머니, 찬미하나이다…." 우리는 고모를 마요트라고 불렀는데 당시에는 모든 이름을 줄여서 부르는 낭만적인 유행이 있었다(마요트는 프티트 마리의 애칭이고, 또 다른 고모는 벨로트, 프티트 벨의 애칭이었다).

노처녀 고모들은 지치지도 않고 일 년 내내 이 집 저 집을 옮겨 다녔다. 아이들은 고모들을 아주 좋아했고 고모들도 마찬가지였다. 반면에 부모님은 고모들이 끼칠 영향을 경계했지만, 끝없는 우리들의 비밀 이야기를 막을 수는 없었고 부모님도 샘이 나는 우리의 신뢰 관계를 뭐라고 할 수는 없었다. 고모들은 자부심을 가지고 자기들이 결혼할 수 있었다고 우리에게 말했지만, 우리는 고모들이 약간은 자만심 때문에, 대부분은 돈이 없어서, 그리고 이따금은 가족에 대한 헌신 때문에 노처녀로 남았다는 것을 알고 있었다.

로르 할머니는 평생을 중환자 가족을 돌보며 살았다. 아버지, 오빠, 그리고 우리 집에서 함께 산 언니 즉 나의 외할머니까지 돌보았다. 외할머니는 어릴 때 넘어져서 다친 데다 나중에는 중풍으로 몸이 마비되었기 때문에 아침마다 침대에서 환자용 용변 의자까지 두 팔로 들어 옮겨야 했다. 간병하는 수녀가 와서 외할머니를 씻겼고, 저녁이면 나도 로르 할머니를 도와서 외할머니를 다시 침대에 눕혔다.

외할머니는 1938년에 돌아가셨다. 로르 할머니는 그러니까, 생애 처음으로 아무도 돌보지 않아도 되는 2년간의 긴 휴가를 누릴 수 있었던 셈이다. 로르 할머니는 조카사위인 우리 아버지를 무척 아꼈는데, 원래 여자보다는 남자를 좋아하셨다. 로르 할머니는 전쟁이 한창이던 1940년에 평화롭게 돌아가셨다. 로르 할머니에겐 전쟁이 나쁘지만은 않았다. 왜냐하면 여름철을 보내러 지롱드에 왔다가 전쟁 때문에 마르티니크로 돌아가지 못해 발이 묶인 어릴 적 친구들이 이모할머니의 임종 머리맡에서까지 고향 생피에르의 추억들을 떠올려 주었기 때문이다.

우리 가족과 우리 인생에서, 우리 감수성의 발달에서 이런 노처녀 이모나 고모가 맡았던 역할을 이제 누가 전해 줄 것인가? 낭만적이며 정숙하고, 신앙심 깊고 명랑하며, 언제나 우리 편이고 우리가 지어낸 엉터리 얘기도 군말 없이 들어 주던 이런 친척들이 사라져 버린 지금, 아무도 그들을 집에 받아들이지 않으려는 지금, 누가 그들의 역할을 기억할 것인가?

나는 현대 사회에서 청년들이 겪는 사회화의 어려움이 그들을 낳은 아담과 이브라는 원초적 커플 즉 부모와의 편협한 대화에서 비롯한다고 확신한다. 우리는 지금보다 훨씬 광범하고 훨씬 다양한 가족 구성원을 갖고 있었다. 노처녀 이모나 고모, 조부모님, 삼촌, 숙모, 사촌 등등에서 형편에 맞게 대화 상대를 고를 수 있었고 상황에 따라 바꿀 수 있었다. 부모님이 우리를 내치면 그들에게 달려갔다. 그들은 우리를 달래 주었고, 수많은 얘기를 들려줬고 뭐든 척척 해결해 주었으며 우리가 원하는 걸 주장하면 우리 편을 들어 주었다.

신과 왕

약간의 변이종과 유보 조건이 있지만 크게 보아서 우리 가족은 모두 가톨릭 신자에 왕정주의자였다. 18세기 말인 1780년에서 1820년 즈음 태어난 우리 증조부모님 세대에 관해서는 나도 그들의 종교적·정치적 사상을 잘 알고 있는데, 남자들은 가톨릭 신자도, 왕정주의자도 아니었다. 우리 증조부가 1848년 대통령 선거에서 빨갱이 사회주의자를 찍었었다고 가족들이 모여 낮은 소리로 수군대곤 했다. 반면에 여자들은 모두 아주 돈독한 신자에 왕정주의자였다. 특히 증조모가 그랬는데, 무서웠지만 대단한 여성이었다. 자식 일곱 중에 남자아이 여섯 명을 모두 열렬한 가톨릭 신자로 만들었다. 이것은 19세기 중반 즈음 가정에서의 영향력이 얼마나 많이 남성에서 여성으로 넘어갔는지를 보여 준다. 여성은 자녀 교육의 진정한 주체가 되었다. 가치를 전승하는 주체가 된 것인데 이유는 단순했다. 여성은 늘 집에 있었고 남성은 자주 집을 비웠기 때문이다. 그리고 초등학교나 중학교 교육처럼 가정교육도 17, 18세기와는 비교도 안 될 만큼 중요성을 띠게 되었다. 이후로 가정의 모든 활동은 자녀의 미래에 초점을 맞추었고 이 미래는 더 이상 옛날처럼 결혼을 통한 지위 획득으로만 결정되지 않고 교육을 통한 지위 획득으로도 결정되었다. 이런 이유로 폴리테크니크* 같은 이공계 그랑제콜이나 재무감독관을 뽑는 국가 고시 또는 의학에 대한 관심이 급증하기 시작했다.

1835년에서 1850년 사이에 태어난 우리 조부모님은 따라서 그 어머니인 우리 증조모의 교황권 지상주의적 가톨릭 신앙을 믿었다. 교황권 지상주의 신앙은 쉽사리 격해지고 초자연적인 것이나 기적을 좋아했다. 오늘날 통설과는 반대로, 나는 19세기 말이 적어도 부르주아지 계급에서는 재再기독교화의 시기였다고 믿는다. 자신들만의 종교 형태를 전승한 여성들 덕분에 말이다.

다음 세대인 우리 부모님 세대는 자신들이 유지하고 싶고 자녀에게 물려주고 싶은 옛 풍습들을 많이 간직하고 있었다. 그러나 그들의 행동은 삶에 대한 태도라는 중대한 지점에서 이전 세대와 달랐다. 첫째, 그들은 아이를 적게 낳았다. 여전히 가톨릭 신자이기는 했지만 당시의 인구 감소 정책을 따랐다. 둘째, 늙음에 대해 조부모 세대와 같은 생각을 갖고 있지 않았다. 우리 조부모님 세대는 앞선 세대와 마찬가지로, 50세가 넘어가면 활동적 삶에서 배제된 노인이라고 스스로 여겼다. 종종 80세까지 사는 경우도 있었지만 노인들만의 고유한 삶의 방식을 따랐다. 나이 든 여성은 커다란 검정 드레스를 입었고 목에는 아주 반짝이는 흑옥 목걸이에 검정 리본을 맸다. 노인들은

---

* 파리 이공과대학 '에콜 폴리테크니크'. 나폴레옹 시대 공병 장교를 양성하기 위해 설립되어 지금까지도 프랑스 최고의 명문으로 많은 정치인, 고위 공무원, 기업·단체장을 배출하고 있다.

저녁 미사 때마다 교회에 가서 벗어진 머리 위에 작은 정수리 모자를 얹고는 죽음을 맞이할 준비를 했다. 몇몇은 그렇게 20년이 넘도록 준비하기도 했던 것이다! 반대로 우리 부모님 세대는 순진하게도, 활기차게 활동을 유지할 수 있다면 늙음이란 더 이상 존재하지 않는다고 믿었다. 그들의 부모들이 필연으로 받아들여 근엄하고 경건하게, 때로는 성실하게 보냈던 그 긴 은퇴 시기를, 세기말에 태어난 우리 부모님 세대는 줄여 버리거나 심지어 없애 버렸다. 그들은 진보를 믿지 않았고 언제나 조상들의 지혜를 칭송했다. 그러나 우리가 애쓰는 것처럼 죽음을 잊어버리려고 애쓰지 않으면서도 늙음을 은폐해 버렸다. 늙지 않는 어른, 그러나 언제나 신심 깊은 어른들이었던 것이다.

그러던 중, 우리 부모님에게 놀라운 일이 벌어졌다. 이 사건으로 그들은 전혀 다른 사람이 되었고 특별한 정치적 소명을 품었다. 19세기 말, 부모님이 스무 살이 되었을 즈음에 새로운 왕정주의 단체와 가톨릭 단체가 만들어졌다. 바로 악시옹 프랑세즈와 시용Le Sillon* 이었다. 이렇게 되자 우리 가족은 둘로 나뉘었다. 한쪽은 악시옹 프랑세즈에 가입했고 그중에 넬 아리에스 숙부는 프랑스 서남부 지역의

---

* 1894년 폴 르노댕Paul Renaudin이 발간한 『시용』은 1899년 마르크 상니에Marc Sangnier의 『뷜르탱 드라 크립트*Bulletin de la Crypte*』와 합쳐져 후자의 지도 밑에 들어갔다. 상니에는 이 잡지를 경영하면서 민주주의의 철저한 시행을 위한 청년 운동을 전개하고 『민주주의 각성*L'Éveil démocratique*』이라는 주간지에 자기 의견을 발표했다(1904). 시용은 당시의 반기독교적·반성직자적 정책과 풍조에 반대했으며 사회 교육의 테두리를 프랑스 모든 계층으로 확대하고자 했다. 그러나 시용은 교회 조직을 경시하고 그리스도의 인간성을 과장한다는 등의 이유로 교황 비오 10세에 의해 해산되었다.

활동가가 되어 『누벨 기엔*Nouvelle Guyenne*』이라는 소간행물을 펴냈다. 다른 한쪽은 시용에 가입했다. 외증조모의 손녀이자 넬 숙부와 우리 아버지의 사촌 누이였던 제르멘 모리에트는, 시용 운동의 주창자로 보르도에 친척이 있었던 마르크 상니에의 주요 후원자 중 한 명이 되었다. 그녀는 온 인생과 전 재산을 시용 운동에 바쳤다. 우리 집안은 친척 관계가 아주 돈독했는데도 나는 그녀를 만나거나 알 기회가 한 번도 없었다. 아버지가 그녀와 다른 단체를 지지했기 때문이었다. 이렇게 우애 좋은 집안에서도 악시옹 프랑세즈와 시용이라는 분기점은 단절을 일으켰고 이어진 교황의 단죄로 시용 운동이 해산되면서 골은 더 깊어졌다. 여기서 20세기 초 정치 이데올로기 분할의 국면을 알 수 있다. 같은 혈족에 같은 신앙을 가진 집안 안에서도 이른바 근대적 세계 즉 구체제를 전복시킨 프랑스혁명을 지지하는가 반대하는가에 따라 편이 갈라졌다. 이런 부르주아지 세계에서는 1930년대 말까지도 지지하는 단체에 따라 커다란 단절이 있었다.

그래서 우리 어머니는 해마다 7월 14일이 되기 전에 파리를 떠날 채비를 했다. 거리의 카페마다 사람들이 쏟아져 나와 춤추고 즐기는 민중적인 축제의 양상을 견딜 수 없었던 어머니는 혁명 기념일 행사를 보지 않으려 했다. 내 또래 모든 초등학생들처럼 나에겐 7월 14일이 보르도에 가서 지내는 신나는 여름 방학의 시작이었다. 그러면 나는 한 달 넘게 부모님과 떨어져서 숙모와 사촌들이 있는 삼촌네 집과 외할아버지 집을 오가며 보냈다. 파리와 다른 시골에서 보내는 이 시간이 나는 너무나 즐거웠다. 삼촌이나 할아버지 연세가 아무리 많아도, 내 또래 아이들이 없어도 즐거웠다. 나는 이미 노인들의 사회를 좋아하고 있었다. 집에서 멀리 떨어져서 보낸 여름 방학은 역사학자로서 나의 소명과 성장 과정에 큰 자리를 차지했다.

노인들이 사는 세상

땡볕이 내리쬐는 7월 어느 날, 바닐라 향기가 거리에 감도는 보르도에 도착하면 나는 제일 먼저 외할아버지 집으로 갔다. 나에게 역사에 대한 취향을 심어 준 분이 바로 외할아버지였다. 인생이 잘 풀리지 않았던 할아버지는 책, 특히 역사책을 읽으면서 마음을 달랬다. 사업가라기보다는 학자였지만 당시에 학문이란 신사의 여가를 채우기 위한 것일 뿐 농업이나 상업, 임대업처럼 빵을 마련해 주지는 않았다.

마르티니크에서 벌였던 사업이 망하자 외할아버지는 보르도에 정착했고, 어느 은행에서 법무 담당 직원으로 일했다. 나는 할아버지가 퇴근하는 4시에 맞춰 은행으로 갔고 잠자리에 들 때까지 할아버지와 함께 시간을 보냈다. 지금도 그때의 기억이 생생하다. 우리는 제일 먼저 '팡비블리옹Panbiblion'이라는 독서 클럽에 들렀다. 이 점잖은 노인들은 공공 도서관은 다니지 않았다. 마치 클럽에서 의견이나 잡담을 나누듯 노인들은 독서 클럽에서 만나 책 이야기를 나눴다. 이어서 5시경에는 친척이나 친구 중에 할아버지와 같은 세대인 여성들의 집을 방문했다(친척의 친척, 옛 동업자, 아버지 대부터 아들까지 친구인 지인 등등 누가 진짜 친척인지 구분할 수도 없었다). 그렇게 방문하곤 했던 나이 든 여자 친구 중 한 명은 내 친할머니의 동생으로 나에겐 이모할머니였는데 우리 외할아버지와는 아무 친척 관계가 아니었다. 그녀는 투르니 광장의 높은 건물 꼭대기 층에 있는 커다란 아파트에서 하인 둘과 요리사, 가정부를 두고 살았다. 류머티즘을 앓는 불구였던 그녀는 집 안에 갇혀 지냈다. 사람들은 가을이면 그녀를 위층에 들어 올렸다가 여름이 되면 다시 내려놓았다(엘리베이터가 없던 시절이었다!). 매일 오후 그녀는 아이들과 어른들의 방문을 받았다.

외할아버지는 유일한 동생이자 예전에 수녀였던 할머니의 집에도 정기적으로 나를 데리고 다녔다. 이 외고모할머니가 얼마나 강인해 보였는지 어린 나는 오랫동안 그녀가 죽지 않을 거라고 생각했다. 그녀는 한 푼도 없었지만 오빠와 조카들의 소리 없는 도움을 받으며 살았다. 하지만 그 도움의 가치를 제대로 알지는 못했던 것 같다. 왜냐하면 생활 수준은 1914년 이전의 금화 시절에 머물러 있었기 때문이었다. 따라서 소득 신고를 했는데, 1935년 어느 날, 세무 조사관은 그녀가 살고 있는 아파트 월세에 비해 너무 낮은 금액을 신고했고 심지어 하인도 쓴다는 사실을 알게 되었다. 조사관이 집으로 찾아오자 할머니는 그를 내려다보면서 감히 자기를 의심한 공화국 공무원을 문 밖으로 쫓아 버렸다. 이후 이 일을 수습하고 사과해야 했는데, 다행히 선량한 공무원은 기꺼이 받아 주었다.

1926년 바티칸 교황청이 악시옹 프랑세즈를 공개 비난했을 때 그녀의 집에서 벌어졌던 시끌벅적한 토론이 지금도 기억난다. 외할아버지는 물론 왕정주의자였고 초기에는 모라스를 지지했다. 그러나 교황이 비난하기 전부터 이미 모라스에게서 멀어져 있었는데, 바티칸의 비난을 계기로 독실하고 소심했던 할아버지는 모라스와 완전히 절연했다. 외할아버지의 절연은 우리 부모님뿐만 아니라 오직 악시옹 프랑세즈만 믿었던 이 할머니 즉 자기 동생과도 마찰을 빚었다. 떠올려 보면, 교황청이 악시옹 프랑세즈를 비난하게 된 발단은 보르도 대주교였던 앙드리외Andrieux 추기경 때문이었다. 외고모할머니는 그를 가차 없이 '불한당gredin'(그르댕으로 발음—옮긴이)으로 취급했다. 시골 출신인 착한 하녀가 이 단어를 잘못 이해하고—그녀는 번번이 주인 말을 못 알아듣고 웅얼대다가 약간 변형된 단어로 입 밖에 내곤 했었다— 어느 날 대주교 이름이 다시 거실 대화에 등장하자 끼어들어 내뱉었다. "아, 성대grondin(그롱댕, 생선—옮긴이) 말이죠?" 외고모할머니가 눈에 불을 켜고 쏘아붙였다. "물론이지, 하지만 그자는 빨갱이 성대grondin rouge야"(지롱드 지역에서는 성대 또는 촉수 성대rouget-grondin가 고급 생선이다*).

외할아버지는 독신으로 혼자 사는 폴리도르 오샤르 할아버지 집에도 나를 데려갔다. 1870~1880년대에 훌륭한 교육을 받은 오샤르 할아버지는 라틴어를 좋아했다. 나는 이렇게 주변의 인문주의자humaniste 어른들에게서 라틴어에 대한 사랑을 물려받았다(학교의 라틴어 선생님은

* 빨갱이(좌파) 'rouge'(루즈)와 'rouget'(루제)의 발음이 비슷한 데 착안한 말장난.

오히려 실망만 주었다). 그는 단호한 반교권주의자에 불가지론자이고 볼테르주의자였다. 거실 벽난로 위에 놓인 볼테르 흉상이 그의 견해들을 명백히 보여 주고 있었다. 그의 '나쁜' 생각에도 불구하고 친하게 지냈던 우리 고모는 이 집에 놀러 오면 제일 먼저 볼테르 얼굴이 보이지 않게 흉상을 돌려놓고 자리에 앉았다. 그것은 반드시 지키는 의식이었다. 폴리도르 오샤르 할아버지는 가장 오래된 문학적 증거로 알려진 기독교인에 관한 타키투스의 문장이 15세기 한 인문주의자의 가필이라는 사실을 자신이 발견했다고 믿었다. 발견 즉시 이에 대해 썼던 책은 완전히 잊혔다. 그러나 이로 인해 오샤르 할아버지는 마루Henri-Irénée Marrou*의 『역사적 지식』이라는 책에서 그리스도뿐만 아니라 나폴레옹의 존재도 믿지 않는 절대적인 회의주의자들을 다룬 장에 언급되는 영예를 얻었다. 마루는 왜인지 오샤르 할아버지를 '프랑스 고등 교육 교수 자격증 소지자'로 소개했는데 사실 그는 '양반집 서생'일 뿐이었다. 이야기를 하다 보니, 학생 시절에 내 친구 한 녀석을 인사시키자 고모 한 분이 했던 말이 생각난다. 친구의 이름을 듣고는 "내가 아는 사람도 같은 성인데…"라고 하셨다. 내 친구는 자기 집안을 내세우려고, 그렇다면 틀림없이 콜레주 드 프랑스 교수였던 자기 조부일 것이라고 대답했다. 그러자 고모는 단호한 어조로 받아쳤다. "아니! 그건 불가능하지. 내가 알던 사람은 그저 '양반집 서생'이었거든."

* 1904~1977. 후기 고대사와 교육사의 대표적 사가. 『고대 교육사』 등의 저서가 있다.

흔히 생각하는 것과는 반대로, 꼬마였던 나는 할아버지와 함께 다니는 것이 조금도 지루하지 않았다. 그들의 대화를 들으면서 접한 어른들의 세계는 나를 매료했다. 대화 속에는 가정사도 있었고 정치 얘기도 아주 많이 등장했다. 나쁜 정권이나 공화국, 종교 문제, 그리고 문학도 자주 등장했다. 문학 주간지 『주간 리뷰*Revue hebdomadaire*』[*]의 평론, 보르도Henry Bordeaux[**]와 부르제Paul Bourget[***](그들이 좋아하던 작가들이었다)의 책에 대해 의견을 나눴다. 당시 여성들이 열광하던 영국 소설들도 거론되었다.

친척과 지인들의 집을 한 바퀴 돈 다음, 마지막으로 성당에 들러 묵상하는 것이 할아버지의 일과였다. 할아버지는 성당에 들어서면 밀짚모자를 벗고 검정색 작은 모자를 정수리에 얹었다.

나는 여름 방학의 절반은 베삭에 있는 증조할머니 집에서 보냈다. 증조할머니는 오래전에 돌아가셨지만 집을 처분하지 않고 있었다. 그 집이 처분되고 나서는 앙트르되메르 지역 포도주 산지 메독에 있던 고모들 집에서 방학을 보냈다. 앙시앵레짐과 혁명, 망명 귀족들, 반혁명을 환기하는 물건들과 기념품들, 나의 유년기를 매혹했던 향토적인 것들에 온통 둘러싸여 황홀한 시간을 보냈다. 그 세계는 조금

---

[*] 1892~1939년에 간행된 주간지.

[**] 1870~1963. 가톨릭 왕정파 소설가. 부르제를 이은 보수적·전통적 모랄리스트지만 지방색 풍부한 작품을 남겼다. 작품으로 『삶의 공포』, 『이중의 고백』 등이 있다.

[***] 1852~1935. 소설가이자 평론가. 1차 대전 이전 프랑스 보수파 지식인들의 여론을 이끈 인물로 작품은 『앙드레 코르넬리스』, 『제자』 등이 있다.

도 향수병에 걸려 있지 않았다. 지나간 것을 그리워했지만, 이 과거가 우리 집안에서는 너무나도 현재형이었던 것이다! 국민 공회Convention 시기에 카리에가 자행한 낭트대학살*로 죽은 사제였던 어느 종조부의 사각 모자를 마치 어제 일인 듯 나에게 보여 주곤 했다. 나는 거실에 걸린 혁명기 판화들 속에서 수양버들 이파리 사이로 보이는 루이 16세, 프랑스 공주 엘리자베스, 마리 앙투아네트, 왕세자 같은 왕족의 얼굴을 알아맞히면서 놀았다.

이런 역사적 사건에 가담했던 몇몇 조상들에 관한 이야기도 자주 들었다. 불행하게도 공화국 군대 대장이었던 조상도 한 분 있었는데, 어른들은 그가 혁명에 가담했다는 사실을 감추려고 황당한 이중 논리로 얼버무렸다. 한 세기 앞서간 페탱주의자였다는 것이다!**

과학과 전통

이렇듯 추억과 유산으로 물려받은 왕정주의는 모라스의 합리주

* 국민공회 시기인 1793년, 낭트에 파견된 카리에Jean-Baptiste Carrier는 재판도 없이 '공화주의식 침례'를 벌여 선서 거부 신부, 반혁명 혐의자 등 3000명에 가까운 사람들을 루아르 강에 수장水葬했다.

** 앙리 필리프 페탱Henri Philippe Pétain(1856~1951)은 1차 대전의 영웅으로 프랑스의 원수로 추대되었으나, 나치하 비시 정부 수반이 되어 나치 협력 혐의로 사형 선고를 받았다.

의와 양립할 수 없게 보일 것이다. 파리에서라면 그럴지도 모르지만 프랑스 남부에서는 그렇지 않았다. 서남부 지역이든 동남부 지역이든, 악시옹 프랑세즈 지지자들의 상당수가 왕정주의파, 전통주의파, 심지어 민중주의파로 이뤄져 있었다.

어떻든 간에, 당시 우리가 살던 사회는 조금도 폐쇄적이지 않았다. 부모님은 왕정주의자나 가톨릭 신자가 아닌 사람들도 만났고 개신교 친구들과도 교류했다. 두 분은 프랑스 국왕의 백기로 몸을 감싼 근위 경기병이나 극단적 왕정복고파처럼 행동하진 않았다. 정치적으로는 현재에 등을 돌린 듯한 세계였지만 당대 문화에는 동참했다. 여성들은 음악에 관심이 많았고 그보다는 덜했지만 문학과 미술에도 관심을 보였다. 남자들은 과학 이론과 정밀과학에 교양인으로서 호기심을 보였다. 과거와 현재 사이에서 풍습이나 문화가 상반된다고 느끼지 않았던 것이다.

우리 집안은 자신들이 속한 앙시앵레짐 세계가 아무 탈 없이 온전하다고 믿었다. 과학(진짜 과학, 그러니까 초등학교 선생이 가르치는 그런 과학이 아니다!)의 발전으로 그 세계가 위협받지는 않았다. 우리 할아버지들의 형제로 악시옹 프랑세즈 초창기부터 지지자였던 숙조부 에마뉘엘 아리에스는 생전에 유명한 물리학자였다. 인정받는 열역학 저서들을 집필했고 나중에는 프랑스과학아카데미의 통신 회원이 되었다. 종손인 내가 학교 밖에서 역사학을 연구했듯 그분도 그런 식으로 물리학을 연구했다. 폴리테크니크를 나온 숙조부는 육군 공병과에서 근무하면서 물리학을 연구했다. 그 밖에도 사람들은 초창기 자동차를 뚝딱거리며 만지거나 새로운 포도주 양조 과정 개발에 열을 올렸다. 그러나 이 전통주의자들은 정밀과학과 기술들을 주저 없이 받아들이면서도 진보라는 종교를 믿지는 않았다. 바로 이 점이 그들 세계의 독특한 점이었다. 그렇게 과학적 소양을 갖췄는데도, 자신들의 황금기 즉 과거의 도덕적, 미학적, 존재적 우월성에 대한 느낌은 변하지 않았다. 자기들이 사는 방식과 근대적 사회 간의 모순을 조금도 알아차리지 못했다. 그저 단순하게, 나쁜 철학이 프랑스에 스며들어서 나쁜 정치 제제(공화주의)가 들어섰다고 믿었다. "체제를 바꿉시다. 나쁜 이데올로기와 거짓 종교를 몰아냅시다. 그러면 모든 게 예전처럼 제자리로 돌아올 겁니다", 이렇게 생각했을 뿐, 국가 체제와 권력의 철학을 넘어 사회 전체가 혁명의 영향을 받고 달라졌다는 것을 이해하지 못했다. 그들은 산업화의 선구자들이면서도 먼 훗날 산업화가 가져올 효과 즉 그들이 그렇게도 소중히 여기던 구舊 사회의 파괴를 알아차리지 못했다!

그들도, 모든 악시옹 프랑세즈 지지자들도 자신들의 가치와 기술 발전과 같은 근대성 간의 대립을 인식하지 못했다. 나 역시도 이 대립을 인정하고 그 중요성을 헤아리기까지 오랫동안 어려움을 겪었다. 한마디로 요약하면, 그들은 정치적으로는 반동, 문화적으로는 진보주의자였다. 물론, 진보주의자는 적절한 단어가 아니다. 신기술에 관심 많았던 그들은 언제나 매력 넘치는 생생한 과거의 문화에 신기술들을 아무 문제 없이 통합했다고 해야 할 것이다. 또한 프랑스 서남부 지역은 산업혁명의 큰 흐름에서 동떨어진 일종의 보존 창고와 같았다는 점을 밝혀야 하겠다. 서남부 지역의 농촌 마을과 도시들은 천천히 근대화되었기 때문에 노동자 밀집 현상을 일으키지 않았고 물리적이고 인간적인 도시 풍경을 거의 바꾸지 않았다.

나의 아버지는 1884년 랑구아랑 인근 베삭에서, 앞서 말했듯이 내가 어릴 적 방학을 보낸 추억 속의 집, 베삭의 증조할머니 집에서 태어났다. 같은 세대, 같은 환경의 소년들처럼 아버지도 보르도의 종교 학교*를 다녔고, 폴리테크니크에 떨어지고 나서 고등 전기 학교에 입학했다. 따라서 아버지의 활동 시기는 양차 대전에 걸쳐 있었다. 아버지는 전기공학자로 열정적으로 활동했고 프랑스의 전기 개발 개척자들 가운데 한 명이 되었다. 미래의 컴퓨터 논리를 활용하여 전기 기술 분야의 발명도 했다. 즉 컴퓨터처럼 이진법으로 '예스'냐 '노'냐 하는 질문에 반응하는 단전 도구들을 만들었다. 아버지는 마차와 호롱불을 쓰던 시절에 태어나 죽기 전에 인간이 달 위를 걷는 것을 보았던 세대에 속했다. 현재의 기술을 만든 이들은 그와 그 동시대인들이지 우리가 아니다. 컴퓨터를 제외하고, 비행기, 내연 기관, 라디오 등 우리가 일상생활에서 쓰는 발명품들은 모두 그 세대가 만든 것들이다.** 1차 대전 참전 용사들과 그들이 썼던 바스크 지방 베레모를 비웃을지 몰라도, 바로 그들이 케케묵은 구식 사고에도 불구하고 현

---

* 프랑스혁명 이전에는 종교 단체에서 교육을 담당하는 종교 학교가 주를 이뤘다. 대혁명 이후, 공화주의 이념에 따라 1882년, 공교육에서 종교를 분리한 '세속 교육 enseignement laïque'을 법으로 제정했다.

** (원주) 세포생물학과 생화학에 관련된 것은 예외로 해야 할 것이다.

대 세계를 만든 사람들이다. 그런데 어떻게 이렇게 놀라운 세상의 변화에도 그들의 풍습은 거의 변하지 않았을까? 그들은 과학과 첨단 기술 속에서 옛날 방식으로 살고 있었다. 아버지는 한창 번창하던 분야의 공학 기사로 일했기 때문에 1차 대전 이후 극심한 경제 위기 여파를 비켜 갈 수 있었다. 그렇지만 보르도에서는 이 경제 위기의 여파가 특히 심각했다. 우리 집안에서도 특이한 실패자들이 생겨났다. 뛰어난 성적으로 학업을 마쳤는데도 아무 데도 쓸모가 없었던 것이, 졸업장을 활용할 적극성이 없거나 사무실 업무가 적성에 맞지 않거나 현대식 노동 감각이 없었기 때문이다. 돈 나올 곳이 없는 그들은 노총각인 채로 살았다. 그들 중 몇몇은 자신의 상황에 맞추며 즐겁게 살았다. 펠릭스라는 친척이 있었는데, 그가 동정일 거라고 의심하던 친구들은 '하지 못한 펠릭스Felix-qui-non-potuit'라고 놀렸다. 모두 외우고 있는 베르길리우스의 시구에 빗댄 것이었다. "행복하여라, 사물의 이치를 깨칠 수 있었던 이여Felix qui potuit rerum cognoscere causas."*

그들은 아는 사람을 통해 소소한 일자리를 얻어 빠듯한 수입으로 살았다. 프랑스에서 가장 성스러운 이름을 가졌다고 자랑하던, '디외도네 드 레글리즈Dieudonné de l'Eglise'(신이 교회에 보낸 이—옮긴이)와 비슷한 이름의 친척은 아침마다 부두에서 하역 인부들의 출근을 체크했다.

반半백수였던 이 노총각들은 간간이 싸구려 선술집에 모여서 저

---

* 베르길리우스의 『농경 시』 제2권에 나오는 시구.

녁을 먹었다. 외삼촌 한 분이 나를 그 모임에 가끔 데려갔다. 삼촌 역시 이 교양 있고 무능력하고 실패한 노총각 그룹의 일원이었다. 국립고등항공학교 초창기 졸업생으로 과학과 법학 학사이자 냉동 전문 기사였으며 일종의 보온병을 발명했던 외삼촌은 졸업장도, 자격증도 없었고, 대형 항공기 제작자가 된 고등항공학교 동창생들 인맥도 활용할 줄 몰랐다. 결국 삼촌은 공장도 없는 어느 도시에서 게스테트너 복사기 세일즈맨으로 어렵게 살았다. 포도주와 목재 산업 위기로 타격을 입어 경기가 죽어 버린 도시에서 복사기를 살 수 있는 사람은 없었다.

부르주아지의 나날들

우리 가족은 대체적으로 경제 위기에서 비켜나 있었지만, 우리 교육 때문에 가장 돈이 많이 드는 시기가 부모님에게 닥쳐왔다. 그런데 아버지는 월급도 많지 않았고 개인 재산도 전혀 없었다. 기술 관련 직업이 상업이나 금융업만큼 많은 보수를 받던 시절이 아니었다. 이런 상황은, 2차 대전 이후 사회 직업 범주가 확장되고 '임원'이라고 부르는 직업군이 생겨나면서 바뀌었다. 아버지는 임원으로 멋지게 은퇴했고 안락한 노후를 보냈다. 사장들이 오랫동안 아버지의 원래 가치대로 급여를 주지 않은 것에 다소간 가책을 느꼈던 모양이다. 조부모님이 너무 저축 개념이 투철했던 까닭에 아버지는 저축 개념이 없었고 번 돈을 모두 자식과 손자들에게 썼다. 투자라고는, 당시 아무 가치도 없는 아르카숑 해변에 땅을 산 것이 전부였다. 아버지 친구인 건설업자가 그 땅에 소박한 별장을 지었고 우리는 그곳에서 기막히게 즐거운 여름 방학을 보냈다. 좀 더 나중에 가서 아버지의 유일한 몰두 대상은 자동차였다. 그전에는 출장 갈 때만 쓰는 업무용 차로 만족하던 분이었다.

이렇듯 나의 청춘기에 우리 부모님은 부자가 아니었고 곤궁할 때도 있었지만 우리는 알아차리지 못했다. 아이들 앞에서 돈 얘기를 하지 않는다는 절대 규칙이 있었기 때문이었다. 어느 날 세금을 내기 위해 집안의 보석을 파는 일과 관련된 대화를 우연히 들은 적이 있는 정도였다. 부르주아 가정에서 돈 문제는 아이들이 없는 곳에서 하는 얘기였다. 나치 점령과 그에 따른 암시장이 도래하기 전까지는 그랬다. 물질적 궁핍과 두려움 때문에 물질적 일상이 순식간에 우리의 대화를 잠식했다. 시골에 가서 버터와 계란을 사 와야 한다거나, 가게 앞에 줄을 서야 한다거나 하는 등의 대화들이 아이들 세계에 경제관념을 알려 주기 시작했다. 그렇지만 급여나 경력 같은 것은 오랫동안 침묵의 법칙에 부쳐져 있었다. 나는 아버지가 얼마나 받는지 한 번도 안 적이 없고, 대학교수직을 생각했을 때도 교수 월급이 얼마인지 알려고 한 적도 없었다. 내 동생도 군 장교가 되려고 했을 때 받게 될 월급의 액수를 신경 쓰지 않았다.

어린 시절이든 청소년기든, 궁핍한 상황이 있었지만 나는 한 번도 불편함을 느끼지 않았다. 더욱이 우리가 필요로 한 것은 소박한 것이었고 무언가 좀 더 요구하면, 부모님은 눈도 깜빡 않고 가차 없이 단박에 거절했다. 그러면 우리는 조금 투덜거리다가 주시는 것에 만족했지만, 요즘 젊은이들이 보면 별것도 아닐 것이다. 우리가 항상 풍족한 것은 아니었지만 그렇다고 아쉬운 마음이 실망으로까지 이어지지는 않았다. 적어도 우리 집은 그랬다. 그러나 내 친구들의 경우는 나와 다르다는 것을 알게 되었다. 오늘날 유년기의 결핍에 대해 불평하는 사람들을 보면, 그 불만족의 감정이 성인이 된 이후에 생긴 것은 아닐까 하는 생각이 든다. 성인이 되어 보니 돈의 가치가 그 무엇보다 가장 중시되는 소비 사회 속에 내던져져 있었기 때문이다. 그 이행 속도가 번개처럼 빨랐던 까닭에 자신들의 유년기가 갑자기 너무나 초라해 보였던 것이다.

물론 우리 집에는 냉장고도, 다른 가전제품도 없었다. '봄맞이 대청소'를 할 때만 청소기를 빌려 쓰곤 했다. 직장 덕분에 가전제품을 좀 더 쉽게 살 수 있었던 아버지는 낡은 석탄 화덕을 버리고 전기 오븐을 새로 장만했는데 그야말로 혁명이었다. 가정부도 있기는 했지만, 자녀 교육비와 여름휴가 비용, 식비와 더불어 전기 오븐은 이 근면 성실한 부르주아 가정의 유일한 사치였다. 2차 대전이 터지기 전까지는 검정색 가스레인지 오븐을 썼고 그것으로도 훌륭한 요리를 할 수 있었다. 신제품과 새 서비스가 꽤 저렴한 가격에 나오긴 했지만 전체 가정 지출에서 식비가 차지하는 비율은 오늘날보다 더 높았을 것이다. 당시에는 식사가 지금은 찾아볼 수 없는 중요성을 갖고 있었다. 간단한 식사 두 번—지금은 대부분이 한 번밖에 먹지 않지만—과, 초대 손님과 함께하는 한 시간 남짓한 정식 식사가 두 번 있었다. 아이들은 반듯하게 행동할 수 있는 나이가 되면 그 식사에 낄 수 있었지만 어른들이 물어볼 때만 말할 수 있었다. 오늘날과는 반대로 점심이 가장 중요한 식사였다. 점심은 초대하지 않아도 손님들이 편하게 와서 먹었다. 우리 집에서는 정오의 점심 식사가 사실 모두에게 열린 식사 자리여서 나는 대학생 시절에 아무 예고도 없이 친구를 점심에 데려가곤 했다.

프랑스 블루아 지방을 떠나서 1920~1921년에 파리에 정착한 우리 가족은 트로카데로 광장 근처 아파트에서 살았다. 아버지는 그 집에서 거의 반세기를 살다 돌아가셨다. 할머니와 로르 이모할머니도 같이 살았고 둘째 동생과 누이동생도 그 집에서 태어났다. 당시에는 병원에서 출산하지 않았기 때문이다. 삼대가 한집에서 살았고, 가정부와 잠시 머무는 친척 지인들까지 함께 지냈다. 집이 북적거리던 시절이 나에게는 정말 행복한 추억으로 남아 있다. 이어서 조금씩 사람들이 빠져나가고 집은 적적해졌다.

그 집은 조악한 가구들로 꾸며진 세기 초 양식의 아파트였다. 역사 애호가였던 외할아버지는 한때 고급 가구상이었고, 망하기는 했지만 마르티니크 섬에 조그만 가구 공장을 세우기도 했었다. 유행을 좋아했던 할아버지는 딸의 결혼 선물로 앙리 2세 스타일의 요란한 부엌 가구들을 사 주셨다. 우리 부모님은 그 가구들을 치워 버리고 싶어서 골동품 가게에서 산 고가구들로 바꿔 놓았다. 그런 일이 점점 더 자주 생기게 되었다. 그러나 할아버지가 이 사실을 모르시길 바랐고 내가 여름 방학에 보르도에 내려가면 한 마디도 불면 안 된다고 신신당부했다. 사실 우리 집에서 유일하게 아름다운 가구는 마르티니크에서 가져온 18세기 말, 19세기 초의 마호가니 장롱이었다. 솔직히 우리 부모님은 예술적 취향이나 안목은 없었다. 두 분의 왕정주의적 기질은 여러 물건들에서 아주 은밀하게 드러났다. 왕실을 상징하는 백합꽃 문양이 새겨진 접시들이 그렇고, 부모님이 늘 머물던 작은 거실에 걸린 커다란 사진 액자에는 오를레앙 공작, 귀즈 공작, 파리 백작 같은 왕족들이 부인과 아이들과 함께 그려져 있었고 모라스가 사인한 사진도 있었다. 여기에다가 1940년 이후에는 베이강Maxime Weygand* 과 페탱의 사진도 합류했다. 정치인의 사진을 가족사진처럼 취급했고, 똑같이 신중하게 다뤘다.

부모님의 가톨릭 신앙이 드러나는 곳은 침실에 있는 십자가밖에 없었다. 더 열성적인 가정에서 보았던 것과 달리 거실이나 부엌에 십자가를 걸지 않았다. 우리 집안은 종교적 경건함을 중시했지만 그렇다고 편협한 신앙심을 가진 건 아니었다. 크리스마스 날 구유 앞에서 "아기 예수 나셨네…"를 함께 부르는 것을 빼고는 소리 내어 기도하지도 않았다. 신부들도 우리 집을 방문하지 않았고, 흥미롭게도 우리 집안에는 종교적 소명을 가진 사람이 없었다. 신부들을 존중했지만

* 1867~1965. 1차·2차 대전 당시 프랑스의 군사 지도자. 1차 대전에서 페르디낭 포슈의 참모로 활약했다. 2차 대전 때 프랑스에서 공방전이 벌어지자 처음에는 독일군에 맞서 싸웠으나, 이후 항복하여 비시 정권에 협조했다.

균이 어울리지는 않았다. 내가 다닌 예수회 중학교에서는 '영적 아버지père spirituel'라고 부르던 신부가 우리를 지도했다. 진짜 우리 아버지는 이 명칭을 엄청 싫어했고 그 신부도 좋아하지 않아서 한 번도 집에 초대하지 않았다. "영적 아버지라니! 그럼 나는 뭔데? 집 지키는 개냐?"

우리 가족은 일요일마다 미사에 갔지만 교중 미사*나 평일 저녁 미사는 가지 않았다. 성심회 여학교를 나온 어머니는 매월 첫 금요일 오전 미사에 한 번도 빠지지 않고 참석했다. 그날은 아침 일찍 일어나야 했기 때문에 어머니는 저녁까지 피곤해 했다. 내가 좋아한 로르 할머니는 일요일 교중 미사에 가는 습관을 평생 지켰다. 말년에 걷기 힘들게 되자 내가 모시고 다녔다. 정말 행복했다. 덕분에 그레고리안 성가와 긴 예배 의식을 좋아하게 되었기 때문이다. 우리 부모님은 경건한 신앙심을 지녔음에도 이런 것들을 썩 좋아하지 않았다. 두 분은 무난하고 사회적인 종교 생활에 충실했을 뿐이었다. 교중 미사에 가서도 영성체를 하지 않았다. 로르 할머니는 아주 드문 일이긴 했지만 영성체를 모실 때면 9시 미사에 가서 영성체를 하고 이어지는 10시 교중 미사까지 남아 있었다. 할머니와 나는 미사를 연달아 두 번이나 배불리 보는 셈이었다! 부모님은 아주 우아하게 차려입고 11시 미사에 참석했다. 11시 미사는, 바티칸 2차 공의회 이후 개혁적 성향의 신

---

* 교구장 주교와 본당 주임 사제가 모든 주일과 의무 축일에 미사 예물을 받지 않고 봉헌하는 미사.

부들이 순전히 사교적이고 세속적인 과시일 뿐이라고 비난했던 미사였다. 물론 일요일 11시 미사를 위해 한껏 차려입고 가기는 했지만 그렇다고 해서 종교 행위의 의미나 진정성이 사라지는 것은 아니었다.

파리의 일요일 오후는 친지를 방문하거나 바람을 쐬면서 보내곤 했다. 아버지와 함께 불로뉴 숲을 산책했던 날들은 그다지 즐거운 추억으로 남아 있지 않다. 그러나 '바람을 쐬지 않는' 날에는 나를 데리고 친지들, 대개는 나이 드신 친척을 방문했다. 보르도에서 여름 방학을 보낼 때 외할아버지가 그랬듯이 말이다. 함께 놀 친척 아이들이 없었기 때문에 어른들은 나를 거실 옆방으로 데려가서 황화론*이나 식민 시대 배경의 책, 『주아브 군대의 꼬마 이발사 다슈』**, 쥘 베른의 소설 같은, 19세기 말에 나온 어린이책들을 읽게 했다. 거실에서 들려오는 어른들의 대화에 정신이 팔리기도 했는데, 특히나 내가 듣지 말아야 할 내용을 소곤거릴 때는 더욱더 궁금해지곤 했다. 당시 아이들은 혼자 알아서 크던 19세기 아이들과 달리 어른들과 단절되어 있지 않았고 그러기를 원하지도 않았다. 같이 어울려 노는 또래들의 사회를 포기하지 않으면서 어른들의 삶에 참여하는 것을 좋아했다. 어

---

* 청일전쟁 말기인 1895년 독일 황제 빌헬름 2세가 주창한 황색 인종 억압론. 중국, 일본 등 황색 인종이 유럽 문명에 위협을 준다고 규정, 세계 무대에서 몰아내야 한다는 인종 차별적 발상으로, 아시아에 대한 유럽 열강의 제국주의 정책 실현에 장애물을 없애기 위한 정치론이었다.

** *Dache, perruquier des Zouaves*. 폴 드세망Paul de Sémant이 1907년에 발표한 어린이 소설. 알제리인으로 이뤄진 프랑스 보병, 주아브 병사들이 등장하는 제국주의적 작품이다.

른들 역시도 일부러 아이들과 거리를 두려 하지 않았고, 아이들이 있어도 거리낌 없이 얘기했다. 다만 아이들이 듣지 말아야 할 상황이 되면, 아이들을 다른 곳으로 내보냈다. 그럴 때면 상황을 눈치 챈 아이들에겐 한 가지 욕구 즉 무슨 일인지 알고 싶은 욕구밖에 없었다. 아이들은 그렇게 해서 인생의 가장 많은 걸 배우는 것이었다!

이따금 실력 있는 음악 애호가의 집에서 음악을 연주하곤 했다. 음악은 우리 부모님이 할 줄도 알고 본능적으로 좋아하는 유일한 예술 형태였다. 우리를 미술관과 유명한 유적이나 건물에 데려갔지만 그것은 문화를 숭상하고 또 우리가 문화를 모르는 일이 없도록 하기 위해서였을 뿐 미술이나 다른 예술에 대한 큰 확신은 없었다. 반면에 연주회는 열정적으로 찾아다녔고, 집에서 작은 음악회를 열어서 초대받은 연주회에 답례하곤 했다. 어머니는 피아노를 연주하고 아버지는 합창단에서 노래했다.

남자가 자기 어머니에 대해 말하기는 어려운 일이다. 우리 어머니의 가장 큰 특성은 변함없는 충실함이었다. 나중에 우리 장모님과 같은 그 세대의 다른 여성들에게서도 재발견하게 되었듯이 말이다. 우선 자신이 태어난 기원에 대한 충실함이 있었다. 어머니는 열세 살에 마르티니크를 떠나왔는데도, 로르 할머니와 마찬가지로, 계속해서 유년기와 마음의 고향 마르티니크에 대한 추억 속에서 살았다. 파리에 잠시 들른 크레올들을 즐겨 집에 초대했고 시장에서 흑인을 만나면 붙잡고 혹시 마르티니크 출신인지 묻곤 했다. 그러다 할머니가 되어서 드디어 그곳으로 여행을 가게 되었다. 그렇게도 바라던 선물을 아버지가 해 준 것이었다. 어머니는 마치 천국을 다녀온 것 같았다. 여행에서 돌아왔을 때 무언가 황홀한 것에 넋을 잃은 듯, 충격을 받은 듯, 달라져 있었다. 마르티니크 여행에서 돌아와서 8년을 더 살았는데, 다시는 파리와 프랑스에 재적응하지 못한 채 마치 꿈을 꾸듯이 살다 돌아가셨다. 그리고 가족에 대한 충실함이 있었다. 1945년에 내 남동생이 죽은 이후로 어머니는 돌아가실 때까지 상복을 입고 지냈다. 또한 왕정주의자 가톨릭이라는 자신의 사상과 견해에 대해서도 충실했다.

우리 집안에서 흔치 않은 내 이름 필리프는 당시 프랑스 왕가의 수장인 필리프 오를레앙 공작Duc Philippe d'Orléans*에 대한 경의의 표시였다. 어머니는 거실에 걸린 왕가의 초상화들을 경건하게 다뤘고, 왕가의 초상, 결혼, 탄생이 있을 때마다 초상화들을 교체했다.

1926년, 바티칸이 악시옹 프랑세즈를 공개 비난하자 어머니는 모라스를 싫어하는 교황을 존경함에도 불구하고 바위처럼 단호했다. 그러던 중, 어머니가 매우 위중해져서 교구 신부를 불렀다. 신부는 어머니가 악시옹 프랑세즈에 대한 신념을 포기하지 않는 한 병자 성사를 줄 수 없다고 거부했다. 하지만 어머니는 양보하지 않았다. 결국 친하게 지내는 다른 신부를 황급히 불러와야 했는데, 어머니는 병자 성사를 받고도 좀 더 살았다.

어머니는 중등 교육을 받은 성심회 수녀님들이 살아 있는 동안

---

* 1869~1926. 필리프 7세(파리 백작 필리프, 제1대 오를레앙 공작)의 큰아들.

결혼이나 죽음 같은 가족 소식들을 전하면서 계속 관계를 유지했다. 나와 내 동생을 잘 아는 예수회 신부님과도 정기적으로 찾아뵈면서 교류했다. 어머니의 마지막 순간을 지켜본 신부는 그분의 엄격하고도 단순한 신앙심과 충실함—같은 말이긴 하지만—, 그리고 신부에 대한 존중심에 크게 감명을 받았다. 어머니는 과거가 우리의 현재를 이루는 초석이며, 이 초석이 없으면 모든 것은 무너질 것이라고 고지식하게 확신했다. 사실 이 점에서 어머니는 같은 환경의 여성들과 크게 다르지 않았다. 나의 유년기에 색을 입혀 준 이들은 바로 그 여성들이었다.

그들에게서 내 유산의 본질 즉 과거에 대한 사랑과 현재와 삶에 대한 취향이 그대로 나타나는 것이다.

2. 반바지 소년 시절

나는 블루아에 살 때 재속在俗 수녀에게서 글 읽기를 배웠다. 콩브 법*에 따라 여성 수도 단체가 해산되자, 그녀는 가정교사가 되었다. 할머니처럼 검정 옷을 입고 머리에는 나폴레옹 3세 시절에 썼음 직한 조그만 검정 모자를 얹은 퓌그르니에 선생님 모습이 아직도 눈에 선하다. 나를 불쌍하게 여긴 우리 집 집사 틴은 선생님이 부엌 집기 속에

* 1898년 선거에서 좌파의 승리로 1901년에 '협회 단체에 대한 법'이 통과되었고, 1902년 선거에서 이긴 수상 콩브Emile Combes는 수도 단체의 해산을 추진하면서 1903년 여성 수도 단체들을 해산시켰다. 이렇게 오랜 공화주의와 종교 간의 대립 국면을 거쳐 1905년에 최종 통과된 '국가와 종교 분리에 대한 법'은 '콩브 법'으로도 불린다. 이 법은 오늘날에도 유효한 정교 분리 원칙, 즉 교회와 종교의 완전한 분리를 의미하는 '라이시테laïcité'(비종교성)를 확립했다. 이 법에 따라 프랑스 공화국에서는 어떠한 종교도 공식 종교로 인정하지 않으며, 어떠한 종교에도 경제적 지원을 하지 않고, 종교 건물은 공공 재산으로 환원하고, 종교는 정치적 권한을 행사할 수 없다고 규정했다.

감춰 둔 『교사 교본』을 찾아내서 내 숙제를 도와주었다. 그러나 불행히도 우리의 계략은 발각되고 말았다!

나비 잡기

선생님의 사소한 행동 하나가 나를 놀라게 한 적이 있었다. 나와 1차 대전을 사이에 두고 동생 자크가 갓 태어난 때여서 사람들이 무척 아기를 귀여워했다. 그런데 퀴그르니에 선생님은 절대로 아기에게 다가가지 않고 그저 멀리서 쳐다보기만 했다. 그러다가 자크가 노트르담데제드 성당에서 유아 세례를 받고 나서야 선생님은 엄숙하게 아기 이마에 입을 맞추었다. 이제 아기가 진짜 기독교인이 되었으니까 그렇게 한다고 나에게 알려 주면서 말이다!

퀴그르니에 선생님의 초급 교육에 이어서 나는 두 노처녀 선생님에게 개인 교습을 받으러 다녔다. 나는 썩 반듯한 아이는 아니었던 모양이다. 당시 성적표의 평가란에 "선생님에게 '제기랄'이라고 말함"이라고 씌어 있는 걸 보면 말이다. 당시에는 그 단어가 가장 불손한 표현이었다.

나는 블루아에서 첫영성체를 했다(그 전날, 첫 고해 성사를 하는데 나는 감정이 북받쳐서 고해소에서 눈물을 쏟았다). 할머니 할아버지가 이 예식을 위해 보르도에서 올라오셨다. 첫영성체 날 아침, 교회로 출발하기 전에 나는 선물로 받은 나비채를 들고 나비들을 쫓아다니고 있었다. 할

아버지는 거룩한 '하느님의 몸Corpus Domini'을 처음 받아 모시는 날에 뛰어다니는 나의 태도를 못마땅하게 여겨서 엄청 화를 내셨다. 솔직히 말해서 할아버지와 퀴그르니에 선생님의 근엄하고 열렬한 신앙심은 우리 부모님과는 관계없는 얘기였다. 부모님의 신앙심은 열렬하긴 했지만 근엄함과는 반쯤 떨어져 있었다. 이 점은 로르 할머니도 마찬가지였다.

우리 가족이 파리로 이사한 다음, 나는 여러 수도 단체의 학교를 옮겨 다녔다. 나는 다루기 어렵고 길들여지지 않는 꼬마였다. 처음에는 도미니크 수도회 학교에 들어갔는데 이곳에 대해서는 나쁜 추억을 갖게 되었다. 고백하건대, 나는 말이 많고 이야기를 잘 지어내는 아이였다. 집에서 가톨릭 국가 연맹과 드 카스텔노 장군 이야기를 많이 들었던 나는 어느 날 학교에서 돌아와 옆자리 짝이 드 카스텔노 장군의 손자라고 부모님에게 말했다. 아버지는 내가 그 애와 친구가 된 것에 아주 흡족해 했다. 꼬마 드 카스텔노는 수많은 얘기를 들려주었고 나는 집에 가서 하나도 빠뜨리지 않고 다 전해 드렸다. 얼마나 많은 얘기를 했는지, 아버지는 감동해서 듣다가 내게 물었다. "너 그 애랑 이렇게 많은 얘기를 했는데, 그럼 수업 시간에 도대체 공부는 한 거니?" 불안한 마음에 지도 교사를 만나러 학교에 간 아버지는 이런 대답을 들었다. "방금 하신 말씀에 깜짝 놀랐습니다. 왜냐면 첫째, 이 학교에는 카스텔노 장군의 손자가 없고요, 둘째, 아드님이 수업 시간에 떠들지 못하도록 선생님 의자 바로 옆자리 작은 책상에 앉

혔습니다. 그러니까 아드님 앞에도, 뒤에도, 왼쪽에도, 오른쪽에도 짝이 없단 말이죠!"

도미니크 수도회 학교에서의 시도가 소득 없이 끝나자 부모님은 나를 다소 골치 아픈 학생들을 맡아 가르치는 뛰어난 사제이자 악시옹 프랑세즈 열성분자였던 신부에게 맡겼다. 신부님과 한 해를 보내면서 나는 충분히 성적을 따라잡아서 프랑클린 가의 예수회 학교에 입학할 수 있었다.

바티칸이 악시옹 프랑세즈를 배척, 비난한 때가 바로 이 시기였다. 쉬는 시간마다 열띤 토론이 벌어졌다. 몇몇 신부는 이 일로 호된 시련을 당했다. 나 역시도 저주받은 시인들의 금지된 작품들을 읽기 시작했다. 보들레르, 베를렌, 셰익스피어 등 정열의 시인들이었다. 작가가 의심쩍을수록 우리는 더 읽고 싶고, 더 아는 척하고 싶었다. 이 모든 탐닉은 진부한 허세로 가득했다!

장송드사이고등학교 시절

고등학교 1학년 말에 예수회 신부들은 아버지를 불러 더 이상 나를 감당할 수 없으니 공립학교에서 학업을 계속하는 게 낫겠다고 권고했다. 부모님은 하늘이 두 쪽 나도 공화주의적 공립학교에 보낼 생각이 없었지만 내가 가장 힘든 시기를 보냈으니 공교육의 '나쁜 영향'에도 잘 견딜 수 있으리라고 판단했다. 그래서 나를 장송드사이고등학교에 보냈다.

당시 공립 고등학교의 수준은 예수회 학교보다 훨씬 더 높았다—오늘날과는 반대일 것이다—. 그러나 고등학교는 덜 억압적이었고 덜 획일화되어 있었다. 더 많은 자유 시간을 가질 수 있었다. 가정 환경 또한 다양했다. 여러 나라의 부유층 자녀들이 있었는데 특히 라틴아메리카 쪽이 많았다. 모라스가 '메테크métèque'*라고 불렀던 이들 중에는 아주 뛰어난 학생들이 있었다. 나로 말하자면, 그 당시에 내가 정말 좋아했던 단 한 가지는 라틴어였다. 라틴어를 좀 더 제대로 배웠더라면 나는 아마도 괜찮은 라틴 문헌학자가 되었을지도 모른다. 하지만 당시 선생님들은 라틴어를 학교에서만 배우는 사어로 간주했고, 고전 학문을 매우 존중하던 예수회 교사들도 비슷한 생각을 했다. 우리에게 라틴어로 시와 논문을 쓰도록 했지만 정작 종교 수업은 프랑스어로 이뤄졌다. 성경 구절 전체를 프랑스어로 암기했는데, 그것도 수준 낮은 프랑스어로 외우는 것이었다. 결국, 예수회 학교에서는 성서 라틴어나 그리스어를 완전히 모르는 상태에서 고대 언어들을 배웠다. 오늘날은 전혀 그렇지 않은데, 어쩌면 이미 너무 늦었을 것이다. 베르길리우스나 호라티우스를 즐겨 읽던 부모님의 본을 따라서 나는 나중에 혼자서 라틴어를 배우게 되었다. 지금도 여전

---

* 프랑스 거류 외국인. 원래는 고대 그리스에서 '아테네 시민이 아닌 그리스인'을 뜻했다. 현대 프랑스에서는 외국인 혐오를 함축한 경멸적 표현으로 '외국인, 이민자'를 뜻한다. 19세기 말, 모라스의 글에서 처음 등장했다.

히 파리로 가는 전철 안에서 매일 조금씩 라틴어 책을 읽으려고 노력하고 있다. 독일의 교육 문제 전문가이자 훌륭한 인문주의자인 하르트무트 폰 헨티히Hartmut von Hentig의 말을 격려 삼아 이 습관을 유지하고 있다. "그렇습니다. 꼭 해야 하는 일이지요. 매일, 아침마다 이를 닦듯이 말입니다."

솔직히 말해서 종교 학교와 고등학교 시절에 특별한 추억이 있지는 않았다. 내 또래 아이들 대부분처럼 그곳에서 나는 딱히 행복하지도 불행하지도 않았다. 다른 데 관심이 가 있었던 것이다. 그렇다고 내가 책 속으로 도피했으리라고 넘겨짚지는 말기 바란다. 당시 나의 독서는 완전히 평범하고 진부한 것들이었다. 손에 걸리는 역사책은 아무거나 읽었고 진도를 나가게 해주는 교과서, 인물 사전, 마담 드 투르젤의 회상록처럼 우리 부모님이 열광하던 혁명기 귀족들의 회상록 등등 지금은 기억도 나지 않는 온갖 잡동사니 책들을 읽어치웠다. 악시옹 프랑세즈의 역사적 산물들, 특히 이제는 복권되어 마땅한 『앙시앵레짐』의 저자 펀크브렌타노Frantz Funck-Brentano*의 책을 성경처럼 읽었다. 이 책은 악시옹 프랑세즈 학파의 전용 총서에 다름없던 파야르Fayard출판사의 '위대한 역사 연구서' 총서에 들어 있었다. 장송고등학교의 역사 선생님은 당시 모호했던 나의 삶에서 가족을 제외하고 유일하게 떠오르는 분이다. 그때까지 단순한 호기심일

* 1862~1947. 프랑스의 사서·역사가·작가. 앙시앵레짐에 관한 역사서로 큰 인기를 끌었으나 『악시옹 프랑세즈』 기고 등 극우적 성향 때문에 비판받았다.

뿐이었던 역사를 깊이 있게 연구하도록 이끌어 주셨다. 예수회 학교에서는 역사가 밀려난 과목이었는데, 선생님 덕분에 역사 연구의 과학적이고 학문적인 도구들을 발견할 수 있었다. 더욱이 선생님도 나처럼 반동적인 세계에 속해 있었다. 선생님의 부친은 『역사 문제*Revue des questions historiques*』지에 기고했는데, 바로 이 잡지에 맞서서 G. 모노Gabriel Monod*는 세속적·공화주의적·실증주의적 『역사*Revue historique*』지를 창간했다. 결국, 책이나 사람들보다 더 소중했던 것은, 지금도 내 기억 속에서 뒤죽박죽인 상태로 서로 부딪치는 이미지나 추억들이다. 이런 이미지와 추억들은 나의 내적 세계를 가득 채웠다. 그러나 미처 깨닫지도 못한 채 나는 이 혼란스럽고도 생동하는 세계를 당시 내 수중에 있던 기성의 틀, 그루세René Grousset**가 사뭇 멋지게 '카페 왕조 학파école capétienne'로 명명한 악시옹 프랑세즈 역사관 속에 가둬 버렸다. 우리는 스스로 심오하게 느끼는 것들을 명확히 파악하지 못한다. 어려운 중재 과정을 거쳐야만 파악하게 되는데, 나에게는 카페 왕조 학파가 한동안 그 역할을 대신했다.

당시 나에게는 모든 것이 정치적 소재였다. 지금은 뚜렷이 구분할 수 있지만, 이 정치라는 것이 때로는 대립되고 그럼에도 서로 어울리는 요소들로 이뤄진 모호한 것이라는 사실을 나는 몰랐다. 한편

---

* 1844~1922. 프랑스 역사학자.

** 1885~1952. 프랑스 역사학자. 아시아와 동양 문명에 관한 저서로 유명하며 『유라시아 유목 제국사』, 『십자군의 역사』 등은 해당 학문의 고전으로 알려져 있다.

에는 나를 사방으로 둘러싼 전통주의, 다른 한편에는, 나에겐 새로울 것 없었지만, 새로운 경향 즉 전제주의적·반민주주의적·반의회주의적인 민족주의가 존재했다. 이 두 가지는 한 덩어리가 되어 버려서, 전통주의와 민족주의의 근원이 서로 얼마나 다른지 나는 가늠하지 못했다.

특히 예수회 학교에는 나와 생각이 같은 학생들이 아주 많았다. 그리고 우리에게는 최악의 적수인 기독교 민주주의자들이 있었는데, 당시 종교 학교에서는 이들 또한 매우 중요한 정신적 일가를 이뤘다. 이 두 사상적 경향은 항상 대립각을 세웠다. 공립 고등학교에서도 같은 상황이 벌어졌고 더 나아가 좌파와 온건 좌파 분자들도 있었지만, 가장 지배적인 성향은 정치적 무관심이었다. 나는 '악시옹 프랑세즈 고등부' 활동을 열심히 했다. 이 정치 운동은 각 반에 대표 위원이 있었고 회원증 배부, 정기적 회합 등을 아주 활발히 전개하였다. 이 맹렬한 정치 활동이 교과 수업보다 나의 정체성 형성에 훨씬 더 중요한 역할을 했음에 틀림없다!

그토록 오래 간직한 비밀

내가 이렇게 정치적으로 조숙한 것은 조금도 놀라운 일이 아니었다. 앞에서 보았듯이 우리 집안에서는 정치가 가족생활의 한 요소였다. 아주 어렸을 때부터 어린이, 청소년이 될 때까지 이런 분위기에 젖어 있었다. 토론은 믿을 수 없이 치열해서 거의 광신적 수준에 이를 때도 있었다. 충격적인 이야기 하나를 들어 보면 어느 정도였는지 알 수 있을 것이다. 앞에도 언급했던 폴리테크니크 출신의 유명한 열역학 학자이자 육군 공병과 대령이었던 숙조부 에마뉘엘 아리에스는 많은 자녀를 두었다. 그중 몇은 나면서 죽거나 어려서 죽었고 네 명이 살아남았다. 이제는 그들에 대해 자유롭게 얘기할 수 있는데, 아무도 후손을 남기지 않았기 때문이다. 큰아들 넬 아리에스는 악시옹 프랑세즈 서남부 지부 설립자였다. 아버지처럼 폴리테크니크를 나온 둘째 아들은 일찌감치 포병대 장교 자리를 박차고 나와서 악시옹 프랑세즈 정당원이 되었다. 외동딸 마르고 고모는 한 번도 결혼하지 않은 채 최고령에 이를 때까지도 '베르사유 왕정주의 소녀단'(원문 그대로)의 대표를 맡았다. 그리고 막내아들 장이 있었다. 장은 1차 대전이 터지자 자원입대해서 1917년 베르됭 전투에서 전사했다. 가족은 이 죽음을 너무나 슬퍼했고 마르고 고모는 50년이 지난 후에도 동생 얘기를 할 때마다 눈물을 쏟곤 했다. 나는 우리 가족 누구로부턴가 얘기를 들어서 이 청년이 부모와 틀어졌다는 것을 어렴풋이 알고 있었다. 장은 1차 대전 직전에 철학 공부를 시작했기 때문에, 부모와의 갈등이 철학 때문이거나 여자 문제일 것이라고 생각했었다. 그리고 시간이 흘러 나는 더 이상 알아내려는 생각을 하지 않게 되었다. 그러던 중 1975년에 TV 독서 토론 프로그램에 출연했고 시청자의 편지 한 통을 받았는데, 그 편지에는 이렇게 쓰여 있었다. "선생은 아마도 넬 아리에스의 친척인 듯합니다. 나는 넬과 같이 (당시 벨기에로 옮겨 갔던 예수회 학교 이름이 나오고) 학교를 다닌 동창입니다. 그 친구는 1917년 베르됭 전투에서 전사했지요….” 나의 오래전 호기심이 발동했고 이분에게서 뭔가 얻어 낼 수 있을 것 같았다. 나는 답장을 보내, 내가 그 가문 사람이라는 것과 장 아리에스를 넬로 혼동했다고 알려 주었다. 그리고 장에 대해서 뭔가 비밀이 있는 듯한데, 그를 잘 안다고 하시니 좀 더 알려 주실 수 있는지 솔직히 물어봤다. 아쉽게도 그분은 답장이 없었다. 그분의 침묵에 실망한 나는 장의 가족과 가까운 어느 사촌 형수에게 이 일을 털어놓았다. 이 말을 듣던 그녀가 외쳤다. “아니, 그럼 마르고 고모가 아직까지도 그 얘길 안 해 주던가?” 그랬다. 마르고 고모는 자기에겐 너무나도 무거운 이 비밀을 혼자서만 간직하고 있었다. 그러나 노년의 고독 속에서 고모도 더 이상 비밀을 간직할 수가 없어서 자기와 완전히 생각이 같은 사람에게 비밀을 털어놓을 수밖에 없었다. 몇 년 전, 2차 바티칸 공의회*에 반대하는 교조주의자들의 대립이 한창이었고 트리엔트 공의회**에 따른 교리 문답서 말고는 거의 읽지 않게 된 시기에 고모는 엄청난 비밀을 털어놓았다. 비밀은 이러했다. 벨기에의 예수회 학교에 다니던 장 아리에스가

---

* 1962년 요한 23세 교황이 소집하고 1965년 바오로 6세 교황 때 폐막한 제21차 세계 공의회. 이 공의회는 교회의 자각과 쇄신, 신앙의 자유, 종교와 정치의 제 역할 찾기, 개별 민족과 사회 존중, 세계 평화, 개신교를 포함한 그리스도 교회의 일치, 다른 종교와의 대화, 전례 개혁을 비롯한 교회의 현대화 등을 촉구했다.

** 1545년부터 1563년까지 18년 동안 이탈리아 북부의 트리엔트(지금의 트렌토)에서 개최된 종교 회의로, 종교 개혁에 맞서 가톨릭의 교리와 체계를 재정비했다.

적에게 넘어갔다. 다시 말해, 경계해 마땅한, 그 위험한 '영적 아버지' 신부들 중 한 명의 영향을 받아 시용파의 기독교 민주주의 사상으로 개종했던 것이다. 중학교 교육을 마치고 프랑스로 돌아온 장은 계속 해서 오류 속에 살았고 심지어 반역을 저질렀다. 1917년 자원입대하면서 군 당국에 제출한 서류에 비상시 연락할 사람으로 부모님의 이름 대신 예수회 신부의 이름을 써 넣었다.

이 이야기에서 놀라운 점은 갈등 그 자체가 아니라, 가족들이 거의 50년 동안이나, 가장 가까운 사람들에게조차도 비밀에 부치는 데 성공했다는 점이다. 우리 아버지도 몰랐다. 고령에 달한 마르고 고모가 단 한 번뿐인 최후의 고백을 하지 않았더라면 이 사실은 영원히 알려지지 않았을 것이다. 그 어떤 것도, 심지어 도덕적 타락이라 할지라도 집안에서 이토록 철저한 배척의 대상이 되지는 않았다. 폴리테크니크를 갓 졸업한 장의 형 레옹이 결혼할 수 없는 여자에게서 사생아를 낳았을 때도 아무도 지붕에 올라가 외치진 않았지만 결국 모두가 알게 되었었다. 그런데 기독교 민주주의로 넘어간 것, 악시옹 프랑세즈의 친아버지 대신 시용파 신부를 써 넣은 것, 이것은 견딜 수 없는 배신이었고, 용서할 수 없는 배교背敎, 치욕스러운 행위였고 망각의 침묵 속에 절대적으로 봉인해야 할 일이었다. 나는 이 이야기가 가증스러웠다. 결국 젊은 삼촌 장은 두 번 죽은 셈이었다. 첫 번째는 베르됭에서 독일군 총에 맞아 육신이 죽었고, 두 번째는 본인이 양심과 진리에 따라 품은 생각 때문에 죽었다.

나는 마르고 고모를 좋아했지만 자기 동생에 관한 침묵의 공모자였다는 사실 이외에도 내가 절대로 용서하지 못할 또 다른 사건이 하나 있다. 고모는 19세기 왕정주의자들의 생활사를 담은, 방대한 양의 놀랍도록 풍부한 서한과 문서들을 갖고 있었다. 고모의 아버지는 열역학 연구가이자 육군 대령으로, 제2제정 시대 말기에 폴리테크니크를 졸업했고 스당 전투*에서 포로가 되었다가 독일군에 차출되어 파리 코뮌** 진압에 동원되었다(그에겐 평생 듣고 싶지 않았던 인생 최악의 사건이었다). 큰아들 넬은 악시옹 프랑세즈 보르도 지부의 설립에 참여했고 시용주의 반대 운동에 나섰으며 교황이 악시옹 프랑세즈를 비난했을 때 저항한 인물이다. 이 시기에는 사람들이 마치 연재소설처럼 길고 긴 편지들을 자주 주고받았다. 그런데 정말이지 안타깝게도, 마르고 고모는 자기가 죽은 뒤 그 편지들을 전부 태워 버리도록 어느 친척에게 부탁했던 것이다! 그건 죄악이었다. 고모의 유언을 문자 그대로 따른 그 친척에게, 나는 절대로 고모를 용서하지 않겠다, 천국에서든 지옥에서든 절대로 용서할 수 없다고 했더니, 그분이 대답했다. "역사학자 조카가 없었더라면 마르그리트도 아마 그런 조치를 하진 않았겠지." 맞는 얘기였다.

이런 식으로 이 가문에서는 정치가 혈연, 신앙 공동체 등 모든 것을 압도했다. 결국에는 서로 증오하기에 이르렀다. 정치적 입장에

---

* 1870년 프로이센-프랑스전쟁 중 프랑스가 참패한 전투.

** 프로이센-프랑스전쟁에서 프랑스가 패배하고 나폴레옹 3세의 제2제정이 몰락하는 과정에서, 1871년 파리에서 일어난 민중 봉기. 혁명 정부는 72일 동안 민주적인 개혁을 시도했으나 정부군에게 패배하여 붕괴되었다.

따르는 분쟁은 증오를 낳았고 친척 관계의 긴밀도에 비례해서 증오는 더욱 강렬해졌다. 형제끼리 원수가 되었다. 이것도 전혀 놀라운 일은 아니다. 증오가 가장 격렬해지는 경우는 바로 정신적 또는 육체적 동일 공동체 안에서이기 때문이다. 수도사들의 격언을 떠올려 보자. "가장 평범한 후회의 삶" 또는 "인간은 인간에게 늑대이고, 여자는 여자에게 늑대이며, 성직자는 성직자에게 늑대이다!" 악시옹 프랑세즈의 역사를 쓰고 싶다면 무엇보다도 포르루아얄*에 관한 책들을 모두 다시 읽어야 한다. 그 책들을 보면 놀라울 정도로 유사한 특성이 드러난다. 문화, 완고함, 신념, 지극한 충성심, 그리고 한없이 지독한 증오심까지 똑같이 닮아 있다. 그것도 진심을 다해서 말이다.

길들여진 성

정치가 모든 것을 압도하던 시절이었고 성적인 문제도 예외는 아니었다. 성적인 에너지가 온통 정치적 활동으로 전이되었다고 해도 과장이 아닐 정도였다! 당시에는 가정에서든 학교에서든 성교육

* 17세기 중엽, 파리 외곽 포르루아얄 수도원을 중심으로 펼쳐졌던 운동으로 신학, 정치, 문학 등에 큰 영향을 미쳤다. 신앙이 없는 이성의 무력함을 증명하려 한 얀센주의에 입각하여 신학적으로는 예수회의 자유의지론自由意志論과 대립했고, 정치적으로는 프롱드의 난亂과 제휴하여 루이 14세의 절대주의에 대항했다. 파스칼의 『시골 친구에게 보내는 편지』와 『팡세』가 이 운동의 대표적 저서이며, 1664년 이후 이 운동은 박해를 받아 1709년 해산당했다.

을 하지 않았음은 두말할 필요도 없다. 그렇지만 종교 학교에서는 예의 그 '영적 아버지'가 아이들에게 때가 되면 어떻게 그 일이 이뤄지는지 조용히 가르쳐야 할 의무가 있었다. 실제로 아이들은 친구들하고 대화하면서 성에 눈을 떴는데, 화장실에서 최종 단계까지 가진 않았으나 약간의 시범을 보이기도 했다. 역설적으로 보일지 모르나 당시에는 오늘날과 달리 성에 큰 중요성을 부여하지 않았다. 성의 중요성은 오히려 축소되었고 성은 온순하게 길들여졌다. 물론 성에 대해서 부모와 얘기하는 일은 있을 수 없었지만, 삼촌이나 이모와 이런 주제에 접근하는 일은 아주 없지는 않았다. 이와 유사한 주변인들의 중재는 우리의 사회화에서 일정한 역할을 맡았으나, 가족 형태가 프로이트의 삼각형 구도로 핵가족화하면서 사라져 버렸다. 우리 부모님의 경우, 이런 성 문제를 심각하게 받아들이지 않았다. 아마도 이는 새로운 태도였을 것이다. 왜냐하면 나의 증·고조부, 특히 고조부의 세대에서는 그렇지 않았기 때문이다. 우리 아버지가 웃으면서 들려주신 일화가 있다. 베삭 지역의 랑구아랑 소유지에 살던 증조할머니가 딸들이—나중에 많은 아이들의 엄마가 된!— 백화점 속옷 카탈로그를 보고 나서 아무 데나 두었다고 야단쳤다는 것이다. 사내아이들이 금지된 여성 속옷 사진을 보면서 흥분할 수도 있다고 말이다. 1890년경의 여성 모델은 거의 몸을 드러내지 않았는데도!

내가 어렸을 때는 여자아이와 남자아이들은 집에서가 아니면 항상 따로 어울렸다. 부모나 삼촌 또는 고모가 사촌 아이들끼리 성적인 장난을 하는 걸 목격해도 야단법석을 떨지는 않았다. 그냥 조용히 소년과 소녀를 떼어 놓았고, 그걸로 끝이었다. 따라서 나는 전혀 억압적이고 까다로운 가톨릭 교육을 받지 않았다. 물론 많은 글과 회상록이 증언하듯이 그렇게 엄한 가톨릭 성교육도 있었지만 나는 다행히 거기서 비켜나 있었다. 물론 때로는 우습기조차 한 성적인 금기들이 있었다. 식사 시간에 내가 아무개랑 아무개가 '동거concubinage'한다고 말했을 때 아버지가 분노하던 모습을 영원히 잊지 못할 것이다. "뭐라고? 지금 누이동생 앞에서 감히 그런 단어를 쓰는 거냐?" 아버지는 아마 그 단어의 뜻보다 단어의 발음 자체에 더 역정을 내셨던 것 같다.

남자들은 점잖았지만 수줍은 사람들이 종종 그렇듯 음담패설과 야한 이야기들을 좋아했다. 자기 가족 중의 여자와 관련된 것만 아니라면. 반면에 그들은 모두 이혼에 대해 근본적으로 적대적이었다. 이혼하고 재혼한 사람들과는 상종하지 않았다. 우리 삼촌 가운데 한 분은 어느 유명한 가문 출신의 이혼한 여자와 결혼했는데, 친척들은 삼촌을 섬처럼 고립시켰다. 그리고 하늘의 섭리처럼 그토록 바라고 기다리던 숙모의 첫 남편의 죽음 후에야 삼촌과 다시 교류하기 시작했다!

땡땡이치기

다시 고등학교 시절로 돌아가 보자. 앞에서도 얘기했듯이 공립 고등학교는 예수회 학교보다 학생 감독이 훨씬 덜 엄격했다. 수업을 빼먹고 땡땡이를 치기도 쉬웠다. 집 우편함에서 교사가 보낸 결석 통지

문을 몰래 빼내서 아버지의 사인을 흉내 내 사인할 각오만 하면 됐다.

당시 나는 '불량 학생들'과 어울리면서 영화를 발견했다. 수업 시간에도 자주 영화관에 갔고 조그만 학생 잡지에 영화 평을 쓰기도 했다. 물론 이 모든 것은 부모님 모르게 벌어진 일이었다. 결국, 내가 수업 시간에 거의 코빼기도 비치지 않았다는 것을 부모님이 알게 되었을 때 처음으로 큰 난리가 났다. 아버지가 말씀하셨다. "복잡할 것 없다. 그러니까 공부가 하기 싫은 거지? 그래라, 이제 공부 그만해도 된다. 하지만 직업은 있어야 하니까 좋은 기회를 찾아 주마. 회계 자리다." 그러고는 아버지가 관리하던 전기 공급 회사 가운데 레장들리Les Andelys에 있는 회사로 나를 내쫓았다. 그곳에서 나는 주임 신부의 사제관에 머물게 되었는데 이 훌륭한 신부님의 포도주 창고에는 뛰어난 포도주들이 가득했다. 내가 떠났을 때 포도주 창고가 좀 비어 있었을 것이다! 나를 고용한 회사에서는 회계 업무가 자동화되지 않았다. 아주 높은 의자에 올라타듯이 앉은 회계 직원들이 역시 커다란 책상 위에 펼쳐진 거대한 2절판 회계 장부에 하루 종일 수기로 합산하고 기록했다. 나에게 맡긴 장부를 너무나 많은 계산 실수로 망쳐 놓는 바람에 나는 창고 정리 업무로 쫓겨났다.

사제관에서 속성으로 대입을 준비하다

아버지는 가족들의 천국에서 나를 내쫓았지만 자비를 베푸셨다.

"다른 기회도 하나 더 주마. 네가 통신 교육으로 공부할 수 있게 신청해 주마." 당시 부모들은 실없는 농담 같은 건 하지 않았다. 한다면 해야만 하는 것이었다. 자신들이 틀릴 수 있다고는 눈곱만큼도 생각하지 않았고, 어떤 결정을 하면 곧장 실천에 들어갔다. 회계 일과 창고 정리 일을 어느 정도 해 보고 나자 나는 사제관에 틀어박혀 공부하는 것이 더 좋았다. 그렇게 해서 바칼로레아에 합격했다. 이것이 내가 겪었던 가족과의 첫 번째 불화였고 나의 사회적 범주 밖으로 일탈했던 첫 번째 사건이었다. 나는 언제나 내 주변을 좋아했지만 동시에 그 너머 밖으로 나가는 것을 좋아했다. 한창 예민한 나이에 그렇게 6개월 동안 서민적인 농촌 세계를 알게 되었고, 그 안에서 친구들을 사귀었다. 특히 그중 한 친구는 시골 학교 여교사와 농부의 아들이었는데 젊어서 죽었지만 나와 아주 친한 친구였다.

바칼로레아에 합격하자 아버지는 내가 기술 공학자가 되기를, 가능하다면 폴리테크니크에 들어가기를 바랐다. 수학을 좋아했던 나는 그 선택이 그다지 싫지는 않았다. 그래서 폴리테크니크 수험 준비반에 들어갔는데 곧 환상에서 깨어났다. 엄격한 규칙, 경쟁, 학업 속도, 주입식 공부를 견딜 수 없었다. 나는 다시 수업을 빠지기 시작했고 결국 아버지께 역사를 배우고 싶다고 고백하게 되었다. 솔직히 말해, 그것이 이미 나의 존재 이유였는지는 모르겠지만, 어쨌든 고백하는 바로 그날까지도 나는 역사에 나의 학업과 경력을 다 바치려는 생각은 없었다. 아버지는 이런 나의 생각을 한마디로 허황되다고 여겼다. 그것은 직업이 아니었던 것이다. 내 인생 두 번째로 아버지와 크게 다퉜다. 다행히 고등학교 시절 역사 선생님이 중재해 주신 덕분에 아버지는 결국 양보하고 나의 소명을 인정해 주셨다.

그렇지만 이 해결책에 만족하신 것은 아니었다. 아버지는 대학 생활의 자유로움을 틈타 내가 놀지나 않을까 염려하셨다. 그래서 타락의 바빌로니아였던 파리나 내가 아는 사람이 너무 많고 게다가 매력적인 한량도 많은 보르도가 아닌, 그르노블대학에 등록시키기로 하셨다. 왜 하필 그르노블이었을까? 아버지와 친한 어느 보르도 집안의 딸이 이제르* 도청 회계과장인 라포르트 씨와 결혼해서 그르노블에 살고 있었기 때문이다. 따라서 내가 외롭지는 않을 터였다. 그르노블에서 보낸 대학 1학년 기간은 정말이지 내 인생에서 가장 아름다운 1년이었다. 나는 완전한 자유를 누렸다. 어느 하숙집에 살면서, 비로소 한 사람의 성인으로서 내 공부 시간을 내 맘대로 계획했다. 아침부터 저녁까지 역사를 공부했고 나중에 이런 공부가 좀 지루해지긴 했지만 여전히 생생한 발견의 기쁨을 맛보곤 했다. 많은 친구들을 사귀었고 특히 그르노블에 유학 온 외국 학생들과 친하게 지냈다. 라포르트 씨 부부는 나를 자식처럼 아껴 주었다. 그 집 딸은 영어를 공부하고 있었다(당시 영어를 가르치던 젊은 강사 질Gil을 1977년 영국 글래스고에서 우연히 만났는데, 그는 이제 최고의 말라르메 전문가가 되어 있었다). 우리 둘은, 말년에 비시 정부의 각료가 되었지만 당시 최고의 영예를 누리

---

* 프랑스 남동부의 도département로, 도청 소재지는 그르노블이다.

던 베르그송주의 철학자 자크 슈발리에Jacques Chevalier*의 공개 강의를 들으러 다녔다. 나는 앙시앵레짐에 관심이 있어서 에스모냉Edmond Esmonin**의 강의도 들었다. 그르노블에는 아마추어 학자들이 강의하는 선사 시대 강좌가 있었는데, 나는 어느 법관의 강의를 들으면서 선사 시대에 대해 알게 되었다.

중세사로 1학년 수료증을 받고 나서 부모님과 화해했다. 이때부터 두 번 다시는 부모님과 충돌이 없었다. 신뢰가 회복된 만큼 더 이상 멀리 그르노블에 떨어져 있을 필요가 없어지자 파리로 돌아왔다. 내 인생의 한 시기가 끝나고, 지금까지도 이어지는 내 인생의 다른 시기가 막 시작되었다.

여기까지가 나의 선사 시대이다. 머나먼 과거 저 깊숙한 곳에서 찾아낸 이 역사는 망각의 구멍투성이지만 그럼에도 불구하고 생생한 이미지들이 빛줄기처럼 솟구친다. 이미 전설이 된 이미지들을 포함하여 모든 이미지들이 나에게는 영원한 기쁨의 원천이다.

---

* 1882~1962. 프랑스의 가톨릭 철학자.

** 1877~1965. 프랑스 사학자.

3. 소르본대학과 악시옹 프랑세즈

그르노블에서 관찰 시기를 통해 부모님께 내가 괴짜가 아님을 입증하고 나자 파리 소르본대학 등록은 아무런 문제도 되지 않았다. 그렇지만 나에게는 선택의 시간을 알리는 종이 울리지 않았다. 게다가 왜 선택해야 한단 말인가? 나는 너무나 자연스럽게 내 가족, 환경, 혹자는 계급이라고 부를 것에 의해서 이미 정해진 길에 들어서 있었다! 그런 상황이 아주 자연스럽고 편안해서 변화를 주고 싶다는 욕구를 전혀 느끼지 못했다. 하지만 오늘에 와서 생각해 보면, 아주 미세하게 불편한 감정이 이미 내 안에 들어와 있었고 대학에서 역사학을 공부하면서 그 감정은 점점 커져 갔다.

작은 정원에 휘몰아친 폭풍우

이에 대해 좀 더 상세히 밝혀 보겠다. 당시 내가 겪었던 문제들이 오늘날은 너무나 하찮게 보일지 모르겠지만, 나에겐 작은 정원에 휘몰아친 폭풍우였다. 나는 오랫동안 일련의 모순들 사이에서 발버둥 쳤다. 그중 하나는 모라스를 추종하는 왕정주의자 청년으로서 나의 소양에 내재된 모순이었다. 이는 '카페 왕조 학파' 즉 악시옹 프랑세즈 사관의 정치사(실물 역사, 실록)와, 필리프 주타르Philippe Joutard*가 '가족의 전설'이라고 부르는, 사실과 전설이 반씩 뒤섞인 나의 가족사 사이의 긴장에서 비롯한 것이었다. 나는 과거를 보는 이 두 관점 간의 모순을 찾아내기까지 오랜 시간이 걸렸다. 왜냐면 나에게는 가족의 전설이 역사와 한데 어우러져 있기 때문이었다.

이와 같은 가족의 전설 덕분에 나는 지적이고 의지적인 역사보다는 경이롭고 민중적인 이미지들을 더 공부하게 되었다. 그래서 마르크 블로크Marc Bloch**의 책을 읽기 훨씬 전이었는데도 대학 초년생 시절의 나는 왕위의 신비로운 속성, 왕의 대관식, 연주창을 치유하는

---

* 1935~ . 프랑스 역사가. 칼뱅파 신교도 카미자르의 난 등 프랑스 종교사 전문가이다.

** 1886~1944. 프랑스의 역사가이자 사회경제사가. 여기서 그의 책은 『기적을 행하는 왕』(1924)을 말한다. 1929년 뤼시앵 페브르와 『사회경제사 연보』를 창간, 아날 학파의 시초가 되었다. 저서로 『프랑스 농촌사의 기본 성격』, 『봉건 사회』, 『역사를 위한 변명』 등이 있다. 1차 대전에 참전했던 마르크 블로크는 2차 대전이 발발하자 프랑스에서 가장 나이 많은 대위로 53세에 참전했고 레지스탕스 활동 중 1944년 게슈타포에게 총살당했다.

기적* 등에 관심이 많았다. 이렇게 원초적이고 원시적인 요소가, '국민 국가État-Nation'라는 더욱 이성적이고 근대적인 개념을 추구하는 모라스의 실증주의에는 이질적이라는 것을 미처 알지 못했다.

한참 후, 2차 대전이 끝나고 마침내 이 문제에 대한 관점이 확고해진 나는 피에르 가쇼트Pierre Gaxotte**가 악시옹 프랑세즈의 새로운 주간지로 창간한 『프랑스인의 역사*Histoire des Français*』에 기존 사료 편찬 양식과는 다른 나의 관점을 정리한 글을 게재했다. 나는 훌륭한 대중적 고전이 된 역사서들을 물론 존중했지만 미미하다 하더라도 비이성적인 것, 성스러운 것이 차지하는 비중에도 매료되어 있었다. 내 글은 모라스의 심기를 건드리는 능력이 있었다. 대독 협력 죄로 종신 금고형에 처해진 모라스가 감옥에서 복수에 불타는 기고문들을 연달아 발표한 것이다. 그렇지만 이렇게 다소 반근대적인 과거의 이미지들은 반동적인 미슐레Jules Michelet***, 샤토브리앙François-René de Chateaubriand****의 이미지일 수도 있었다. 소르본대학이나 다른 곳에

---

* 연주창은 일종의 부스럼으로 림프절 결핵성 부종이 원인이다. 영국 왕과 프랑스 왕은 대관식 때 연주창 환자를 손으로 만져 치료할 수 있다는 민간 신앙이 유럽에 만연했고 앞서 말한 블로크의 저서에 상세히 밝혀져 있다.

** 1895~1982. 프랑스의 역사가이자 언론인, 학술원 회원.

*** 1798~1874. 프랑스 역사가. 국립고문서보관소 역사부장, 콜레주 드 프랑스 교수 등 역임. 40년간 다수의 프랑스사를 집필했고, 민중의 편에서 반동적 세력에 저항했다.

**** 1768~1848. 프랑스의 소설가이자 정치가. 낭만주의 문학의 선구자로 『아탈라』, 『기독교의 정수』 등의 저서가 있으며 왕정파의 일원으로 장관을 두 차례, 대사를 세 차례 역임했다.

서도 마찬가지였지만 AF(악시옹 프랑세즈—옮긴이)에서는 미슐레도, 샤토브리앙도, 낭만주의도 전혀 고귀한 대접을 받지 못했다. 나는 민주주의적 개인주의에 맞서는 개념으로 전통주의적인 소규모 공동체 개념을 내세웠다. 이것은 소규모 그룹의 연대감 같은 개념으로서 나중에 가서 모리스 아귈롱Maurice Agulhon*, 이브 카스탕Yves Castan**과 같은 남프랑스 지역 역사학자들과 함께 내가 '사회성sociabilité'이라고 불렀던 것과 매우 근접한 개념이었다.

나는 또한 AF의 대학생 잡지 『프랑스 대학생*L'Etudiant français*』에 기고했던 초기 글들에서 올빼미당Les Chouans***에 대해 일상생활과 관습의 끈끈한 연대로 다져진 무리, 작은 공동체라는 개념을 내세웠다. 내 친구들 중에서도 일부는 이런 느낌을 공유했던 것 같다. 그로부터 한참이 지난 1955년, 피에르 부탕Pierre Boutang****이 창간한 주간지

---

* 1926~2014. 프랑스의 사학자, 콜레주 드 프랑스 석좌 교수. 남프랑스 위제스 출신으로 프랑스 현대사의 대가이자 좌파 지식인이다. 아리에스 등의 도움으로 방대한 논문을 출판했다.

** 프랑스 사학자. 툴루즈르미라이유대학 교수 역임. 대표작은 『근대 사회의 마술과 주술』이고 『사생활의 역사』 필진이다.

*** 주로 브르타뉴, 멘, 노르망디 등 프랑스 서북부를 근거지로 활동한 가톨릭 왕정파 반란 집단. 방데 지방 반란과 함께 1793년 시작된 이들의 활동은 1804년 나폴레옹이 황제에 즉위한 직후까지도 이어질 정도로 끈질겼다.

**** 1916~1998. 프랑스의 철학자이자 언론인. 프랑스 우파 왕정주의자로 모로코에서 교수직을 하면서 독일에 대항해 싸웠으나 반유대주의자이자 페탱 지지자로서 전후 교육부에서 교수직을 박탈당하고 다시는 가르칠 수 없다는 명령과 함께 파면당했다. 이후 잡지 간행에 전념했다.

『나시옹 프랑세즈*Nation Française*』*의 창간 축하연에서 라울 지라르데가 했던 말이 떠오른다. 그가 『나시옹 프랑세즈』는 무엇보다도 하나의 무리, 한 무리의 친구들의 역사라고 단언했을 때, 나는 그 말이 우리가 청춘을 보낸 1930년대의 반향이라는 것을 알아차리고 감동했다. 소르본에서 역사학을 공부하는 동안 나는 자발적으로, 본능적으로 그리고 집요하게 이러한 집단적 행동의 궤적들을 연구했다. 물론 서툴게 더듬어 가긴 했지만 이러한 나이브한 접근 방법을 통해 나중에 가서 나치 독일 점령기에 이루어질 결정적인 만남, 마르크 블로크와 뤼시앵 페브르 등 초기 아날 학파와의 만남을 준비하게 되었다.

나는 전설적인 것과 '카페 왕조 학파'의 역사가 대립되는 것을 잘 이해하지 못했지만, 소르본대학에 입학하자마자 '카페 왕조 학파'의 역사와 대학 교수들의 역사 간의 대립은 명료하게 느낄 수 있었다. 나에게는 강렬한 충격이었다.

이러한 대립 때문에 악시옹 프랑세즈와 소르본대학을 둘 다 그만둘 수도 있었을 터였다. 그러나 그런 일은 일어나지 않았다. 소르본에는 나의 관심을 끄는 대학 역사학의 한 분야가 있었다. '실증주의' 역사학으로 부르던, 왜곡된 해석의 여지가 전혀 없는 객관적이고 해박한 역사학이었다. 이 역사학은 이제 막 발을 들여놓은 나에게는 '연속성'을 가진 것으로 보였고, 그런 연속성이 나에게는 중요했다. 이미 앞에

---

* 1955년부터 1967년까지 발행된 가톨릭 왕정파 주간지.

서 얘기했듯이 카페 왕조 학파의 유사역사학histoire analogique은 그들이 선호하는 특정 시기나 주제만 길게 서술하고 다른 부분은 건너뛰는 불연속성 때문에 내 성에 차지 않았다.

반면에 대학 역사학은 과거를 빠진 곳 없이 온전히 재구성해서 나의 기대에 부응했다. 이 역사학은 처음에는 지루했지만 극복해야만 했다. 이 지루함은 입문을 위한 시련이었고 지식이 치밀해지고 서로 맞물리는 사실들이 익숙해질수록 지루함은 줄어들었다. 그것은 하나의 고행이었다. 역사학자는 수도자와 같은 자세로 세상 즐거움을 잊고 지내야만 했다. 이 역사학은 이데올로기 문제를 야기하지 않았다. 왜냐하면 그것은 단지 일련의 사실들을 재구성할 뿐, 사실들의 연대기적 계승을 결정하는 인과 관계 이외의 다른 논리는 없다고 내세우기 때문이었다. 생각해 보니, 대학 초년생의 포부를 발표했을 때 교수님들로부터 계획 없음을 지적받은 적이 있었다. 하지만, 내가 왜 사실들의 연대기적 생성 이외에 다른 계획을 따라야만 했을까?

그렇지만 대학 역사학의 또 다른 면모가 있었는데, 이것은 나와 같은 왕정파 대학생에게는 훨씬 더 의심쩍었다. O. 카르보넬Charles-Olivier Carbonell* 이 밝힌 것처럼, 19세기에는 대학에서 가르치는 현학적 역사학이 적대적 이데올로기 두 개가 맞붙는 전장이었다. 하나는 『역사 문제』지를 중심으로 한 정통 왕정주의 문헌학자들이었고 또

---

* 1930~2013. 프랑스 역사가. 『아날 학파의 요람에서*Au berceau des Annales*』, 『사료 편찬 *L'Historiographie*』 등의 저서가 있다.

하나는 『역사』지를 중심으로 한 세속적 공화주의자들이었다. 우리가 대학에 들어갔을 때 『역사 문제』지는 빈사 상태였고, 악시옹 프랑세즈의 새 학파도 이 잡지를 되살릴 생각이 없었다. 우리 신입생들은 『역사 문제』지에 기고하는 한물간 늙은 학자들이 있다는 사실도 모를 정도였다.

20세기 초에는 '실증주의적'이고 과학적인 요구가 19세기의 이념적 지향점을 감추거나 심지어 지워 버릴 수 있었다. 이런 지향점들은 종교 전쟁사나 프랑스혁명사처럼 몇몇 뜨거운 영역에서는 여전히 생생하게 남아 있었다. 프랑스혁명은 아직도 가까운 과거였던 것이다. 혁명이 완전히 과거의 역사로 편입된 것은 2차 대전이 끝나고 나서였다. 1930년대에는 누구든지 혁명에 대해 찬성이거나 반대였다.

하루는, 연로한 마르크스주의자이자, 이제 곧 보게 될 것처럼 훌륭한 교수였던 조르주 르페브르Georges Lefebvre* 교수 자택에서 내가 발표를 하게 되었다. 챙이 넓은 모자를 쓴 이 노학자는 프랑스혁명사의 대가였다. 나는 자코뱅파**를 발표 주제로 정했다. 이 멋진 주제는 반혁

---

* 1874~1959. 프랑스 역사학자. 파리대학 교수. 프랑스혁명을 사회경제사적 접근으로 해석하여 자코뱅적 혁명관의 정립에 기여했다. 『1789년의 대공포』 등의 저서가 있다.

** 1789년 프랑스혁명을 급진적으로 이끌었던 정치 분파로 1793년 6월부터 1794년 7월까지 혁명 정부를 주도했다. 공포 정치로 국내외의 반혁명 기도에 맞섰으나, 1794년 7월 27일 테르미도르 반동으로 몰락했다. 1789년 12월 국민의회assemblee nationale의 의원들과 시민들은 귀족들의 반혁명에 대항하기 위해 '헌법을 위한 친구들의 모임Societe des Amis de la constitution'을 만들었고, 프랑스 전역에 지부를 설치했다. 이들은 파리 자코뱅 수도원을 본부로 삼았기에 왕당파들은 이들을 자코뱅 클럽Club des Jacobins이라고 불렀다.

명의 역사를 다룬 고전 중 하나인 오귀스탱 코생Augustin Cochin*(1차 대전에서 전사한 젊은 문헌학자)의 사상 단체에 관한 책에서 다뤄진 주제였다. 오귀스탱 코생은 18세기 말, 교회와 군주제를 전복시키려는 지식인들의 비밀 모임, 일종의 제5열에 의해 어떻게 앙시앵레짐이 흔들리게 되었는지를 입증하고자 했다. 대학 사학자들은 이 논제를, 반혁명의 배신자로서 앙시앵레짐을 타도하려던 일부 반혁명주의자들의 낡은 음모론을 뒤늦게 재탕한 것에 불과하다고 여겼다. 지금 내가 생각하기로는, 마르크스주의적이거나 유사 마르크스주의적인 소규모 압력 단체들을 20년간 보고 나니, 오귀스탱 코생의 논제는 다소간 신뢰를 회복하지 않았을까 싶다.

다시 나의 발표로 돌아오자. 나는 오귀스탱 코생의 논제를 다시 다루면서 최신 참고 문헌에서 건질 수 있는 것은 모두 다 인용해서 노교수의 심기를 건드리는 짓궂은 쾌감을 맛보았다. 발표가 끝나자 르페브르 교수는 화를 내지도, 비웃지도 않았다. 오히려 아주 인내심 있게, 내가 자코뱅파에 부여한 폐쇄적 당파의 특성들은 그 당시의 특성이었으며, 분산된 형태로 어디에나 존재하던 특성이었음을 자세히 설명해 주셨다. 나는 물론 그 순간에는 그토록 편파적이고 고집스러운 교수님에게 화가 났지만, 어쨌든 르페브르 교수의 비판은 내 생각을 깨웠고 나도 모르게 반쯤 수긍하게 되었다. 지금도 마치 어제 일인 듯 뚜렷이 기억난다. 그럼에도 불구하고, 이 비밀 모임의 시대적

* 1876~1916. 프랑스 역사학자. 혁명과 사상 단체에 대한 사회학적 연구로 알려져 있다.

특성들이 나중에 내가 가장 좋아하는 주제 중 하나가 될 줄 어떻게 알았겠는가?*

이러한 비판과 내가 읽던 책의 저자들은 결국 카페 왕조 학파의 역사에 대한 나의 신뢰심을 뒤흔들어 놓았고, 나는 발뒤꿈치를 들고 거기서 살살 빠져나와 멀어지게 되었다.

당시 나는 소르본대학에서, 파리 대학가에 막 등장한 역사학의 새로운 경향을 접하게 되었는데 그것은 모라스의 정통주의만큼이나

---

* (원주) 이 이야기는 오귀스탱 코생의 연구들을 발굴, 정리한 프랑수아 퓌레François Furet(1927~1997. 프랑스 역사가. 프랑스혁명 연구의 대가로 사회과학고등연구원EHESS 학장, 프랑스 한림원 회원—옮긴이)의『프랑스혁명을 생각하다*Penser à la Révolution française*』(1978)가 나오기 전의 일이다. 이 책에서 퓌레는(아마 지난 20년간의 경험에 비춰 본 것일까?) 코생의 연구가 지식인 압력 단체에 대한 선구자적 분석이라고 인정했다. 나는 오히려 음모론의 지식인 버전이라고 여기곤 했다. 나중에 가서 좀 더 인류학적인 다른 해석을 접했고, 게다가 르페브르 교수도 이미 동조하던 해석이었지만 잊었다고 생각한 오귀스탱 코생에게 더 이상 호기심이 생기지 않았다. 하지만 아니었나 보다. 그의 책을 다시 읽을 욕구나 시간이 많지는 않지만, 아직도 여전히 의문점이 남아 있다. 최고의 코생 연구서는 프랑수아 퓌레의 책이 아니었을까 혼자 생각해 본다.
그렇지만, 나에게 중요했을 저작들을 스쳐 지나가 버렸지만—그만큼 프랑수아 퓌레의 책을 통해서 코생이 나의 관심사에 부합하는 것처럼 보였다—, 변명을 하자면 1930년대 극우파 지식인 청년들의 반사회학적 맹목 때문이었다. 그중에 그나마 제일 나은 사람들은 사회학을 거짓 학문이라고 무시했고, 다른 사람들은 (유대인이었던 사회학의 시조 에밀 뒤르켐 때문에) 유대인의 학문이라고 경멸했다.
10년 후, 프랑스 남부 미디 지방에서 다시 모인 그 우파 그룹에게는 더 이상 이런 금기가 없었다. 역사학의 혁명[요즘 얘기하는 '새로운 역사Nouvelle Histoire'(1970년대 초 아날학파 3세대가 주도한 역사학 경향으로, 흔히 아리에스의 저작을 특징짓는 '심성사'가 '새로운 역사'의 핵심이다. 자크 르고프, 피에르 노라 등이 대표 사가이다—옮긴이)]이 득세한 것이고 사회학은 역사학자와 철학자 모두에게 유행이 되었다. 이브 카스탕이 들려준 바에 의하면, 툴루즈의 고등사범학교 준비생들은 오귀스탱 코생을 역사사회학의 선구자로 간주했다고 한다. 분명 이런 이유 때문에 우리 늙은 사학자들은 그를 무시했을 것이다.

의심쩍어 보였다. 그 경향은 나중에 사회역사학으로 불렸다. 국가 너머에 사회가 존재하고, 이 사회는 변화해 가며 그 변화들은 국가의 잘하고 못한 행위에 조금도 빚진 게 없다는 이 개념은 우파 역사가들에게는 새롭고도 충격적이었다. 그러나 종교 전쟁(앙리 오제Henri Hauser*)과 대혁명에 관한 당시 연구들은 종교, 경제, 문화 등 비정치적인 것들의 힘이 작용하는 자율적 사회 공간이 존재함을 밝혀내고 있었다. 국가는 대개 이러한 힘들을 모르고 있다가 격렬한 폭력과 혁명에 의해 이 힘들은 익명 상태에서 벗어난다. 아날 학파 이전의 역사가들이 어렴풋이 감지했던 이 사회적 공간이 드러나기 시작한 것이다. 혼돈의 시기에서도 그런 공간을 빠짐없이 찾아낼 수 있었다. 우리 몇몇 학생은 우리가 주시하고 있는 세상이 얼핏 보여 주거나 감추는 사소한 암시에도 아주 예민하게 반응했다. 이제 나에게는, '우리'라는 것이 더 이상 우파의 정신적 가족을 지칭하지 않았다. 우리는 온갖 정치적 영역에서 모여든 미래의 역사가들이었다. 완고한 반동도 있었고 마르크스주의자도 있었다. 서로 상반된 정치적 참여에 나섰지만 우리 모두는 근본적으로 집합적 역사를 추구하고 있었다.

그러나 이 시기에는 역사학자보다도 지리학자가 사회역사학의 진정한 선구자였다. 바로 그런 이유로 나는 내 천직이 지리학자 아닐까 할 정도로 지리학을 좋아했고 열심히 공부했다. 더욱이 인문지리학은 우리 세대 모든 역사가들에게 큰 영향을 미쳤다. 인문지리학 책

* 1866~1946. 프랑스의 경제학자이자 역사가. 소르본대학 교수.

들을 읽었고, 현장 답사에 나섰다. 그곳에서 우리는 풍경을 읽는 법을 배웠고 그 땅의 물리적 틀을 해독했으며 그 땅을 차지한 인간의 연속적인 흔적들을 찾아보곤 했다. 이러한 학습을 통해 문제점들이 제시되었고, 다 해결할 수는 없었지만 역사학도로서의 호기심은 커졌다. 그렇게 직접 관찰한 땅은 우리가 책과 이미지로만 배운 것과는 다른 역사를 갖고 있음을 느끼게 되었다.

나중에 지리학을 포기하면서 더불어 좋은 동료들도 잃기는 했지만, 나는 지리학을 통해서 바라보는 법을 배웠다. 바라보는 일은 나에게 읽는 일만큼이나 필수적인 것이 되었다. 바라보는 시선의 교육 덕분에 나의 초기 두 작품의 주제는 풍경과 땅에 관한 것이 되었다. 『프랑스 민중사』의 전반부는 지역 연구로 구성되어 있다. 아내 덕분에 예술과 도상학 자료들을 발견하자 나는 방법론을 바꿨다. 지금도 나는 풍경이든, 사물이든, 형태이든 어떤 것을 대할 때 늘 시선을 고정한다. 이런 이유로 장루이 플랑드랭Jean-Louis Flandrin*은 서평에서 나의 역사책들이 관광 안내서이기도 하다고 말한 것이다! 내가 감히 칭찬으로 여기고 싶은 서평이다.

* (원주) 가족과 성의 역사를 다룬 역사가[1931~2001. 프랑스 사학자. 독창적 분석 방법으로 가족, 성, 음식의 역사를 쇄신한 사학자로 1968년 가을, 뱅센실험대학센터(파리8대학 전신) 창립에 참여했다 —옮긴이].

AF의 젊은이들

다음 에피소드를 보면, 1930년대 말에 사회역사학이 어떻게 나의 관심사가 되어 갔는지 알 수 있을 것이다. 당시 AF 소속 대학생들은 자기들이 라탱 지구Quartier Latin*를 주름잡고 있다고 여겼다. 그들의 주요한 지적 활동은 정치 연구 동아리의 세미나였는데 내 친구 프랑수아 레제François Leger**가 레젤이라는 가명으로 이끌고 있었다(당시에는 가명이 무척 유행이었다. 딱히 뭐가 두려워서라기보다는 분류 카드, 목록, 드레퓌스 사건의 공화국이 그 공격성을 다 버리지 않았을 수 있음을 암시하려는 것이었다). 세미나에서 학생이 발표한 내용은 이어서 『프랑스 대학생』지에 실렸다. 이 세미나에 가장 큰 가치를 부여해 준 것은 샤를 모라스의 참관이었다. 학생들이 발표하고 나면 모라스는 몇 마디 평을 했다. 그러고는 즉흥적으로 정한 주제를 가지고 이야기를 했는데 정말 최고의 모라스를 보는 놀라운 시간이었다. 그는 추억을 따라가며 친근하고 재미있게 풀어 가는 뛰어난 이야기꾼이었다. 나는 이 모임이 아주 좋았고 나에게 유용해 보였다. 그렇지만 지나치게 정치 문제로 한정되어 있다고 느꼈다. 역사학과 지리학에서 새내기의 열정을 가지고 발견한 '사회적 공간'이 이 모임에는 없었다. 1차 대전 전의 AF, 조르주

---

* 소르본대학을 중심으로 콜레주 드 프랑스, 앙리4세고등학교 등이 모여 있는 파리의 학생 거리.

** 1914~2010. 프랑스의 언론인·역사가·작가. 이폴리트 텐Hippolyte Taine 전기 등의 저서가 있다.

발루아Georges Valois*가 조직한 프루동 서클의 AF보다도 1930년대 AF에 이런 사회적 공간이 더 없다니! 이 부재는 매우 크게 느껴졌고 회원 이탈을 부추겼다. 도처에서 점점 더 사회적 힘의 무게가 느껴지는데, 이 동아리에서는 여전히 고전적인 정치 이념을 앞세우느라 사회적 힘들을 무시한다는 게 짜증이 났다. 그러던 중 나는 사회 연구 동아리 창립 허가를 받아서 프랑수아 레제의 정치 연구 동아리와 짝을 이룰 참이었다. 마리 드루Marie de Roux**가 이 모임을 주재했는데, 악시옹 프랑세즈의 보스들은 이렇게 함으로써 '사회적' 성향이 고조될 위험에 맞서 정통성을 보장하려 했다. 마리 드루는 AF의 변호인이었다. 또한 왕정복고를 연구하는 역사가로, 가톨릭교회의 사회적 교의와 라투르 뒤팽François René La Tour du Pin***의 사상에 정통한 역사학자로 알려져 있었다. 우리는 모두 모여 길게 논의하면서 연간 세미나 프로그램을 준비했다. 나는 최근의 사회역사학 경험에서 얻은 주제를 아주 자랑스럽게 그에게 제안했다. 1차 대전 이후 프랑스 사회의 파노라마 즉 귀족, 부르주아지, 농부, 노동자 등 사회적 범주에 대한 연구였다. 이런 제안을 1938년에 한 것이다…. 당시에는 이런 주제가

---

* (원주) 조르주 발루아는 에두아르 베르트와 같은 극좌파 지식인들과 함께 프루동 서클을 만들었고 『프루동 서클 노트*Cahiers du cercle Proudhon*』를 펴냈다. 왕정주의와 노동자 계급을 화해시키는 것이 목표였다.

** 1878~1943. 프랑스의 변호사·역사가·언론인. 왕정주의자로 악시옹 프랑세즈에 평생을 바쳤다.

*** 1834~1924. 프랑스의 정치인이자 군인. 프랑스의 사회적 가톨릭주의를 주창하여 악시옹 프랑세즈와 20세기 전반부 프랑스 가톨릭의 지적 쇄신, 사회적 참여에 기여했다.

학사 과정에 들어 있을 수도 없었다. 그것은 이미 '아날 학파'의 주제였다! 마리 드루는 에두르지 않고 그 주제에 반대했다. 그에 따르면, 어떤 결론도 끌어낼 수 없는 주제라는 것이었다. 『프랑스 대학생』지 독자들이 이런 연구에서 어떤 정치적 교훈을 얻겠는가? 어떤 정치적 결론도 나올 수가 없다는 것이 그의 주장이었다. 틀림없이 그는 그런 사회적 분석을 하면 계급 이론 현상에 정당성을 부여하게 될까 봐 염려한 것이다. 당시에는 사회 계급을 좌파의 인위적 산물로 치부하려던 때였다! 따라서 나의 계획은 무산되었고 우리는 마르크스주의, 라투르 뒤팽의 사상, 교회의 사회적 교의, 협동조합주의 등 더 교리적인 주제를 다루기로 합의를 보았다. 사회적 분석 주제가 거부당하다니, 인민전선Front populaire*이 붕괴된 지 얼마 되지도 않은 1938년에 이런 분석은 무용하거나 위험할지도 모른다니…. 나는 깊은 생각에 빠졌다. 의구심이 들었다.

그러나 나는 아직 사회학 저작들을 읽지 않은 상태였다. 우파 지식인들은 그런 책들을 비웃었고** 소르본대학의 정통 역사학자들은 놀라울 정도로 그런 책들에 대해 무지했다(앙리 오제나 특히 피가뇰André Piganiol*** 같은 몇몇 교수를 제외하고). 내가 사회적 공간을 발견하게 된 것은

---

* 유럽 파시즘에 대항하기 위해 프랑스공산당, 급진사회당, 노동자 인터내셔널 프랑스 지부SFIO를 중심으로 한 좌파 정당 및 단체 연합체로, 1936년 선거에서 승리하여 레옹 블룸이 이끄는 인민전선 내각이 출범했다. 1938년까지 지속되었다.

** (원주) 이 점에서 우파 지식인들은 오귀스탱 코생 같은 일부 선배들과 달랐다.

*** 1883~1968. 프랑스의 고고학자이자 사학자로 로마사 전문가이다.

역사학과 인문지리학을 배우면서였다. 이러한 접근은 이론적인 것과는 거리가 멀었고 경험적 해설과 묘사를 지향했다. 그렇게 해석된 사회역사학은 따라서 제도의 역사에도 확장, 적용될 수 있었다. 단, 국가를 움직이는 톱니바퀴로서의 제도뿐만 아니라 사회의 기본 단위로서 제도를 고려한다는 조건에서 말이다. 앙시앵레짐에서는 치안과 사회성(69쪽 사회성 개념 참조—옮긴이)을 담당하는 민간 조직들 또한 국가의 제도였다. (오늘날 석사라고 부르는 과정의) 학위 논문 주제를 선택한 것도 이러한 사회를 더 알고 싶은 욕망에서 비롯했다. 주제 선택은 요즘처럼 팀 연구를 하지 않았기 때문에 자유롭게 학생 재량에 맡겨졌다. 학생이 제출한 주제를 교수가 수락하면 학생은 혼자 논문을 쓰면 됐다. 나는 16세기 파리 샤틀레의 '치안대장commissaires examinateurs'* 공동체를 연구 주제로 정했다. 왜 16세기였을까? 나는 16세기에 너무나 매료되어 심지어 16세기 전공 사학자가 될 생각도 있을 정도였다. 그럼 왜 공동체를 주제로 했을까? 비개인주의적인 현상, 소규모 공동체에 특별히 매력을 느꼈기 때문이다. 샤틀레의 치안대장들은 법무부 관리로서 경찰서장인 동시에 예심 판사였는데, 그 직책을 돈을 내고 샀다. 따라서 그들은 반은 전문직이고 반은 국가 제도의 일원인 특이한 공동체를 꾸렸다. 미리 말해 두지만, 오늘날 이 논문은

* 프랑스는 17세기 후반에 경찰 제도가 확립되었다. 그 이전에는 '치안대장' 20명이 공동체를 구성하여 법무부가 미처 다 감당하지 못하는 파리 17개 구역의 치안과 민형사를 일차적으로 담당했다.

나를 뺀 누구에게도 큰 의미가 없는 글이다.

이 진정한 탐구의 시간을 거치며 나는 열정으로 들끓었다. 나는 내가 원하는 것을 했고, 골치 아픈 책들은 치워 버렸다. 물론 내 연구에 너무나 필요해서 도저히 지루해 할 수 없는 책들을 제외하고 말이다. 나는 문서보관소의 세계를 발견했고, 16세기 프랑스어를 해독하기 어려웠지만 연구 자료를 다루는 기쁨을 발견했다. 처음에는 모호했던 주제가 점점 명확해지고 구조를 갖춰 가면서 마치 물속 깊은 곳에서 수면 위로 떠오르는 듯한 느낌을 처음으로 경험했다. 이 연구에서 최종적으로 나에게 드러난 이미지는 거의 독립적인, 소규모 자율적 사회 연대의 이미지였다. 자기들끼리 조직을 관리하고 권력의 일부를 보유하고 있으면서 지역의 통치와 행정을 담당하는 공동체였다. 국가 즉 왕은 드물게 그리고 난폭한 방식으로만 관여했다.

나는 이렇게 국가에서, 일상적인 사회에서 떨어져 있는 공동체에 감탄하고 부러워했다. 이 논문의 한 구절이 의미심장하다. “모든 것이 치안대장 관리들을 위아래, 층층으로 종속된 개인과 그룹의 위계적 사회가 아니라, 늘 경쟁하고 종종 충돌하지만 진정한 인성을 누리는 소규모 공동체들의 병렬 상태로 조직하는 데 기여했다.” 나는 이러한 연대적 사회가 결국에는 통치 불가해진다는 것을 생각도 못했거나 알고 싶지 않았던 것이다. 나는 무정부주의적이고 프루동주의적인 사회 모델을 즐겨 상상해 보곤 했다(당시 나는 프루동을 읽지 않았다. 나중에 다니엘 알레비Daniel Halévy* 가 그의 책들을 소개해 주었다). 이런 모델은 내 친구들과 암묵적으로 꿈꾸던 사회적 이상향에 부합했다. 즉 왕은

신의 대리인으로서, 신처럼 그냥 내버려 두고 아주 드물게 기적을 통해서만 인간사에 개입하는 그런 국가. 사이사이 빈 공간이 많은 자유로운 공동체들의 사회. 그것이 우리 (악시옹 프랑세즈) 친구들의 이상향이었다.

약 15년 전 남프랑스 사학자들이 프랑스 역사학의 방향을 주도하게 된 이후로 나는 나의 가족 신화가 오래된 남프랑스적 개념에서 파생되었다는 것을 알게 되었다. 물론 혁명주의자들의 추상적 자유에 대립하는 구체적 자유에 관한 모라스의 교의도 거기서 비롯했다.

1930년대 악시옹 프랑세즈에는 예전의 지방 AF에서 이어받은 무정부주의 경향의 잔재가 더 이상 남아 있지 않았다. 아직 파리지앵이 채 되지 못했던 피에르 부탕을 제외하고 나의 AF 친구들은 모두 독선적인 민족주의자들이었다. 그들이 들으면 모욕당한 듯 진저리 칠지도 모르지만 각오하고 말하자면, 그들은 자코뱅 당원들이었다. 더욱이 오늘날은 드골 장군과 미셸 드브레Michel Debré** 의 자코뱅주의라고 해도 더 이상 모욕도 아니다. 당시에는 독일에 대한 보복주의, 불랑제 장군 지지, 드레퓌스 반대 운동 같은 악시옹 프랑세즈의 전통들이 아련한 과거의 황금기로 묻혀 가고 있었다. 나는 지방 출신의 전

---

* 1872~1962. 프랑스의 역사가이자 작가. 미슐레, 프루동에 관한 연구서 등이 있고, 그의 집은 20세기 전반부 프랑스 지식인들의 살롱 역할을 했다.

** 1912~1996. 프랑스의 정치가이자 법학자. 레지스탕스 이래 골수 드골주의자로 1958년 드골 복권을 위하여 활동했다. 제5공화국 헌법 입안자이고 초대 총리와 법무장관을 지냈으며, 국립행정학교ENA를 창립했다.

통주의자 진영에 속했기 때문에 마음 가뿐하게 동료들에게 16세기의 무정부주의적이고 왕정주의적인 사회 모델을 제안할 수 있었다. 그러면서도 하나의 훌륭한 본보기가 되려는 의지의 발로로, '카페 왕조 학파적' 역사 개념에 충실함을 보여 주었다. 그 후로 나는 역사의 미덕은 훌륭한 본보기가 되는 데 있지 않음을 알게 되었다.

반면에 옛 사회를 연구하는 열정적이고 나이브한 나의 접근 방식이 완전히 틀린 것은 아니었다. 크게 잘못 해석한 것은 없었다. 입구까지 갔다가 곧이어 포기한 나의 이 연구 방식은 나중에 롤랑 무니에Roland Mousnier* 와 그의 제자들이 성공적으로 개척해서 성과를 내게 되었다. 롤랑 무니에와 개인적 친분이 많지는 않지만 그의 저작이 나와 유사한 내적 동기에서 영감을 얻었다 해도 놀랍지는 않을 것 같다. 이렇게 지금까지 밝힌 사례들을 통해서 내가 어떻게 서로 대립되는 경향들을 화합시키고, 동시에 말 못하고 견뎌 내야 했던 긴장들을—왜냐하면 소리 내어 인정해 버리면 그중 하나만 선택해야 하거나, 어쩌면 내가 두려워하던 대로 아예 학업을 중단하게 될 테니까—조금씩 줄여 나갔는지 충분히 설명이 되었을 것이다.

이상하게도 나는 이런 모순들에도 불구하고 AF의 내부 논쟁에 거의 신경이 쓰이지 않았다. 그러나 악시옹 프랑세즈라는 낡은 집은 온갖 종류의 이탈자들로 무너져 내리고 있었다. 그중에서 베르나노

* 1907~1993. 프랑스 역사가. 아날 학파도 마르크스주의자도 아니었으나 우파 가톨릭으로서 프랑스 사회역사학 확립에 기여했다. 소르본대학에 롤랑 무니에 연구소가 있다.

스Georges Bernanos*의 이탈은 조금도 아쉽지 않았다. 이유는 간단했다. 그의 이탈은 스페인 내전과 연관된 것이었고, 당시 내 주변은 프랑코 및 공산주의자들과 완전히 담을 쌓고 있었기 때문이었다. 거기에는 조금도 의심을 품지 않았다. 전쟁의 공포에 얼마나 민감한지는 희생자가 되어 봐야 알 수 있는 것이었다. 나치 독일에서 해방되고 알제리 전쟁이 시작되고 나서야 나는 비로소, 많이 늦기는 했지만, 남이 나에게 하지 말았으면 하는 것은 남에게도 하지 말라는 진리를 깨달았다.

그보다는 덜 두드러졌지만 또 다른 이탈자들이 우리 가까이에서 충격을 주었다. 파시즘, 혁명 활동, 대중의 역동성, 사회적 불평등을 문제 삼는 이탈자들이었다. 피에르 앙드뢰Pierre Andreu**와 폴 세랑Paul Sérant***이 그 대표적 역사가가 되었는데, 사실 이 운동은 그 후에도 계속해서 관심을 받을 만한 가치가 있었다. 이들은 우파 지식인들이 느끼는 불편한 심정뿐만 아니라 세계의 거대한 변혁에 대한 전조를 잘 드러내고 있었다. 내가 사회역사학에 입문하게 되면서 이러한 시도들에 대해 더 관심을 갖게 되었던 것 같다. 그전의 나는 오히려 이런 시도들에 대해 무감각하거나 적대적이었다. 나는 하나의 덩어리로 이뤄진 모라스주의라는 환상을 유지하려 했고 나의 확신을 흔드는

---

* 1888~1948. 프랑스 작가. 소설과 정치 비평을 병행한 가톨릭 작가로 『사탄의 태양 아래』, 『어느 시골 신부의 일기』, 『무셰트의 새로운 이야기』 등과 정치 비평집 『우리들 프랑스인』, 『로봇에 대항하는 프랑스』 등의 저서가 있다.

** 1909~1987. 프랑스의 언론인·에세이스트·전기 작가.

*** 1922~2002. 프랑스의 언론인이자 작가. 본명은 폴 살르롱Paul Salleron.

작은 균열도 애써 메우려고 했다. 이런 정통적 자세는 오늘날 거짓말처럼 보이거나 어리석어 보일 것이다. 아마 과거의 공산주의자들만이 이렇게 단호하고 진지한 신념과 은밀하게 파고들어 오는 의혹들이 뒤섞인 감정을 이해할 수 있을 것이다!

이렇게 얘기하고 보니, 내가 소아병적 폐쇄성과 빈약한 내적 세계로 침잠했다는 인상을 주었을 법하다. 그러나 이것은 나만의 독백이 아니었다. 나는 은둔자의 고독 속에서 사색한 것이 아니었다. 내 인생에서 이 시기는 역사학자라는 직업을 배우는 시기였던 동시에 지금까지 이어지는 친구들과의 우정을 발견한 시기이기도 했다. 이상하게도 나의 정서적 인생은 둘로 나뉘어 있었다. 첫 번째는 유년기의 생생하고도 변치 않는 시기이다. 두 번째는 소르본대학을 다니던 30년대 중후반에 와서야 시작한다. 이 두 시기 사이에 있었던 중고등학교 시절 친구나 선생님들의 세계는 지워져 버렸다. 그 격렬했던 시기를 증거하는 파묻힌 기억들, 그러나 얼어붙은 것처럼 망각 상태에서 끄집어내기 쉽지 않은 추억들만이 남아 있을 뿐이다. 2차 대전이 터질 때까지 옛날 친구들과 다시 연락을 하려고 소소하게나마 시도했지만 이런 시도들로도 우리 서로가 이미 취한 생활 방식의 차이를 넘어서기는 어려웠다. 그와 반대로, 소르본대학에서 새로 만난 친구들은 공통점이 많았다. 문학, 철학, 역사학 등 배우는 전공은 달랐지만 모두가 동일한 정신적 가족에 속했고 문과대학 내 악시옹 프랑세즈 지지자들 사이에서 작지만 핵심적 역할을 맡았다. 우리는 도서관이나 소르본대학 중정, 복도에서 매일같이 만나 얘기를 나눴고 불미

슈Boul'Mich(생미셸 대로Le Boulevard Saint-Michel의 애칭—옮긴이)의 카페로 자리를 옮겨 가면서 밤늦게까지 대화를 이어 갔다. 프랑수아 레제는 '사막화된 프랑스le désert français'*를 주창한 페르낭 그라비에Fernand Gravier**와 함께 소르본대학에서 나를 제일 먼저 반겨 준 친구였다. 레제는 명문 루이르그랑 고등학교의 카뉴khâgne(고등사범학교 입시 준비반—옮긴이) 출신으로, 나보다 먼저 입학했다. 페르낭은 그 뒤로는 보지 못했다. 앞서 말했듯이, 레제는 AF 대학생 정치 연구 동아리를 주도하고 있었다. 그는 나와 더불어 대학 교원이 되지 않은 소수의 친구들 중 하나였다. 그의 첫 번째 책은 악시옹 프랑세즈 운동에 바치는 것으로, 나에게 오랫동안 영감을 주었던 것과 역사학적 목적의식이 유사한 책이었다. 이어서 레제는 직업 때문에 한동안 살았던 극동 지역의 민족주의에 관심을 가졌다가 지금은 이폴리트 텐에 관해 연구하고 있다. 우리 둘의 인생은 많은 인연으로 엮여 있다.

하루는 어느 젊은 철학자와 함께 라탱 지구의 작은 식당에서 점심을 먹었는데, 다른 친구가 들려준 바에 의하면 이 철학자가 파리

---

* (원주) 장프랑수아 그라비에, 『파리, 그리고 사막화된 나머지 프랑스*Paris et le désert français*』(Paris, 1947).

** 1915~2005. '페르낭'은 '프랑수아'와 함께 그라비에가 대학생 시절 쓰던 필명 가운데 하나인 것 같다. 본명은 장프랑수아 그라비에Jean-François Gravier로 프랑스의 지리학자이다. 1947년에 나온 그의 저서 『파리, 그리고 사막화된 나머지 프랑스』는 앙시앵레짐 이후 모든 것이 수도 파리로 집중되면서 나머지 프랑스 지역들이 사막처럼 황폐해졌음을 밝히고 대안을 제시한 책이다. 드골은 이 책을 국가 균형 발전 정책의 토대로 삼았고, 이후에도 지리학적 지방 분권화의 명저로 알려져 있다.

고등사범학교에 입학했을 때 떠들썩했다고 한다. 악시옹 프랑세즈 리옹 지부의 중심축이었고 카뉴를 거쳐 고등사범학교에 들어온 이 철학자 친구는 콰트로첸토Quatrocento* 회화에 등장하는 시동처럼 해사한 얼굴이었다. 그의 이름은 피에르 부탕, 우리는 평생 우정으로 맺어졌다. 밤늦게까지 여는 유일한 도서관이었던 생트주느비에브 도서관이 문을 닫으면 나는 이따금씩 그의 허름한 자취방에 가서 소시지를 먹곤 했다. 16구에 있는 집까지 가려면 한참이 걸렸으니 말이다. 그곳에서 나는 피에르 부탕과 그의 부인 마리클레르 캉크의 친구들을 만났다. 그중에는 나중에 수도사나 신부가 된 친구들도 있었는데 당시는 가톨릭이 크게 확장되던 시기였다. 나중에 학술원 회원이 된 자클린 드로미Jacqueline de Romilly**, 모리스 클라벨Maurice Clavel*** 등 나처럼 반쯤 지방 출신인 부르주아에게 아주 흡인력 있는 작은 모임이었다. 이 철학자와 작가 이외에도 질베르 피카르Gilbert Picard****가 있었는데, 그는 위대한 고고학자 가문의 시조인 그 유명한 샤를 피카르

---

* 15세기 이탈리아의 문예 부흥기.

** 1913~2010. 프랑스의 고전학자이자 문헌학자. 고대 그리스 문명의 대가로, 1988년 여성으로서는 두 번째로 프랑스 학술원(아카데미 프랑세즈) 회원으로 선출되었고, 여성 최초로 콜레주 드 프랑스 교수가 되었다.

*** 1920~1979. 프랑스의 철학자이자 극작가.

**** 1913~1998. 프랑스의 역사가이자 고고학자. 그리스학자이자 고고학자인 아버지 샤를(1883~1965)에 이어, 부인 콜레트Colette와 아들 올리비에Olivier 또한 유명한 고고학자 집안이다. 여동생 이본은 2차 대전 중 레지스탕스로 활동했는데 아버지가 무심코 게슈타포에게 알려 준 주소 때문에 발각되어 다하우 강제 수용소에서 죽었다.

Charles Picard의 아들이었다. 우리는 다 같이 교수 자격시험을 준비했다. 질베르의 여동생 이본은 나중에 뮌헨 근교 다하우 강제 수용소에서 죽었는데, 당시에는 이탈리아어를 공부했고 이어서 메를로퐁티와 철학을 공부하던 총명한 대학생이었다. 질베르는 '크루아드푀Croix-de-Feu'* 당원이던 동기 여학생과 결혼했다. 정치적 견해가 우리끼리 친해지는 데 큰 역할을 했다. 질베르는 역사가 경력을 탄탄하게 쌓아 갔고, 특히 부인과 협력하여 아프리카 로마 제국 연구의 대가가 되었다. 그 부부는 튀니지에 오랫동안 거주했다. 우리가 시디부사이드로 신혼여행을 갔을 때 바닷가 절벽 위에 자리 잡은 안달루시아풍 저택에서 우리를 맞아 주었다.

콩파뇽 뒤 투르 드 프랑스compagnons du Tour de France** 견습생들처럼, 우리에게는 모두가 '어머니'라고 부르는 지라르데 부인이 있었다. 피에르 부탕은 마치 인도의 뱀 곡예사처럼 그녀의 아들 라울과 다른 친구 장 브뤼엘Jean Bruel***을 매료했다. 부탕의 말이라면 그들은 무슨 짓이라도 했을 터였다. 지라르데 부인은 우리의 짓궂은 장난을 하

---

* 프랑수아 드라 로크François de La Rocque가 1926년 창설한 재향 군인 및 상이 용사 협회로 1936년에 해산되었다. '불의 십자가'라는 뜻으로 민간인까지 세력을 확장했고, 1930년대 들어 파시즘 색채를 강하게 띠기 시작해 마르크스주의와 의회주의 배격, 보통 선거 반대, 국가 권력에 의한 강력한 통제 경제 등을 주장했다.

** 수 세기 전부터 유럽과 프랑스에서 이어져 오는 동업 조합 직업 교육 견습 과정. 프랑스 전국을 순회하며 직업을 익힌다. 연장자의 부인 한 명이 견습생들의 '어머니' 역할을 하는 전통이 있다.

*** 1919~2003. 1949년에 파리 센 강 유람선 바토 무슈 기업을 세운 창업자.

는 수 없이 받아 주었다. 집이 소르본대학에서 너무 가까워서 부인은 하루도 조용히 지낼 수가 없었다. 이 악동들이 아파트 계단 손잡이의 원형 구리 장식을 빼 가는 바람에 부인은 이웃들 모르게 같은 장식을 구하느라 진땀을 흘렸다. 거리에서 싸움이라도 붙은 날에는 지라르데 부인 집으로 피신했고, 부인은 우리의 이마에 난 상처를 치료해 주었다. 그 집은 거의 우리 집이나 마찬가지였다. 어느 날은 내가 토마스 아퀴나스 철학 강의를 기획해서 부인의 거실을 통째로 빌려 쓴 적도 있었다. 청중은 하이든의 〈고별 교향곡〉을 연주한 오케스트라 단원들처럼 하나둘 빠져나가더니 결국 지라르데 부인과 나만 덩그러니 남아 강의를 들어야 했다.

라울의 부친은 집에서 벌어지는 일에 그다지 개의치 않았다. 우리 얘기를 들으면서 우리의 열정과 분노에 함께했지만 약간 짓궂은 미소를 보이기도 했다. 우리가 모르는 많은 것을 경험했던 것이다. 자기 생각을 잘 드러내지 않아 속을 알 수 없는 이 퇴역 군인은 1차대전의 위대한 상이 용사이자 확신에 찬 군인이었지만, 동료들이 보기에는 영웅주의와 통찰력, 가차 없는 솔직함이 뒤섞인 불편한 존재였다. 이 노장을 우리는 영원히 기억할 것이다. 우리는 각자의 아버지보다 연세가 더 많은 이 노신사와 얘기하기를 좋아했다. 아들 라울처럼 열정적이고도 다정한 분이었다. 지라르데 집안에는 네 번째 유명인사가 살고 있었는데, 바로 주인들에게 충실한 샴 고양이였다. 승강기 소리만 나도 현관문으로 달려와 주인 가족을 반겼고, 반면에 방문객들은 아주 각별한 심술로 맞이했다. 고양이한테 다가가도 아무렇지 않다고 주장한 사람은 피에르 부탕밖에 없었다.

친구들을 떠올리면서 나도 모르게 그 가족들까지 언급하는 걸 보면 우리는 친구의 가족들까지 친교를 맺었던 것 같다. 서로의 집에서 밥을 먹었고 서로의 집은 각각 특별한 점이 있는 작은 세상이었다. 가장 그림이 많았던 집은 현재 프랑스 학사원 행정 수장인 필리프 브리소Philippe Brissaud의 집이었다. 보나르풍의 뛰어난 화가였던 필리프의 부친은 자신의 꿈속에 파묻혀 작업하면서 이름을 알리기 위한 어떤 노력도 하지 않았다. 진짜 소설 속 인물 같았던 그의 모친은 얼마나 매력적인 분인지, 신교에 적대적이었던 AF 안에서 열렬한 신교도인 동시에 맹렬한 왕정주의자로 활동하는 묘수를 찾아낼 정도였다(아들 하나는 목사가 되었다). 어머니는 우리 집회에 열심히 참석했다. 자주 있는 일이었지만 회의 주제가 루이 14세를 다룰 때면 그분이 결연한 자세로 낭트 칙령 폐지*에 관한 상세한 해설을 요구할 거라는 걸 각오해야 했다. 매우 품위 있고 단정한 분이었는데, 그 집 거실의 그림 속에는 전라로 서 있는 놀라운 모습을 보이기도 했다.

1년에 한 번, 우리는 부모님을 집 밖으로 내보내고 친구들끼리 모여서 제대로 된 만찬을 즐겼는데, 각자 맛있는 음식과 좋은 포도주를 가져왔다. 또한 대학 근처 싸구려 단골 식당에서 문과대 학생들과

---

* 1598년 앙리 4세가 신교의 종교 자유를 약속한 낭트 칙령Edit de Nantes을 발표했으나, 루이 14세는 침략 전쟁으로 국력이 소모되자 종교 통합을 꾀하며 1685년 낭트 칙령을 폐지했다.

함께 만찬 토론회를 벌였다. 음식이 형편없었으니 만찬은 아닌 토론회였지만 말이다. 그 모임에는 로베르 브라지약Robert Brasillach*, 티에리 모니에Thierry Maulnier** 같은 스타들도 불렀고, 연말 모임에는 의대생 아들을 둔 레옹 도데가 우리와 함께하기도 했다. 우리는 당시 분산되기 시작하던 우파의 모든 경향들을 한데 모으고자 애썼다. 토론은 치열했고 밤이 깊을 때까지 이어졌다. 그러고는 서로 바래다주었다.

우리 우정의 선택 기준은 사회적 위상과는 전혀 무관한 친화력이었다. 우리는 부모님의 재산, 지위, 출신의 차이를 생각조차 하지 않았다. 많은 용돈이 필요하지도 않았다. 열심히 공부하느라 놀러 다닐 일이 거의 없었던 것이다. 자동차를 가졌거나 살 생각을 한 친구도 없었다. 10여 년 후 나의 처남이 된, 당시 의대생 하나가 잔 다르크 축일 아침에 아주 조그만 차를 끌고 왔을 때 모두가 깜짝 놀랐다. 장 브뤼엘은 악동 녀석들과 함께 그 자동차를 신기한 장난감처럼 갖고 놀았다.

여름 방학이 되면 용돈이 더 필요했다. 친구 레제는 부모님이 갑부도 아니었는데(물론 나중에 알게 되었다) 얼마나 멋진 카누를 갖고 있던지 나는 몹시 부러웠다. 우리 아버지는 내 취미 생활에 관대하지 않

* 1909~1945. 프랑스 극우파 언론인이자 작가. 대독 협력과 나치즘을 옹호하는 글을 다수 발표, 해방 후 사형 선고를 받고 카뮈, 모리악 등 많은 지식인의 탄원에도 불구하고 총살되었다.

** 1909~1988. 프랑스 우파 언론인이자 극작가. 레지옹도뇌르 훈장을 받았고 저서로 희곡 『암야의 집』 등이 있다.

았다. 재산 차이는 우리 사이에서 별문제가 아니었던 반면에 문화 차이와 학력 차이에는 극도로 예민했다. 카뉴를 다니지 않은 사람은 나밖에 없어서 나는 그 점이 너무 후회스러웠다. 진짜 위상은 시험과 선발고사 성적에 따라 매겨졌고, 진정한 위계질서는 전공 학문에 따라 정해졌다. 라틴어, 그리스어, 형이상학과 같은 고상한 학문이 있었고 사회학, 심리학 같은 하찮은 가짜 학문이 있었다. 역사학은 투키디데스*와 보쉬에Jacques-Bégnine Bossuet** 덕분에 변변찮은 현대 역사가들에도 불구하고 중간쯤에 자리할 수 있었다. 바디우스와 트리소탱***은 남의 얘기가 아니었다. 종교적 오만과 현학적 허세는 우리의 결점이었다. "아니? 너희 정말 재수 없었어." 평생지기 여자 친구가 최근에 들려준 얘기다. 하지만 나는 이제 와서야 그 사실을 알아차렸다. 당시에는 어떤 것도 우리의 순진한 확신을 뒤흔들지 못했다.

전쟁의 전조들

대학 전공 분야에서 성공하고 싶은 우리의 욕망을 채워 줄 수 있는 것이라면 뭐든지 게걸스럽게 집어삼켰다. 물론 나는 주로 역사 서

---

* 기원전 5세기경 그리스 아테네의 역사가. 저서로 『펠로폰네소스 전쟁사』가 있다.

** 1627~1704. 프랑스의 신학자이자 정치학자.

*** 몰리에르의 희곡 『유식한 여인들*Les Femmes savantes*』에 나오는 현학적인 학자들로, 부질없이 현학적 논쟁을 벌이는 사람들을 비유할 때 쓰인다.

적을 읽었다. 당시에는 오늘날처럼 대중화된 총서라든가 교재가 없었음을 밝혀 둔다. 두꺼운 논문들, 전문적인 학술 서적, 박학한 소논문 들을 채 소화하기도 힘들 만큼 많이 읽어야만 했다. 한 친구는, 이렇게 공부하면 적어도 평생 독서의 지겨움 따위 모르는 예방 접종을 맞은 셈이라고 단언했다. 나는 전공과 관련된 독서 이외에도, 친구들이 다녔던 카뉴 과정을 독학으로 따라잡기 위해서 철학, 문학, 예술 서적들을 마구잡이로 읽었다. 그렇게 해서 문화적 소양을 채우려 했지만 완전히 성공하지는 못했다. 현대 작가들 중에서는 예를 들어 폴 부르제Paul Bourget 같은 고전적 우파 작가들을 읽지 않았다. 반항이라기보다는 지겨워서였다. 그 자리를 대신한 작가들 가운데 몇몇 작품이 떠오르는데, 지드나 클로델처럼 당시 유행이라 읽은 작품도 있고 카프카나 러시아 소설가들, 특히 도스토옙스키처럼 나에게 깊이 각인된 작품들도 있다. 베르나노스와 앙드레 말로를 제외하고 현대 소설은 거의 읽지 않았다. 레제와 나는 함께 여름 방학을 보내러 가면서 여행 가방에 『카라마조프 가의 형제들』, 『인간의 조건』 등을 넣었다. 현대 문화에 가장 깊은 영향을 미친 사조인 상징주의와 초현실주의는 나에게는 오리 깃털에 미끄러지는 물방울처럼 잡히지 않는 것이었다.

우리의 문화가 편협했음을 인정한다. 나 역시도, 꼼꼼하고 게다가 신날 것 하나 없는 역사서들을 가지고 논문 발표하듯 논쟁하는 참호에서 거의 벗어나지 않았다.

나보다 더 문학적이었던 친구들 중 몇몇은 모라스의 신고전주의와 우파의 전통적 형식주의를 불편해 했다. 내가 우파의 사료 편찬 방식을 못마땅해 한 것과 마찬가지였다.

우리는 모라스의 정치사상을 충실히 이어 가고자 했지만 그 사상과 직결되지 않은 인접 영역에서는 자유롭고 싶어 했다. 그렇게 해서 나는 역사의 근본적 비정치화라는 방향으로 최대한 멀리 나아가려 했고, 피에르 부탕은 글쓰기의 상징을 난해성에 이를 만큼 극단으로 밀고 가려 했다. 나는 역사와 대항해 싸웠고, 부탕은 AF의 신고전주의에 맞서 싸운 것이다. 부탕은 최근작 『연옥*Purgatoire*』에서 이 극단적 난해성에 대해 설명했는데, 이 책은 독자들에게도 연옥이다. 부탕은 독자들이 저속한 언어 습관에서 벗어나 다른 형태의 시적 소통을 하도록 권유하고 있기 때문이다.

동료들의 엘리트 정신에 영향을 받아, 그리고 공부 때문에 시간이 빠듯했던 나는 예전처럼 극장을 다니지 못했다. 솔직히 나는, 영화를 하위 장르로 취급하는 듯한 친구들의 모호한 태도에 퍽 충격을 받았다. 영화는 지식인의 예술이라기보다 대중적인 버라이어티 쇼에 더 가깝고, 절대로 교수 자격시험에 포함되지 않을 거라고 했다! 하지만 몇몇 영화는 이 예언을 벗어났다. 〈서 푼짜리 오페라〉와 〈백 스트리트Back Street〉* 원작 등이 그렇다. 나는 마르셀 파뇰Marcel Pagnol**

* 미국 작가 패니 허스트Fannie Hurst(1885~1968)의 동명 베스트셀러 소설을 영화화한 1932년 원작 영화. 이후 여러 번 리메이크되었다.

** 1895~1974. 프랑스의 극작가이자 영화감독, 프랑스 학술원 회원. 주요 작품으로 마르세유를 배경으로 한 3부작 〈마리우스〉, 〈파니〉, 〈세자르〉와 〈마농의 샘〉 등이 있다.

의 마르세유 3부작을 좋아한다고 고백한 날, 친구들한테 맹비난을 들어야 했다. 마치 내가 알퐁스 도데의 『물레방앗간 편지』나 『시라노 드베르주라크*Cyrano de Bergerac*』* 취향이라고 고백하기라도 한 것처럼 말이다.

사실 우리는 우리의 문화적 환경에서 거의 벗어나지 않았고 이국 취향을 갖고 있지도 않았다. 당시 나는 외국 여행도 거의 해 보지 않았다. 1938년 나치 독일이 오스트리아를 합병하기 전해에 오스트리아를 한 번 다녀왔는데, 우리와 견해가 비슷하지만 강경파에 속하지 않았던 역사학, 지리학 전공 친구들과 함께였다. 또 한 번은 프랑수아 레제와 함께 이탈리아를 여행했는데 정말 우리 마음을 빼앗은 유일한 나라였다. 우리가 좋아한 것은 이탈리아인들의 이탈리아가 아니라, 우리들 기억 속, 문학 속 이탈리아, 단테와 콰트로첸토의 이탈리아였다. 우리는 당시의 관례를 그대로 따랐고, 우리 세대 미학자들과 마찬가지로 데카당스는 14세기의 지오토Giotto** 와 고딕 양식에서부터가 아니라, 라파엘과 미켈란젤로, 레오나르도 다빈치 이후에 시작된다고 믿었다.

오스트리아와 이탈리아를 선택한 것은 히틀러나 무솔리니와 아무런 관계도 없었다. 악시옹 프랑세즈에서 누가 이탈리아 파시즘, 더

---

* 에드몽 로스탕Edmond Rostand의 희곡(1897)으로 17세기 작가 시라노 드베르주라크를 모델로 했다.

** 1267년경~1337. 이탈리아 화가. 자연의 관찰과 과학에 근거하여 이탈리아 르네상스 미술의 발판을 마련했다.

나아가 스페인의 프랑코 독재에 매료되었다고 하면 우리 강경파는 그들을 이단처럼 배격했다. 우리는 나치주의에 대해, 로베르 브라지약 같은 이들을 매료했던 장면/광경들에 둔감한, 영원한 독일이라는 형태를 비난했다. 사실을 말하자면, 우리는 프랑스 땅을 벗어나고픈 생각이 없었던 것이다. 프랑스 밖에서 새롭게 벌어지는 일들은 우리의 관심사가 아니었다. 우리는 특권적 지식인의 폐쇄적 문화 안에 갇혀 있었고, 학자들의 글쓰기 전범 안에 갇혀 있었다. 예술과 음악이 즐거움으로 향유되는 것이 아니라 상징, 은유, 유추를 위한 레퍼토리로 쓰이는 그런 문화였다. 루브르 박물관이나 샤틀레 극장 일요 음악회에서 학교 친구를 우연히 만나는 일은 거의 없었다. 주먹다짐이 벌어져서 경찰의 추적을 피할 때나 강 건너 사는 친구 집에서 저녁을 먹을 때만 센 강을 건너는 정도였다.

우리 후배들, 이른바 '자유분방한 유럽Europe buissonnière'*의 후계자들은 우리와 달랐다. 그들은 프랑스에 대한 환멸 때문에 늙은 조국에서 멀리 떨어진 나라들을 많이 돌아다녔다.

우리보다 나이가 조금 어렸던 그들 중 한 명이 AF 학생회 사무실로 일찌감치 찾아왔다. 우리의 만찬 토론회에 몇 번 참석했던 친구인가? 우리의 현학적인 정통 논리에 쉬이 동조하지 않는 걸 보니 약간 그런 의심이 들었다. 그의 이름은 로랑 셀리로, 세실 생로랑, 알베

---

* 프랑스 경기병파 작가 앙투안 블롱댕Antoine Blondin(1922~1991)의 1950년 동명 소설에서 따온 표현. 2차 대전 이전 세대와 구분되는 자유분방한 세대를 말한다.

릭 바렌으로 더 잘 알려진 친구였다. 나에게는 무엇보다, 『고요한 육체*Les Corps tranquilles*』, 『이기주의자 이야기*Histoire égoïste*』를 쓴 자크 로랑Jacques Laurent이었다. 나는 우리 무리와 바로 아래 후배들 무리 간의 유사성과 차이점을 가늠해 보았다. 후배들의 무리에는 자크 로랑, 미셸 데옹Michel Déon, 로제 니미에Roger Nimier, 앙투안 블롱댕, 로덴바크R. Laudenbach, 그리고 뒤늦게 합류한, 『시골 귀족의 종말*Fin des hobereaux*』을 쓴 윌리 드스팡스Willy de Spens가 있었다.

그들은 우리의 지적 허영심과 현학적 성향을 조금도 갖고 있지 않았다. 오히려 대담한 솔직성과 의도적인 경박성을 선호했고 사상가라기보다는 소설가들로 보였다. 재미있는 사실은, 1930년대에 우리가 매료됐고 이어서 불같이 유행했던 상징주의적이고 난해한 글쓰기에 이들은 등을 돌리고, 투명하고 건조하고 예민한 고전주의적 문체를 선호한다는 점이었다. 조금 더 파고 들어가면, 그들의 외면적인 경박성과 조롱 아래에서는 우리와 같은 절대적 충직성이라는 견고한 바탕을 찾아볼 수 있다.

개인적으로 나는 데옹, 로랑, 로덴바크와 좋은 관계였으나 어쩌다 보는 먼 관계였다. 반면에 지라르데는 우리 그룹과 그들 그룹 모두에 속해 있었다.

혹자는 1930년대 말 프랑스 대학생의 추억 속에서 인민전선이라는 역사적으로 중대한 사건이 빠진 것을 두고 의아해 할 것이다. 고백하건대, 나의 추억 속 일기장에서 인민전선은 거의 설 자리가 없고, 있다 해도 라탱 구역 학생들의 주먹다짐이 격화되거나 동맹의 해체 또는 비밀리에 재조직과 같은 부수적 사건으로만 남아 있다. 소르본대학과 생미셸 대로에서는 외면적인 힘의 관계가 변한 것이 거의 없었기 때문이다.

더욱이 당시 시위의 강도에 대해 착각하지 말아야 하는데, 소르본대학 앞마당에서는 서로 치고받았지만 학교 건물 내부에서는 절대로 싸우지 않았다. 도서관은 전략적 평화의 장소였다. 학생들은 앉은 자리에 자기가 보는 잡지의 제목을 잘 보이게 둠으로써 자신의 정치색을 표시했다. 『악시옹 프랑세즈』 옆에 『외브르*L'OEuvre*』*, 『위마니테*L'Humanité*』**, 『오르드르*L'Ordre*』*** 등이 나란히 있었지만 국경 분쟁은 일어나지 않았다.

혁명의 낌새를 조금이나마 감지한 곳은 정작 우리 집이었다. 우리가 살던 파리 서쪽 부촌에서 동요가 있었던 것은 아니었다. 그곳은 밖에서 벌어지는 모든 것을 모르고 살 수도 있는 곳이었다. 그러나 전기 공급 회사 임원이었던 아버지는 공장에서 공산주의까지는 아니더라도 사회주의적 혁명의 시작과 자유 기업의 종말을 보았다. 하지만 나는 아버지의 불안감에 논리적으로는 공감했지만 그다지 영향을 받지는 않았다. 나의 현실과는 멀리 떨어진 것으로 보였기 때문이다.

---

* 1904년 창간된 좌파 일간지. 나치 점령하에서 반유대적 대독 협력지로 변질되어 1946년 폐간되었다.

** 1904년 장 조레스가 창간한 사회주의 일간지. 1920~1994년까지 프랑스공산당 기관지로, 이후 다양한 좌파를 아우르는 일간지로 이어지고 있다.

*** 1929년 창간된 중도파 일간지.

이러한 상황에 우파가 거대한 공포를 느낀다는 시각은 우파에 대한 고정관념에 속했다. 솔직히 말해서 내부의 커다란 동요는 외부의 동요만큼이나 나에게 영향을 주지는 않았다. 내가 안전하게 살고 있던 견고한 성을 뚫고 들어오지는 못한 것이다.

따라서 대학 시절은 나에게 결정적인 지적 선택의 시기가 아니라, 단지 그 선택을 준비하는 시기였다. 나의 지적 형성에 중요한 시기는 그에 앞선 시기 즉 보르도에서 보낸 유년기를 전후한 시기였다. 대학 시절은 역사가라는 직업을 위한 기술적 연마의 시기였다. 그러나 이 시절에서 내가 특별히 간직하고 싶은 것은 무엇보다 우정의 시기였다는 점이다. 당시 내가 진정으로 진지하게 선택한 것은 다른 무엇도 아닌 친구들이었다.

4. 전쟁의 계절

나는 대학생 징집 유예 혜택을 받았는데 총동원령에 의해 그 기간이 약간 단축되었다. 따라서 정상적인 군 복무를 하지는 않았다.

처음 동원령이 내렸을 때, 나는 인생의 단절을 예감했다. 프랑수아 레제와 함께 아르카숑 해변에서 한창 여름 방학을 보낼 때 전쟁이 터졌고, 프랑수아는 곧장 파리로 돌아갔다. 며칠 후 따라 올라간 나는 에펠탑 아래 샹드마르스 광장에서 프랑수아를 만났다. 바로 그 날, 아침 햇빛 찬란한 아름다운 광장 벤치에서 나는 이제 우리를 둘러싼 보호막은 깨졌음을, 이제 우리는 새로운 세상에 벌거벗은 채 내던져졌음을 깨달았다. 그날 이렇게 말했던 것이 기억난다. "우리의 청춘은 이제 끝난 거 같다." 물론 나는 프랑스가 그렇게 급격하게 무너질 줄은 몰랐다. 오히려 1차 대전처럼 긴 전쟁이 될 거라고 생각했다. 그러나 어찌 되었든 이제 전쟁은 시작되었고 청춘은 끝이 났다. 보호막 속에서 근심 없이 행복했던 시절은 끝난 것이다. 그때는 모든 것이 내적이고 사적인 삶, 가족과 친구들을 향해 있었다. 우리의 정치적 열정도 한 편의 연극에 지나지 않았고, 그 무대 뒤로는 진짜 세상의 역사 즉 대양과 대륙, 경제 위기와 전쟁과 혁명이라는 거대한 역사가 넘실대고 있었다. 위험하지만 그만큼 또 매혹적인 외부 세계를 발견하자, 세계를 움직이는 감춰진 세력은 우리가 흔히 생각하듯 정치가도 아니고 제도도 아니고 국가 수장들도 아니라는 확신이 생겼다. 정치가 역사를 얇은 막으로 덮어서 감추고 있음을 알아차리기 시작했다. 한마디로, 많은 이들이 정치로 뛰어들던 바로 그 이유들 때문에 나는 정치에서 벗어나게 되었다. 회한과 함께 느리고 고통스럽게 이루어질 나의 탈정치화는, 마치 기사의 석상*이 예고 없이 나타나듯 갑자기 전쟁이 발발하던 바로 그날 시작되었다.

전격전이 시작되다

어머니는 뮌헨 협정** 지지자였다. 25년 전 1차 대전에서 남편을

---

* 몰리에르의 희곡 『동 쥐앙, 석상의 만찬 *Dom Juan ou le Festin de pierre*』에 나오는 석상石像. 주인공 동 쥐앙은 매번 고비를 넘기며 패륜을 일삼다가 결국 마지막에 등장한 석상의 손을 잡는 순간, 타는 듯한 고통 속에 죽음을 맞는다.

** 1938년 9월 30일, 독일·영국·프랑스·이탈리아가 체코슬로바키아의 참여 없이 뮌헨에서 체결한 협정으로, 체코슬로바키아 서부 주데텐란트가 독일에 합병되었다. 독일을 제

잃을 뻔한 다음부터 전쟁을 엄청나게 두려워했다. 곧 아들 하나를 잃게 될 것을 알고 계셨던 걸까. 어머니는 이어서 페탱 지지자가 되었는데, 페탱이 군사 작전을 멈추게 할 것이라고 여겼다.

어머니와 달리, 그리고 마지막 순간까지 전쟁을 반대했던 모라스의 지침에도 불구하고 나는 전쟁 찬성론자였다. 그저 진절머리가 나서였다. 기다리는 동안의 긴장감을 견딜 수 없었다. 기왕 터질 거면 빨리 터지는 게 나았다. 그러나 당시도 그렇고 지금도 마찬가지지만, 나는 국가가 어떤 전략을 가지고 시기를 선택할 권리가 있다고 믿는다. 그런 이유 때문에 나는 악시옹 프랑세즈 동료들과 함께, 파시즘에 맞선 십자군전쟁을 주장하는 전쟁 옹호론자들을 끝끝내 반대했다. 우리는 정치판과 군대의 균형이라는 18, 19세기적인 관념에 머물러 있었다. 이따금씩 군대를 보내면 되는 그런 전쟁인 줄 알았다. 우리가 몰랐던 것은, 이 전쟁의 관건은 군사적 패배와 너무나도 심각한 국경의 변경, 외국군의 점령일 뿐 아니라 우리가 겪었다시피 윤리와 문명의 변질이라는 점이었다. 나는 1차 대전의 사례를 통해서 깨달았어야만 했다. 나중에 『프랑스 민중사』 집필을 준비하면서 나는 비로소 1차 대전이 야기한 심성의 변화를 인식하게 되었다.

나는 지라르데와 함께 프랑스 중서부 퐁트네르콩트의 학도병 부

압할 수 있었던 두 강대국 영국과 프랑스가 전쟁에 휘말리지 않으려고 독일의 요구를 받아 주었으나, 팽창주의적 전체주의 국가에게 양보를 해도 아무 소용 없음을 보여 주는 최악의 협정으로 평가받는다.

대에 배치되었다. 생시르 육군사관학교 지원자로서 직업 군인이 될 준비를 하던 내 막냇동생은 곧장 전투 부대로 보내졌다. 나는 동생을 통해서 코랍 군단armée Corap*의 정신적 해이를 상세하게 들을 수 있었다. 퐁트네르콩트 학도병 부대에서는 완전히 비현실적인 전투 연습을 매일 반복했다. 우리는 '군대 수첩'이라는 노트에 간략한 연습 개요를 적어야 했다. 어느 날 연습에 질린 나는 한 줄로 "적에 포위당하자 우리는 모두 죽거나 부상당하거나 포로가 되었다"라고 써 갈겼다. 하마터면 실제로 일어날 뻔한 일이었다. 독일군이 퐁트네 근처까지 쳐들어온 것이다. 물론 우리의 '군대 수첩'에 적혀 있는 대로 조치를 취하는 건 어불성설이었다. 어떻든, 우리는 내 예측과 달리 포로가 되지는 않았는데 그건 똑똑하고 결단력 있는 어느 대령의 선제 조치 덕분이었다. 무슨 수를 썼는지 모르지만 그 대령은 뒷부분이 개방된 파리 시내버스들을 징발해 왔다. 그는 연병장에서 군인과 물자를 차에 싣는 것을 감독했다. 철모에 군도를 갖추고 정식 군복을 입은 그는 일본 사무라이처럼 보였다. 만일 그사이에 독일군이 부대 철문에 들이닥치면, 당당하게 적군을 맞이할 태세였다. 다행히 우리는 그전에 출발했지만 거의 그렇게 될 뻔했다.

퐁트네에서 출발한 우리는 복잡한 길을 돌아서, 베이강 총사령관의 사령부가 있는 보르도 근처의 라브레드 성으로 향했다. 우리를

* 사령관 코랍 장군이 지휘하던 프랑스 제9군단. 프랑스 뫼즈Meuse 강 전선에서 독일군의 공격에 밀려 저지선을 빼앗겼다.

태운 버스는 랑구아랑Langoiran에서 가론 강을 건넜는데, 랑구아랑은 우리 아버지가 태어난 증조모의 소유지와 가까운 곳이었다.

라브레드에 도착해 보니, 프랑스가 두 개의 지역으로 나눠져 있었다. 라브레드는 이미 독일군 점령 지역이었던 것이다. 우리는 즉각 버스를 타고 다시 출발했고 기차로 갈아타서 프랑스 남부 클레르몽페랑까지 내려갔다. 그곳에서는 라트르 장군이 성대한 군사 열병식과 함께 우리를 맞아 주었다. 내가 이 경험을 소중하게 여긴다고 하면 그것은 거짓말일 것이다. 나는 이런 것들이 쓸데없는 코미디처럼 보였다. 화가 났다. 프랑스 북부와 벨기에에서 민간인과 군인이 뒤섞인 채 피난 가는 것을 내 눈으로 보았기 때문이다. 내가 보기에는, 나팔과 북으로 열병식을 할 때가 아니라 차라리 조기를 올려야 할 순간이었다.

다른 사람들과 마찬가지로 나도 이 엄청난 패배를 가차 없이 비판했다. 프랑스 군대의 무능력은 명명백백했다. 무기력함, 지휘 체계의 불일치, 극도로 치밀한 세부 준비의 부재 등 무능력을 입증하는 전조들은 많았다. 퐁트네에서 우리를 구해 낸 그 대령 말고, 위비 대령이라는 사람이 생각난다. 전선에서 나쁜 소식들이 들려오기 시작하는 순간에 라쿠르틴 연병장에서 우리를 사열하던 작자다. 우리가 실밥이 다 풀릴 정도로 해지고 옷핀으로 바지 지퍼를 여밀 지경으로 낡아 빠진 군청색 군복을 카키색 군복으로 막 갈아입은 때였다. 그 작자가 군청색 수통을 차고 있던 한 병사 앞에 놀라서 멈춰 서더니 이렇게 떠들었다. "앞으로 군청색 수통과의 전쟁을 선포한다."

물론 일부 부대는 1940년 전투에서 용맹하게 싸웠다. 하지만 그들을 제외하고 우리 같은 후방 부대들은 지리멸렬이었다. 내가 보기에는, 패전은 참모의 무능력 이외에도, 전쟁을 예측하지도 준비하지도 못했던 공화주의 체제에 기인했다.

그러나 이미 밝혔다시피, 전쟁이 누구의 책임인지 누구에게 기회인지는 더 이상 나의 관심사가 아니었다. 요란한 사건들이 발생하면서 나로선 예전의 보호막들이 사라졌을 뿐만 아니라 오랫동안 애착을 가졌던 정치 제도에서 멀어지게 되었다. 마음 깊은 곳에서까지는 아니더라도 적어도 내 입술로는 더 이상 그 정치 제도를 믿는다고 말하지 않게 되었다.

내세울 것 없는 군 생활을 마치고 지라르데와 내가 제일 먼저 한 민간 활동은 마리클레르 부탕의 집에서 목욕하는 일이었다. 마리클레르가 부대까지 우리를 데리러 왔는데 우리 몰골이 말이 아니었던 것이다. 1940년 8월 초에 제대한 나는 점령 지역의 독일·프랑스 경계선에서 독일 군인을 처음 보았다. 우리 제대 군인들은 점령 지역 독일군에게 보복을 당할까 봐 두려웠다. 독일군들이 제대 군인을 알아보지 못하도록 나는 다른 제대 군인들이 싹쓸이해 간 클레르몽의 옷가게에서 마지막 남은 민간복 바지를 하나 샀다. 화려한 줄무늬 바지와 정장 재킷, 그리고 출처를 감출 수 없는 카키색 스웨터를 입고 경계선을 당당하게 넘어 아르카숑에 도착했다. 약 1년 전인 1939년 9월에 내가 전쟁터로 불려 가던 당시, 그곳에는 어머니와 누이, 막내 남동생 그리고 로르 할머니가 머무르고 있었다. 1940년 9월, 다시 찾은 아르카숑에서 나는 마치 아무 일도 없었던 듯 휴가를 보냈다. 모든 것이 그대로인데 오직 로르 할머니만이 우리 곁을 떠나고 없었다.

공부에 전념하다

9월 말에 우리는 비축 식량을 챙겨서 파리로 돌아왔다. 상시 전기 공급을 위해 블루아로 징집되었던 아버지도 돌아오셨다.

그렇게도 사교적이었던 내가 이제는 아무도 만나지 않았다. 전쟁 전에 만나던 AF 친구들과 소르본대학 친구들은 뿔뿔이 흩어져 포로가 되거나 비시 정부가 있는 남프랑스 자치 지역이나 '식민지'로 피난을 떠났다. 그들 가운데 질 드 페리에가 단 한 명의 전사자였다. 내 주변에서는 2차 대전 전반부가 그 후 전개될 노르망디 상륙 작전, 레지스탕스 운동, 해방에 비하면 훨씬 사망자가 적었다. 악시옹 프랑세즈 본부는 파리를 떠나서 비시로 갔다가 리옹에 자리 잡았다. 저녁에 이따금 만나던 또래 친구들은 주로 군대 동기들이었는데 역사학도나 철학도, 문학도도 아니고 AF에 호감이 있는 친구들도 아니었다.

파리에 도착하자마자 나는 1939년에 지원했던 교수 자격시험을 다시 준비했다. 그런데 그 짧은 공백 동안 시험 제도에 큰 변화가 생겨서 나는 많은 것을 다시 조정해야 했다. 그래서 1940~1941학년도*

* 프랑스 학제는 매년 9월부터 다음 해 6월까지이다.

는 나의 지적 형성 과정에서 결정적인 해가 되었다. 그 1년 동안 나는 수도사처럼 국립도서관Bibliothèque nationale, BN에 틀어박혀 살았다. 소르본에서도 강의가 있었지만 거의 비밀리에 진행되었다. 따라서 나의 일과는 아침 9시부터 저녁 6시까지 BN에서 보내는 것이었다. 지금도 퇴실 시간임을 외치는 직원의 목소리가 들리는 듯하다. "신사 숙녀 여러분, (한 박자 쉬었다가 외침) 곧 폐관합니다."

바깥세상에서 들려오는 전쟁 소식은 BN의 커다란 대문 앞에서 멈춰 섰고 우리 집에서는 식량이 제일 중요한 걱정거리가 되어 갔다. 당시 나는 교수 자격시험에 나오는 과목에 한하지 않고 엄청나게 많은 책을 읽었다. 역사는 예전에 내가 예감했던 그런 관점에서 보였지만 이제는 눈이 빠질 것처럼 아팠다. 유년기의 상상적 세계를 포기하지는 않았지만—그 세계는 오히려 내 기억 속에서 어느 때보다 더 강렬하게 부각되면서 멀어질수록 점점 더 견고해졌다— 나는 이제 내가 알지 못하는 또 다른 시간과 공간으로 옮겨 가 있었다.

이전 즉 전쟁 전에 나는 유년기와 가족의 테두리를 벗어난 상황에서도 여전히 닫힌 부동의 세계 속에 살고 있었다. 나름대로 매력적이고 행복한 세계였지만 앞서 내가 묘사했던 대로 악시옹 프랑세즈 우파의 세계였다. 그 후 나는 그 우파 세계의 계략을 알아차리게 되었는데, 그것은 바로 비올레르뒥Eugène Viollet-le-Duc* 이 성당을 복

* 1814~1879. 프랑스 건축가. 파리 노트르담 대성당 복원 등 중세 건축 수리와 복원에 큰 공을 세웠다.

원하는 것과 같은 방식이었다. 나는 그 세계를 정치 즉 모라스의 정치, 그리고 대학에서 가르치는 사건사의 정치와 동일시하기 시작했다. 아주 늦은 발견이기는 했지만 마르크 블로크, 뤼시앵 페브르Lucien Febvre*의 저서와 초기 아날 학파 총서, 그리고 내친 김에 사회학자들의 책을 발견하면서 강렬한 경이로움을 느꼈다. 사회학과 심리학이 가짜 학문이라고 주장하던 피에르 부탕 같은 철학자 친구들과 떨어져 있다 보니 그들의 금기에서 비로소 해방된 것이었다(오늘날 인문학이 처한 상황을 보면 그들의 단언이 정말 그렇게 잘못된 것인지 의문이 들기도 한다). 이러한 발견들로 들떠 있던 시기가 끝날 때쯤 또다시 교수 자격시험에 떨어졌고, 더 이상은 도전하지 않았다.

당시에는 교수 자격시험 1차 합격자는 교직을 구할 수 있었다. 나는 프랑스 서북부 도시 렌의 고등학교에 발령이 났다. 그 자리에 갔더라면 내 인생은 아마도 달라졌을 것이다. 지금과 똑같은 책들을 썼을까? 최상의 경우라면, 아마 나는 지금쯤 파리4대학(소르본대학—옮긴이)의 교수가 되었을 것이다! 하지만 나는 집에 있는 것이 나를 필요로 하는 가족들에게도 더 좋다고 생각했다. 막냇동생이 비시 정부의 군인으로 여전히 점령군 경계선 너머 프랑스 자치 지역에 있었다. 또 다른 남동생은 이공과 수험생이었는데 하루는 독일군에게 끌려갈 뻔했다. 어머니는 전쟁이 시작되면서부터 불안 속에 지내셨다. 렌으로 떠난다면 어머니가 힘들어하실 거고, 내가 곁에서 안심시켜 드려

* 1878~1956. 프랑스 역사가. 마르크 블로크와 함께 아날 학파를 만들었다.

야 했다. 마지막 이유는, 계속해서 독서와 고찰을 통해 새로운 것들을 발견하고 싶어서였다. 사는 곳이나 직장이 바뀌면 나의 집중적인 연구가 중단될 거라는 우려가 들었다.

나는 렌으로 가지 않았다. 그러나 무언가 하면서 돈을 벌어야 했기에 친구들의 제안을 받아들여 새로운 정권하에서 만들어진 특설 학교에 역사 교사로 들어갔다. 이 학교는 점령 지역 내에서 위리아주 간부학교École des cadres d'Uriage*의 복사판이 되고자 했다. 교장은 위리아주 학교 교장인 라포르트 뒤 테이La Porte du Theil** 장군과 전혀 다른 사람이었다. 문법학 교수 자격을 취득한 대학교수로, 아주 매력적인 예술 애호가이자 뛰어난 피아니스트이기도 했다. 그는 위리아주 학교의 가톨릭주의와 페기주의péguysme***를 니체의 낭만주의로 대치했다. 이런 경향으로 그는 브라지약처럼 히틀러의 독일이라는 마법에 즉각 감응했다. 인구학의 문화적 영향을 나름의 방식으로 나에게 제시한 사람도 바로 그였다. 그는 프랑스 출생률의 저하는 인종으로서 민족의 포기를 의미한다고 생각했다. 그래서 자유민주주의와 과

---

* 비시 정권이 그르노블 근처 위리아주에 세운 엘리트 양성 학교. 프랑스혁명 정신을 계승한 세속주의, 공화주의 대신 가톨릭주의와 애국주의를 강조하는 교육을 실시했으나 1942년 이후 학생들 대부분이 레지스탕스로 선회하면서 폐교되었다.

** 1884~1976. 프랑스 군인. 비시 정부하에서 '프랑스 청년단'을 만들어 도덕·체육·직업 교육을 실시했다.

*** 샤를 페기Charels Péguy(1873~1914)는 프랑스의 시인이자 사상가이다. 잔 다르크를 민중과 사회주의의 영웅으로 묘사하는 등 애국적 가톨릭 작품을 발표했고, 실증주의를 비판하고 휴머니즘적 전통을 옹호했다.

도하게 인위적인 삶 그리고 (이 단어는 좀 작은 목소리로 말했는데) 기독교에 의해 억압된 사람들의 원초적이고 근원적인 기력을 되찾고자 했다.* 이 학교는 원칙적으로는 청년 수용소 간부 양성을 목표로 직업 없는 청년들을 모집했다. 그러나 더 원대한 목표를 갖고 있었는데 그것은 프랑스의 간부학교가 되는 것이었다. 즉 프랑스의 주교, 장군, 도지사, 대사 등이 될 청년들이 국가의 의식에 입문하고, 엄격한 공동체 생활을 하며 아침마다 다 같이 발루아 숲의 축축한 초원에서 맨발로 체조를 하는 곳이 되기를 바랐다. 학교는 실제로 상리스 근처 유대인 가문의 성을 징발해서 쓰고 있었다. 상리스 숲속에 곰이 없었기 때문에, 교장은 학생들의 야성적인 남성성을 강화하기 위해 칼을 들고 서로 결투를 벌이도록 하는 꿈도 꾸었다. 그는 게르만족 신화와 바그너 음악 신화에 상응하는 프랑스적인 것을 켈트 풍습에서 찾아내고자 했다. 정말이지, 이 학교에서는 지루할 틈이 없었다! 하지만 그 교장 덕분에 내 친구와 그의 친구들 중 여러 명의 전쟁 포로가 풀려날 수 있었다. 학교 교사로 필요하다고 해서 포로들을 빼내 왔지만 그렇다고 그들을 붙잡아 두지는 않았고, 포로들이 살그머니 도망가도 모르는 척했다.

학생들은 청년 수용소에서 모집해 왔는데, 그곳의 임무는 전쟁에 따른 폐해, 특히 포로 생활로 가족을 잃고 직업도 없고 교육도 받

---

* (원주) 지금 다시 읽어 보니, 그 교장의 생각은 오늘날의 신우익nouvelle droite과 유사함을 알 수 있다.

지 못한 채 떠도는 청년들을 간부로 양성하는 것이었다. 그들을 만난 덕분에 나는 많은 것을 배웠다.

그때 알았던 (임시) 교사들 중에서 나중에 대학교수가 된 사람이 둘 있었고(그것도 유명한 교수가 되었다) 특이한 사람들도 몇 명 있었다. 전직 수도사였던 어느 동성애자는 그들 중에서 진짜 '대독 협력자'가 된 유일한 사람이었는데, 전쟁 말기 어딘지 모를 전투에서 죽었다.

독일과 비시 정권의 관계가 악화되면서 우리와 교장의 관계도 격화되었다. 우리 '보스'의 켈트적 모델에 나의 이베리아적* 기원을 아주 진지하게 대립시키면서 열변을 토한 적도 있었다!

우리는 라발Pierre Laval** 내각이 구성되자 거의 모두가 사표를 냈다. 우리의 대장 보스는 아주 특이한 인물인 아벨 보나르Abel Bonnard*** 장관실로 들어갔다. 새 교장으로 온 사람은 비교秘敎에 심취한 인물로 나중에 들으니 켈트족 의식들을 이시스Isis****의 의식으로 대치했다고 한다!

이 몇 달간의 경험으로, 세상과 담 쌓고 집중하던 나의 탐구는 중단되었고 나는 다시금 정치의 열기 속에 빠져들었다. AF와 다시

---

* 유럽 남서쪽 끝 이베리아 반도의 스페인, 포르투갈과 피레네 산맥 접경 프랑스 지역 사람의 특성을 일컫는다.

** 1883~1945. 프랑스 정치가. 비시 정부의 총리로 대독 협력 정책을 펼쳤고 전후 반역죄로 처형되었다.

*** 1883~1968. 프랑스의 시인이자 정치가. 비시 정권의 교육부 장관이었으나 대독 협력죄로 전후 사형을 선고받고 외국으로 도피했다.

**** 고대 이집트의 여신.

관계 맺고 싶은 마음에 리옹을 찾았고 그곳에서 모라스, 퓌조, 칼장 등을 만나 함께 점심을 먹었다. 하지만 나는 커다란 환멸을 맛보았다. 내가 파리에서 알았던 악시옹 프랑세즈는 활기와 열정으로 가득했는데, 리옹에서 다시 만난 악시옹 프랑세즈는 편협하고 낡고 옹색한 지방 소일간지일 뿐이었다. 조금 이르든 늦든 독일과의 전쟁에서 패할 것이고, 좋든 나쁘든 대형 사건이 터질 거라는 것, 묵시록적 상황이 벌어질 것을 각오해야 한다는 것은 누구나 쉽사리 예측할 수 있었다. 그들이 나에게 준 조언들은 비극적인 상황의 심각성에서 동떨어진, 가소로운 것이었다. 파리로 돌아오는 기차 안에서 나는 이제 더 이상 그들과 같은 편이 아님을 깨달았다. 얼마 후, 소르본대학에서 함께 악시옹 프랑세즈 활동을 했던 친구 중 하나가 포로수용소에서 풀려났다. 모든 게 뒤죽박죽인 시기에서만 가능한 행운 덕분이었다. 어느 독일군이 거리에서 공격을 받았는데 지나가던 행인의 거의 반사적인 행동으로 목숨을 구하게 되었다. 독일군 사령부는 그에 대한 보상으로 포로 한 명을 풀어 주기로 했는데, 그 선량한 행인은 그런 사실을 몰랐다. 이 소식을 들은 내 친구의 어머니는 한걸음에 그 사람을 찾아가서 아들 이름을 알려 주었고 몇 주 후 친구는 풀려났다. 전쟁 전에 『악시옹 프랑세즈』 기자로 일했던 친구는 당연히 그 자리에 복직하려 했지만 내가 주의하라고 했다. 직접 확인하기 위해 리옹에 다녀온 친구는 나와 같은 확신을 갖고 돌아왔다.

나는 오랜 정신적 사부들에게서 해방되었고 다시는 그런 사부들을 갖지 않기로 결심했다. 탯줄이 비로소 끊어진 것이다! 오래된 정부情婦처럼 정치가 다시 나를 유혹하는 순간들이 있었지만 나는 그 즉각적인 효과를 더 이상 믿지 않게 되었다. 오히려 내가 속해 있고 태어난 정신적 가문의 방향을 더 오래되고 더 근원적인 나의 신념에 부합하는 새로운 방향으로 전환하고자 했다. 나는 원천으로 돌아가는 일종의 쇄신, 아지오르나멘토aggiornamento*가 가능하다고 믿었다!

나는 당시 나와 함께 간부학교를 사임한 동료들을 따라, 비시 정권에 의해 동업 조합 형태로 조직된 식민지 관련 직업 세계에 들어서게 되었다. 1942년 연합군이 상륙하면서 프랑스령 북아프리카가 비시 정권에서 드골의 자유 프랑스군으로 넘어가기 직전이었다.

전 세계가 격랑 속에 소용돌이치던 그 순간에 점령지 파리에서 고요히 지낸 것, 그리고 비시 프랑스 제국이 무너지던 그 순간에 식민지 관련 일을 시작한 것을 두고 분명 놀라는 이가 많을 것이다. 그러나 인생은 그렇게 흘러갔다.

열대 과일과 프랑스 지역들

내가 들어간 연구소는 극동의 대농장주들과 거물 사업가들이 공

---

* 쇄신을 뜻하는 이탈리아어. 일반적인 의미와 달리 가톨릭에서는 교회의 모델인 그리스도의 정신으로 되돌아가려는 것을 의미하며, 여기서는 이를 포함한 중의적 표현으로 보인다.

동으로 설립한 곳이었다. 차, 고무, 기름야자 같은 상품 개발을 위해 영국, 네덜란드가 설립한 유명 과학 연구소들에 큰 자극을 받은 이들은 비시 정부에 이 제도를 따라 하도록 압력을 넣었다. 그렇게 해서 개발도상국의 기술 지원을 위한 프랑스 연구소들이 출범했다. 비시 정부가 만든 이 연구소들은 그곳을 주무르던 거물 사업가들의 능수능란한 솜씨 덕분에 해방 이후까지 살아남았다. 제4공화정*도 이 연구소들을 인정하고 국가 기관으로 채택했다. 아마 소련에도 같은 종류의 연구소들이 있기 때문이었을 것이다. 이어서 탈식민지화에 따른 어려운 고비도 당당히 넘겼다. 오늘날은 모든 기업과 사업, 행정 조직이 겪고 있듯이 구조 조정의 난제에 봉착해 있다. 그 어려움을 극복할 근원적 역동성을 충분히 갖고 있는지는 모르지만 먼 훗날 알게 될 것이다. 그 먼 훗날은 나도 무관심할 수는 없는 것이 내 인생의 37년을 그곳에서 일하며 보냈기 때문이다. 나는 흥미진진한 일이라고 여겼고 오늘날 역사가가 된 것도 많은 부분 그 일 덕분이었다. 그렇지만 1943년 당시, 내 업무는 미미한 것이었고 전격적으로 몰두할 필요가 없었다. 나는 열대 과일을 다루는 특수 연구소의 기록정보부 서장이었다. 그런데 아프리카와 교류가 단절되어 버리는 바람에 열대 과일을 더 이상 들여올 수가 없었고, 따라서 누구에게도 정보를 줄 필요가 없었다. 내 업무는 연구소 도서관 장서를 구축하고 도서

* 2차 대전 후인 1946년부터 1958년 9월까지의 프랑스 정치 체제. 초기에는 국민 의회가 구성되어 공산당 등 좌익이 약진했으나 1947년부터 중도파 연립 내각이 이어졌다.

목록을 만들어 관리하고 출간을 준비하는 일로 줄어들었다.

이 업무로 인해 온 정신을 빼앗길 정도는 아니었기 때문에 나만의 독서와 고찰, 연구를 자유롭게 계속할 수 있었다. 따라서 나는 1947년 결혼할 때까지 가족 부양의 책임도, 직장 걱정도, 돈 걱정도 없는 일종의 장학생 같은 생활을 했다. BN에 틀어박혀 공부에 전념하다 짧은 간부학교 교사 생활을 거쳐 비로소 창작의 시기로 순조롭게 넘어올 수 있었다. 바로 이런 이유, 그러니까 즉각 새로운 것을 창작하기 위해서 고등학교 교사직과 대학 교원직을 포기했던 셈이다.

우선 나는 학위 논문 주제였던 '치안대장 공동체'(80쪽 참조—옮긴이)를 계속 연구할지 고민했다. 물론 그 당시에 가졌던 기독교 호교론적 생각들은 다 버린 후였다. 역사 자료들 중에 어떤 것이 좋고 나쁜지 더 이상 개의치 않게 되었다. 내가 보기엔 이 자료들은 하나의 문화, 하나의 사회, 하나의 시기를 밝혀낸다는 의미에서만 가치가 있었다. 이런 점에서 나는 증거와 자료들을 문학적, 철학적, 미학적 또는 윤리적 가치에 따라 평가하는 사람들을 반대했다. 그리고 엘리트주의적이고 민중을 대표하지 않는다는 이유로 예술적 가치가 있는 자료들을 거부하는 학자들도 반대했다.

그렇지만 모범과 반反모범의 목록을 작성한다는 만용을 버리면서 치안대장 공동체에 계속 관심을 가질 수도 있었을 것이다. 사실, 당시 연구를 통해 내가 깨달은 바로는 이 공동체가 너무 많이 조직화된 것처럼 보였다. 각 사회는 조직화의 단계를 넘어서면 일상생활의 기본 형태에서 멀어지고 상위 이데올로기들로 인해 경직되는 과정을 거친다. 따라서 나는 이 단계 바로 아래의 사회들, 즉각적 체험에 더욱 가깝고 땅에 바짝 붙은 살아 있는 사회 공동체들을 포착하고 싶었다. 사회학자들 덕분에 상위 단계인 조직화로 이행하기 직전의 '즉각적 그룹groupe immédiat'이라는 개념을 명확히 알 수 있었다.

'치안대장 공동체' 주제를 포기한 나는 연로한 고고학자 보보Octave Bobeau의 연구와 마르크 블로크의 『프랑스 농촌사의 기본 성격*Les Caractères originaux de l'histoire rurale française*』을 통해 관심 갖게 된 '주민 공동체'를 다룰까 했다. 이런 주제라면 자유주의적 개인주의와 대립되는 집합적 삶의 형태에 대한 나의 오랜 취향과 사회적 조직화가 가장 덜 된 형태에 대한 나의 새로운 취향을 둘 다 만족시킬 것 같았다. 그런데 참고 문헌을 조사해 봤더니 아쉽게도 이 주제는 직접 파고들 수 있는 게 아니고 너무나 많은 고문서 조사를 통해서 간접적으로만 다뤄야 하는 거였다. 나는 뒤로 한 발 물러섰다. 무언가 짧고 신속한 연구를 하고 싶었다. 너무 많은 걸 입증하느라 허우적대지 않으면서 본질이라고 믿었던 것에 곧장 접근하고 싶었다. 학생 시절에 두껍고 지루한 서적들 때문에 몹시 고생했던 나는 반발심이 들어—곧 진정했지만— 당시의 일반적 연구 방식과는 다르게 사료보다 성찰에 더 많은 비중을 둬서 대학 논문과 차별화를 꾀하고 싶었다. 즉 역사 에세이를 쓰고 싶었다. 이런 표현 자체가 없던 때여서 두 단어, 역사와 에세이는 큰 모순처럼 보였다. 나는 '지방'이라는 주제를 선택했다.

당시 비시 정부 이데올로기에서 지역주의에 특별한 위상을 부여했고, 따라서 출생의 뿌리와 영속성이라는 전통주의적이고 '반동적'

인 사상을 강화한 것은 사실이다. 내 안에 있는 오래된 감상적 성향을 인정해 주는 이러한 움직임에 나는 민감하게 반응했다. 사실, 지방 자치주의는 오래전부터 나의 관심사였다. 여름 방학에 시골 고모들 집에 갈 적마다 나는 지역 생활과 그 고유한 특성의 영속성을 확인할 수 있었다.

실제로 프랑스혁명은 그 후 이어지는 헌법들이 입증하듯, 중앙집권제와 보나파르트주의* 모델에 긴밀히 연계되어 있었다. 나는 지역주의의 겉모습에 속아 넘어간 것이다. 그러나 전통 사회의 틀로 우리의 관심이 다시 이끌린 이유는 비시의 이데올로기 때문이라기보다는 점령당한 프랑스의 일상생활 때문이었다. 당시 샤를 모라제Charles Morazé** 는 날카로운 통찰력으로 이 사실을 포착해 냈다. 점령지 상황에서 자동차나 기차가 없다 보니 다시 옛날처럼 걸어서 먼 거리를 가거나 말이나 자전거를 타고 다녀야 했다. 거의 사라졌다고 여겼던 옛 생활 방식을 재발견했고 이런 것들의 재출현은 우리의 호기심을 자극하고 고찰의 대상이 되었다.

19세기 산업화 과정 동안 지속된 이 문화를 연구하려는 생각도

---

* 보나파르트주의Bonapartisme는 좁은 의미로는 보나파르트 왕가 치하의 프랑스 제국을 복고하려는 시도를 일컫는다. 넓은 의미로는, 권위주의적 중앙 집권을 옹호하고 포퓰리즘적 선동으로 철권 통치자나 독재자를 지지하는 것을 말한다. 민족주의와 군국주의, 혁명과 반동, 공화정과 황제가 기괴하게 뒤섞인 형태라고 할 수 있다.

** 1913~2003. 프랑스의 역사학자이자 정치가. 페르낭 브로델과 『사회경제사 연보』(『아날』)를 이끌었으며, 프랑스 인문학의 부흥과 제도화에 기여했다.

잠시 들었다. 하지만 트로카데로 광장에 있던 민중문화박물관에 전시된 내용을 보면 당시 민속학자들의 서술적 연구 방식만큼이나 실망스러웠다. 게다가 시간의 침식 작용을 견뎌 내는 지역의 영속성이라는 개념이 거북했다. 프랑스의 전기 설비화 촉진을 담당했던 전기공학자 아버지의 영향, 경제사 서적 탐독, 그리고 단순하고 순진한 호기심으로 인해서 나는 산업 혁신의 불가역적인 특성을 받아들이게 되었다. 또한 과거의 지혜와 미래의 불가피한 기술적 진보 간에 타협이 가능하다고 믿었다. 이러한 가정하에서, 국가와 지방의 근간을 뿌리째 흔드는 중앙 집권화의 승리는 더 이상 기술의 진전이 아니라 이러한 진전의 첫 번째 단계 즉 석탄, 철, 증기 기관을 통한 19세기 1차 산업혁명의 산물일 뿐이었다. 그와 반대로 나는 전기, 석유, 내연 기관의 사용으로 산업 발전의 또 다른 단계, 즉 에너지 덕분에 더 이상 중앙 집권화로 쏠리지 않고 에너지의 분산 활용이 용이해져서 오래된 지역 생활 방식들이 되살아나는 단계로 진입할 거라고 생각했다. 하지만 이것은 완전히 착각이었다. 이런 신기술 덕분에 회복할 수 있으리라 믿었던 것들이 그 신기술 때문에 완전히 파괴된 것을 우리는 오늘날 목도하고 있다. 내가 연구 주제로 지역을 선택하고 이 주제에 관해 집중적으로 고찰하게 된 배경은 바로 이런 것들이다. 우리가 사는 세계의 모순과 특수성들을 발견하게 될 이 여행에의 초대를 더 이상은 뿌리칠 수 없었다. 나는 그렇게 해서 추출된 독창적 특성들을 변화에 대한 저항이 아닌, 오히려 변화 속에서의 항수로 해석했다. 지역 문화는 수세기 동안 부동인 채로 유지되지 않았다. 자신만의 변화 방식을 통해 스스로를 규정해 나갔다. 나는 몇몇 민속적인 것들로 인해 변화가 배제된 바로 그곳에서 변화를 도입하려고 애썼다. 변화와 차이들에 관한 역사, 예술 또는 학문으로 입장을 선회함으로써 나는 인간 본성의 부동성이라는 고전적 사고를 거부했으며, 보편적 변화에서 제외된 분야가 있다는 정당한 가정을 조심스럽게 받아들이게 되었다.

이런 사고의 틀 속에서 나는 1943년에 『프랑스 지역들의 사회적 전통*Les Traditions sociales dans les pays de France*』을 출간했다. 제목의 각 단어들은 나의 주요 관심사들을 드러낸 것이었다. '지역들'은 지방이 아니라 최소 단위인 가족과 그보다 좀 더 공적인 조직 단위 사이에 있는, 가장 작은 공동체를 의미했고 '사회적'은 공동체를, '전통'은 전통주의를 뜻했다. 이 첫 번째 책에서 나는 처음으로 개인적인 생각을 자유롭게 표현했다. 그러니 이 책에 대한 나의 애착이 어떠한지 이해할 것이다. 해당 출판사는 당시 단명했던 많은 출판사들처럼 오래 못 가 문을 닫았다. 프랑시스 앙브리에르Francis Ambrière의 『여름휴가*Les grandes vacances*』*로 공쿠르 상을 받았던 이 출판사는 그 기세를 몰아 '초록 노트Cahiers verts'**를 본뜬 총서를 펴냈다. 내 책이 그 총서의 첫 번째 책이었던 것 같다. 서점에 책이 나오는 날 보니, 책 표지에 떡하

---

* 프랑스 작가 앙브리에르(1907~1998)의 출세작으로, 2차 대전 포로들의 삶을 다룬 소설이다.

** 프랑스 그라세Grasset출판사가 1921년부터 펴낸 문학 총서로 총서 편집주간은 다니엘 알레비(82쪽 각주 참조)였다.

니 '비시 정부의 도끼 문장紋章'이 찍혀 있었다! 1943년 7월에 책 표지에 이런 문장을 넣는 건 너무 노골적으로 정치색을 드러내는 일이었다. 다시 표지 작업을 요청했고, 도끼 문장이 들어가지 않은 좀 더 중성적인 책 표지를 얻을 수 있었다.

나는 완전히 무명이었는데도 책은 어느 정도 성공을 거둬서 몇 달 만에 초판을 소진했다. 특별한 장점이 있는 건 아니었다. 당시에는 어떤 읽을거리도 잘 팔렸다. 자동차도, 오락거리도, 더욱이 텔레비전도 없던 대중은 책을 사 보았다. 나는 신문에 난 기사를 오려 모으는 자아도취에 빠졌다. 지금은 다 잃어버렸지만 특히 마음에 와 닿았던 리옹의 어느 일간지 기사가 생각난다. 기사를 쓴 프로사르Ludovic-Oscar Frossard는 앙드레 프로사르André Frossard*의 부친으로, 프랑스공산당 창립 멤버이자 연로한 사회주의자였는데 나의 지역주의 접근 방식에 관심을 보였다.

이 책 덕분에 나는 다니엘 알레비를 알게 되었고 케 드 로를로주 Quai de l'Horloge**에 있는 그의 저택의 단골이 되었다. 그에게 책 한 권을 증정했더니 "언제, 어느 시간에, 날 보러 오시게나" 하는 답장이 와서 그 집에 가게 되었다. 그의 생전에 나는 그 길을 자주 다녔다.

그분은 이미 연로했지만 아주 기민했다. 라탱 구역의 뤽상부르 역에서 마주칠 때도 있었는데 코르덴 양복 차림에 책이 가득 든 배낭

* 1915~1995. 프랑스 언론인이자 작가, 학술원 회원.

** 센 강 가운데 있는 시테 섬 북쪽 도로변으로, 고급 저택들이 즐비하다.

을 멘 모습이었다. 시골 별장이 있는 주이앙조자스Jouy-en-Josas행 기차를 타러 가는 길이었다.

사실 나는 그전에도 그를 만났었는데 잊어버린 모양이었다. 당시 내가 파리에서 만나던 몇 안 되는 사람들 중에 앙리 뵈니에Henri Boegner가 있었다. 철학교수였던 뵈니에는 AF와 그 동조자들로 구성된 교수와 지식인 협회인 '퓌스텔 드 쿨랑주Fustel de Coulanges* 서클'을 만들어서 이끌고 있었다. 드골 장군이 그 서클에서 강연했다는 전설 같은 얘기도 있었다. 나는 얼마 전 사표를 낸 그 문제의 간부학교에 있을 때 역사 주제별로, 그리고 한 주제 안에서는 현재에서 과거로 거슬러 올라가는, 때로는 아주 먼 과거로 역진하는 방식으로 역사를 대중적으로 가르치는 꿈을 꿨었다. 뵈니에는 소르본대학 대형 강의실에서 열리던 퓌스텔 드 쿨랑주 서클의 한 강연회에서 내 견해를 발표해 달라고 요청했다. 다니엘 알레비가 좌장을 맡은 강연회였다.

다니엘 알레비와 가브리엘 마르셀Gabriel Marcel** 은 나에게 진정으로 큰 영향을 미친 단 두 사람이다. 물론 모라스에게도 존경과 찬탄을 보냈지만***(한때 나는 그의 말에 경도되었다) 그의 사상이 근본적으로 비非

---

* 1830~1889. 프랑스 역사가. 대표작 『고대 도시*La Cité antique*』에서 그리스·로마의 비교 연구를 발판으로, 종교가 공동체의 형성과 결합을 유지하는 원리라고 규정지었다.

** 1889~1973. 프랑스의 철학자이자 극작가. 프랑스에 실존철학을 도입한 기독교적 실존주의자로 『형이상학적 일기』, 『존재와 소유』, 『존재의 신비』 등의 저서가 있다.

*** (원주) 프랑수아 레제 부부와 우리 부부는 모라스가 감옥에서 이송되어 온 투르의 병원에 병문안을 갔었다. 모라스가 그 병원에서 삶을 마쳤으니 우리에겐 순례의 길이 되었다.

역사적임을 깨닫게 되었다. 소르본대학 교수들은 한 번도 나의 스승은 아니었다. 물론 마르크 블로크와 뤼시앵 페브르는 나에게 깊은 각인을 남겼고 나의 진로에 결정적인 역할을 했다. 그러나 알레비와 마르셀처럼 인간성과 인품으로가 아니라 그들의 저서를 통해서였다. 뤼시앵 페브르는 한두 번 본 적이 있었고, 페르낭 브로델Fernand Braudel* 은 1976년 워싱턴에서 처음 만났다. 고백하건대, 나는 이러한 대학자들과의 친교가 그다지 아쉽지는 않았다. 그들의 저서만으로도 충분했고 또한 학문적 자유를 간직하려면 그들과 어느 정도 거리를 두는 편이 낫다고 생각했기 때문이다.

해방 후 프랑스에 돌아온 가브리엘 마르셀을 소개해 준 친구는 피에르 부탕이었다. 그리고 마르셀이 사망하기 직전에 우연히 마지막으로 그를 본 것도 바로 부탕의 박사 논문 발표장에서였다. 그는 특별한 어조 없이 눈을 감고 얘기했다. 눈이 거의 보이지 않았던 것이다. 그날 마르셀의 심사평은 눈부시게 훌륭했고 형식적인 대학 논문 발표 자리를 경이로운 차원으로 끌어올렸다.

나는 매주 금요일, 투르농 가에 있는 마르셀의 꼭대기 층 작은 집에서 오후를 보내는 습관이 있었다. 그곳에는 마르셀의 학생, 제자, 친구, 낯선 사람들까지 모여들었고, 산더미처럼 쌓인 책들 사이로 조

---

* 1902~1985. 프랑스 역사학자. 아날 학파의 대표적 학자로, 집단, 사회, 구조를 탐구하고 인간과 환경의 상호 작용을 중시했다. 저서로 『지중해의 기억』, 『물질문명과 자본주의』 등이 있다.

심스럽게 옮겨 다녔다. 사전에 주제를 하나 골라서, 주로 신문 사회면의 기사, 연극이나 소설 속의 어떤 상황 같은 것을 골라서 해석하는 모임이었다. 나는 이렇게 일상생활에서부터 풀어 나가는 방식을 좋아했다. 나의 역사 접근 방식도 이와 다르지 않았고 이는 마르셀의 방식에서 영향을 받은 결과였다.

인구통계학과의 만남

첫 책을 내면서 새로운 사람들도 만났지만 옛 친구들과도 다시 가까워졌다. 총서에 내 책이 나온 다음, 지라르데*와 레제의 책도 총서로 나왔고 이렇게 해서 30년대 말 소르본대학 시절 친구들이 조금씩 다시 뭉치기 시작했다.

물론, 서너 권의 총서를 내고 나서(그중 하나는 『사티르 메니페*Satire Ménippée*』**의 정치론을 다룬 레제의 시평이다) 출판사는 문을 닫았다.

나에게 『프랑스 지역들의 사회적 전통』은 연구의 결과물이라기보다는 역사에 대한 고찰을 정리하는 의미였다. 독서와 준비의 시기를 마치고 이제 더 멀리 나가야 할 때임을 알리는 의미였다. 나는 학

* (원주) 지라르데는 1938년 악시옹 프랑세즈의 대학생 잡지로 정평 있는 『프랑스 대학생』에 처음으로 글을 싣기 시작했다.

** 운문과 산문으로 된 16세기 프랑스 정치 풍자서.

문적 열정을 더 많이 자극하는 주제를 초조하게 탐색했다. 지역의 역사를 더 밀어붙일 수도 있었다. 하지만 당시 내가 가진 수단으로 진정한 지역 문화의 독창성을 뽑아낼 수 있는 방법론을 선택하기란 무리였다. 어떻게 선택할 수 있단 말인가? 훨씬 나중에 가서 필리프 울프Philippe Wolf*가 주간을 맡은 프리바Privat출판사의 지역사 총서 저자들이 선택한 것처럼 말이다. 나는 또한 지역사 연구라는 한계에 갇히게 될까 봐 주저했다. 왜냐하면 나는 시간과 공간 속에서 길게 오가는 것을 너무나 좋아했기 때문이다.

그렇게 해서 인구통계학을 만나게 되었고 나는 단번에 빠져들었다. 인구는 지역처럼, 당시 유행하는 연구 주제였다. 당시 프랑스는 100년에 걸친 저출산 시대로 출생률 최저치를 기록하고 있었는데, 프랑스혁명에 일정 부분 책임이 있는 현상이었다. 간부학교 교장이 생물학적 쇠퇴의 병리적 신호로 여기던 현상이기도 했다.

어떤 학자들은 저출산 현상에서 부도덕한 쾌락주의를 비난했다. 그러나 인구 문제에 대한 이러한 일반적 측면에만 관심을 가진 것은 아니었다. 간부학교 교사 시절, 파리 근교 노동자 가정의 자녀들이었던 학생들 대부분은 자신의 조부모나 집안에 대해 아무것도 몰랐다. 근본 없는 세계였던 것이다. 내가 알던 서민들 중에는 낙태 전문 산파를 통하거나 공립 병원에서 낙태를 할 경우 끔찍한 후환이 두려워서

* 1913~2001. 프랑스의 사학자, 학술원 회원. 중세사 및 중세 도시사 전문가로 지역 연구 부흥에 기여했고 1980년대 초반까지 프리바출판사의 지역사 총서를 책임졌다.

사설 의원에서 큰돈 들여 소파 수술을 한다는 등의 얘기를 했다. 우리 일상의 음지와 침묵 속에서는 은밀한 결정과 금기들, 역사에 기록되지 않는 동기들이 있다는 걸 예감했다. 따라서 우리가 몰랐던 은밀한 행동 즉 아무도 얘기하지 않거나 베갯머리에서 아주 작은 소리로만 얘기하고, 공권력도, 종교도 통제할 수 없지만 인구 통계를 오르내리게 하는 그런 은밀한 행동들이 존재했다. 이런 것들을 그 은밀한 폐쇄성에서 끄집어내지 않을 이유가 있을까? 이런 의도를 가지고 나는 통계들을 해석하려고 했다. 전후에 창설된 국립인구통계연구소INED는 아직 존재하지 않을 때여서 프랑스 통계국에서 자료 조사를 했다. 폴리테크니크 출신의 뷩르Bunle라는 인구 통계 연구부장이 얼어붙을 듯 추운 자료실에서 베레모를 쓰고 나를 따뜻이 맞아 주었다. 그곳은 그야말로 숫자의 연금술이 펼쳐지는 곳이었다! 모든 자료들은 암산이나 간단한 계산자를 써서 검토했는데 시간이 많이 걸렸고 실수할 확률도 꽤 있었다. 그렇지만 나는 조금도 지겹지 않았다. 아무 말 없는 숫자들 뒤로 침실의 비밀과 가족의 야망, 이민자들의 행로가 줄지어 나왔던 것이다. 이런 통계를 해석하고 그 숫자들이 암시하는 것을 확인하기 위해서는, 열정으로 불을 밝혔던 춥고 우울한 사무실을 나와서 더욱 직접적인 관찰과 독서를 통해서 나의 가설들을 대조해야만 했다. 대학에서의 지리학 수업과 유년기의 여름 방학, 그리고 첫 책의 집필 과정을 통해서 나는 사회적 사실들을 눈으로 보고 직접 묘사할 수 있도록 하나의 지역에 위치시켜 보는 성향을 갖고 있었다. 방법이 없을 때는 책을 읽으면서 머릿속으로 여행했고 기회가 생기면 실제로 여행을 해서 확인하곤 했다. 아버지가 힘을 써서 막냇동생이 나치의 강제 노동 제도를 피해 브뤼에아나르투아Bruay-en-Artois의 광산으로 배치되었고, 그 덕분에 나는 프랑스 북부 산업 지대를 속속들이 알게 되었다. 나는 동생이 묵는 조그만 독신자 호텔에 방을 얻어서 동생이 모아 오는 자료들을 검토하고 그곳 사람들과 얘기를 나눴다. 그렇게 그 지역의 분위기에 젖어 들 수 있었다.

한번은 병가를 내서 투렌 지역의 맛집 겸 여인숙에 머무르면서 그 지역의 공문서 자료들을 조사했다. 그런데 바로 그곳에서 나의 첫 번째 성당 교적부와 토지 대장을 발견했다. 그러자 그 작은 마을이 시간 속에서 숨 쉬는 것 같았다. 그 땅에서는 과거의 시간과 현재의 시간, 두 시간이 떼어 놓을 수 없는 것임을 깨달았다. 내가 읽었던 수많은 자료들의 깊숙한 곳에서는, 겉으로 보기엔 아무 관계 없는 한 무더기의 사소한 항목들도 일단 하나의 그룹으로 묶이면 의미를 띠기 시작했다. 열정적인 탐구의 눈으로 살펴보니 조금씩 그 의미가 드러나기 시작했다. 지금 생각해도 너무나 경이로웠다!

그러나 당시 상황은 점점 더 나빠지고 있었다. 이틀에 한 번꼴로 밤마다 공습 사이렌이 울렸고, 그때마다 나는 전 재산이었던 집필 중인 원고와 조사 자료들을 들고 지하실로 대피해야만 했다. 경계경보, 폭격, 단전, 가스 공급 단축, 비축 식량 부족, 라디오 전황 보도 청취, 시중에 나도는 황당한 소문들을 통해 엄청난 폭풍이 임박했고 곧 우리들 집에도 들이닥칠 것을 직감했다. 그러나 그 순간에도 나는 계속해서 수많은 교적부와 인구 통계, 부부 침실의 내밀한 이야기, 사생활의 편린들을 분석하면서 우리 문화의 마르지 않는 원천들 즉 근본적으로 인간이 자연과 맺는 관계, 자신의 몸과 타인의 몸에 대해 맺는 관계들을 연구했다. 전쟁의 재난에서 비껴 나 연구에 홀로 몰두하면서 전쟁과 국가보다 더 근원적인 힘들을 찾아냈다.

1943년에 시작해서 1947년에 끝난 이 연구의 귀결점은 『프랑스 민중사』의 출간이었다. 이 4년간의 각고면려도 이어서 착수한 연구들과 비교해 보니 아주 빨리 지나간 듯이 보인다. 나는 앞을 향해 곧장 걸어갔다. 간간이 부딪히는 반대나 혼란에도 개의치 않았고, 담대하게 생각의 저 깊은 바닥까지 갔다. 이렇게 용감할 때 시간을 덜 빼앗기는 법이다. 그리고 그 나이 때 나는 더 빨리 일했다.

이 4년은 나에게 진정한 의미의 역사가가 되는 연마의 시기가 되었다. 이 시기에 비하면 소르본대학 시절의 연구는 기술을 배우는 실습에 불과했다. 이 4년이 있었기에 오늘날의 내가 있을 수 있었다. 더욱이 이후 발표된 나의 모든 저서들은 이미 『프랑스 민중사』 안에 예정되어 있었다. 나는 제목에 '죽음 앞에서devant la mort'를 넣고 싶었으나 출판사 대표 위트망R. Whitman은 이 표현이 너무 음울하다면서 나를 포기시켰다. 죽음을 거부하는 현대의 첫 번째 신호를 그렇게 접하리라곤 생각도 못했다!

당연하게도 이 4년 동안 창작의 기쁨만 맛본 것은 아니었다. 우리에게 전쟁 마지막 해는 너무나도 끔찍했다. 더 이상 물러날 곳도 없었다. 역사는 현관문과 유리창을 넘어 모두의 집으로 쳐들어왔다.

바로 아래 동생은 비시 정부의 군대가 해체된 1942년 어느 화창한 날 파리로 돌아왔다. 동생은 군 당국의 권유에 따라 파리정치대학에 입학했다. 네 살의 나이 차이 때문에 그전에는 그렇게 친하지 않았는데 기약 없는 출정을 준비하던 순간에 가까워진 동생이었다.

점령지 파리에서 내 동생은 가엾게도 내가 겪어 보지 못했던 양심의 가책에 시달려야만 했다. 오늘날은 이해하기 어려운 열정이지만, 동생은 어려서부터 군대에 대한 동경이 있었다. 청소년용 『군대의 복종과 위대함*Servitude et grandeur militaires*』*은 밑줄 쳐 가며 하도 많이 읽어서 너덜너덜해진 것을 내가 보관하고 있었다. 동생은 1차 대전의 영웅 페탱 원수에게 충성을 맹세했기 때문에 레지스탕스 활동과는 거리를 둬야 한다고 믿었다. 게다가 동생이 만났던 레지스탕스 활동가들은 귀찮게 굴거나 심지어 동생을 격분케 하곤 했다. 비시 정부의 자유 지역에 남아 있었더라면 동생의 운명은 달라졌을 것이다.

---

* 프랑스 시인 알프레드 드비니Alfred de Vigny(1797~1863)가 1835년에 발표한 소설 3부작으로, 군대의 위대함은 권력자가 아니라 모든 것에 복종하는 군인에게 돌아가야 한다는 주제를 다룬다.

다른 동료들처럼 라포르트 뒤 테이 장군과 합류하거나 북아프리카로 넘어갔을 것이다.

1944년 8월 파리가 해방되었다. 우리 집 근처 장송고등학교에는 파리를 해방한 르클레르크Philippe Leclerc* 장군 사단의 한 연대가 주둔하고 있었다. 소르본대학 동창이자 지금은 라디오 방송 기자로 동남아시아 문제 최고 전문가가 된 F. 도Dô가 그곳 하사관으로 있었다. 하루는 우리를 만나러 온 도에게 동생이 진짜 군대, 투사 말고 군인들이 있는 진짜 군대에 들어가고 싶다고 고백하자 도가 말했다. "간단해. 내일 연대로 와. 내가 연대장에게 소개해 주지." 아버지가 나중에 만나서 차분하게 얘기를 나눴던 그 연대장 이름은 중요하지 않았다. 다음 날 동생이 찾아가자 연대장은 동생을 거절했다. "당신은 장교의 의무를 배신했습니다. 어느 군대를 위해 싸울지 결정했어야지요. 당신 같은 사람 필요 없소." 우리 가족 모두, 특히 어머니가 이 일로 큰 상처를 입었다.

그러나 비시 정부 군대 해체 후 드라트르** 장군의 군대에 적시에 합류한 동생의 옛 동료가 파리에 들렀고, 이 참담한 소식을 듣고

---

* 1902~1947. 프랑스 군인. 2차 대전 당시 드골 장군이 이끄는 프랑스 해방군의 주요 지휘관이었다. 1940년 악시옹 프랑세즈와 결별 후, 아프리카와 노르망디에서 혁혁한 공을 세운 제2기갑 사단장으로 1944년 8월 파리를 해방했고 사후 원수로 추대되었다.

** 1889~1952. 장 드라트르 드타시니Jean de Lattre de Tassigny. 1차, 2차 대전을 모두 치른 프랑스의 대군인. 1943년 비시 정부를 이탈하여 드골 장군의 자유 프랑스로 넘어갔다. 1945년 서부 독일 침공 시, 프랑스군을 라인 강에서 다뉴브 강까지 진격시켰다. 1945년 베를린에서 나치 독일 항복조약 체결 시 프랑스 대표로 참석했다.

는 손을 썼다. 동생은 알자스에 있는 드라트르 군대로 떠났다. 그리고 우리는 동생을 다시 볼 수 없었다. 동생은 다뉴브 강으로 진격하는 군대를 따라 독일로 들어갔다. 얼마 안 가서 편지가 더 이상 오지 않았다. 진격하는 군대에서 군사 우편이 제대로 전달되지 않는 게 나에겐 당연해 보였지만 어머니는 이유를 막론하고 극도로 불안해 하셨다. 매일 우편물을 기다렸고 그렇게 몇 달이 흘러갔다. 이렇게 무소식이 계속되자 결국 아버지와 나도 걱정이 되기 시작했다.

그러던 7월 어느 저녁, 나와 동생들이 다녔던 예수회 학교 학습지도 신부님에게서 전화가 왔다. 어머니는 이 신부님을 정기적으로 면담했는데 아마도 동생 걱정을 털어놓은 모양이었다. 신부님이 말했다. "자크가 전사했다고 들었네. 집에서는 자세한 내용 알고 있나?" 전화 받는 내 옆에는 아버지와 어머니가 계셨다. 나는 아무 내색 않고 짧게 대답했다. "아무것도 모르는데요." 신부님은 상황을 알아차리고 군종 사제가 된 동생의 동창이 소식을 알려 줬다고 설명했다. 나는 부모님께 아무 말도 하지 않고 전화를 끊었다. 곧바로 전쟁성으로 달려갔다. 그곳은 1939~1940년 전쟁 때와 마찬가지로 난장판이었고 직원들은 오만했다. 민원을 엄청나게 무시했다. "무슨 일이 생기면 알게 되겠죠." 그렇지만 나는 레지스탕스 친구들을 통해서—나도 그런 친구가 있었다— 여기저기 알아보기 시작했다.

프랑스혁명 기념일인 7월 14일의 전야가 되었다. 어머니는 벌써 파리를 빠져나간 후였다. 어머니가 피한 것은 예전처럼 공화주의가 아니라 샹젤리제 대로에서 펼쳐지는 승리의 행진이었다. 아버지와 어머니는 여름휴가를 위해 빌린 노르망디의 작은 집으로 떠나셨다. 『프랑스 민중사』를 쓸 때 도와줬던 다른 동생이 북부 광산에서 돌아와서 파리에 같이 남아 있었다. 우리는 행진하는 군인들에게 둘째 소식을 물어보려고 샹젤리제로 나갔다. 누군가 우리에게 정보를 줄 사람을 만날 수 있을 것 같았다. 실제로 라인 강과 다뉴브 강이 새겨진 군복 견장을 보고 드라트르 군대 분견대를 찾아낼 수 있었다. 행진이 끝나 가자 우리는 그 군인들 틈에 섞였다. 우리가 물어보자 어느 하사관이 대답해 줬다. "물론이죠. 아리에스 소위를 압니다. 전사했어요…." 그는 자크가 다뉴브 강 유역의 작은 마을에서 죽었다고 했다. 이번에는 의심의 여지가 없었다. 1945년 7월 14일 축제의 거리에서 그해 4월 21일에 닥친 내 동생의 죽음을 알게 된 것이다. 우리 가족은 공식 전사 통지서를 받은 적은 없다. 단지 동생의 증명서, 지갑, 그리고 이어서 시신을 인계받았을 뿐이다. 나는 즉각 기차를 타고 노르망디로 갔고 다음 날 아침 부모님께 이 소식을 전했다. 반면에, 지금부터 할 얘기는 두 분을 쓸데없이 고통스럽게 할 것이기 때문에 끝까지 알려 드리지 않았다. 나는 동생의 동창이었던 군종 신부를 만났다. 그는 동생의 임종을 지켰다. 묵주를 붙잡고 앰뷸런스에 실려 온 동생을 알아봤지만 동생은 이미 숨을 거뒀다고 했다. 군종 사제는 즉각 부대원들에게 수소문해서 동생이 전사한 경위를 알아냈다. 동생은 마치 자살이라도 하려는 듯 미친 듯이 무모하게 적진에 덤벼들었다는 것이었다. 동생은 소대원들과 함께 사격을 가하며 마을의 큰 도로를 건너 적의 기관총 진지를 탈취해야 했다. 이 거리를 건널 때, 동생은 통상적인 유의 사항을 무시하고 몸을 던졌고 총탄에 쓰러졌다.

물론 동생은, 어릴 때부터 동경하던 깃털 달린 군모와 하얀 장갑을 착용한 육군 사관생도의 임무라는 케케묵은 영웅적 이미지에 스러진 것일 수도 있다. 하지만 나는 거의 자살에 가까운 동생의 행동을 두 가지 이유로 설명할 수 있다고 생각한다. 첫째, 동생이 전투 습관을 잊어버렸을 수 있다. 그러나 두 번째 이유가 더 결정적이었을 것이다. 장송고등학교에서 만났던 연대장의 비난이 동생에게 치명적이었다고 나는 확신한다. 놓쳐 버린 시간을 만회하고 싶었을 것이다. 결국 영원히 사라진 시간이 되었지만. 장교의 의무를 배신하지 않은 것, 또는 그렇게 보였다면 그것은 비겁함 때문이 아니라 명예 때문이었음을 누구보다 자기 자신에게 입증해 보일 마지막 기회였을 것이다.

이 비극적 소식을 접했을 때 우리는 쏟아지는 비보 속에서 살고 있었다. 나치 수용소의 학살, 레지스탕스와 전쟁의 참혹함, 숙청 소식들이 뒤엉켜서 들려왔다. 태풍이 몰아치면서, 그전에는 내 마음을 흔들기보다는 지적 관심을 끌었던 사건들이 이제 나를 정면으로 후려치기 시작했다. 하루는 라울 지라르데가 독일군에게 체포되었다. 그의 부모님과 약혼자는 공포에 떨었다. 수용소 이송 차량을 동결한 스웨덴 영사의 중재 덕분에 라울은 수용소 이송과 죽음을 면할 수 있었다. 이어서 수용소에서 죽은 사람들 소식을 조금씩 듣게 되었다. 고등학교 동창인 피에르 틸리에와 부인 주느비에브가 수용소에서 죽었다. 피에르는 당시 아주 드물게도 타자를 칠 줄 알아서 내 학사 논문을 타이핑해 준 친구였다…. AF 대학생 시절 질베르 다르시라는 가

명을 쓰던 내 오랜 벗 질베르 피카르(87쪽 참조—옮긴이)의 여동생 이본도 실종되었다가 사망했다. 이본은 이탈리아어를 전공하다 성에 차지 않아서 철학으로 바꾸고 열정을 보이던 대학생이었다. 그녀는 메를로퐁티와 함께 레지스탕스 운동에 뛰어들었고 공산당에도 잠시 가입했었다. 그러나 공산당을 떠났는데도 프랑스 경찰에 체포되었다. 이본의 부친에게 안심하라던 프랑스 교도소장은 독일군이 자유 지역을 점령하자 이본을 방치했고 이본은 다하우 수용소로 보내졌다. 그리고 아무 소식이 없었다. 위대한 고고학자 가문을 세운 아버지 샤를 피카르는 아직 살아 있는 송환자 차량이 올 때마다 나가서 기다렸다. 하지만 헛일이었다. 이 밖에도 어떤 친구 또는 어떤 친지가 감옥에 있다든지, 풀려났다든지 또는 영원히 나오지 못했다는 소식들이 들려왔다.

동생이 전사한 지 몇 달 후, 툴루즈에 살던 오랜 지인이 우리 집을 방문했다. 그분은 남편이 체포되어 툴루즈 남부 노에Noé 수용소에 있는데 끔찍한 수감 생활과 '빨갱이 남프랑스Midi rouge'의 불안한 상황 등을 들려주었다. 그분의 딸도 함께 왔는데, 머지않아 나의 아내가 되는 사람이었다. 보르도에 사는 이종사촌의 남편으로 필리프 앙리오Philippe Henriot*가 펴냈던 일간지의 편집장 조르주 플란도 여전

* 1889~1944. 비시 정부의 공보장관으로, 프랑스의 괴벨스로 불렸다. 1944년 6월 6일 노르망디 상륙 작전으로 해방된 프랑스에서 초법적 숙청이 벌어졌고, 앙리오도 레지스탕스에 의해 자기 집 앞에서 약식 처형되었다. 이에 대한 보복으로 민병대가 전국에 걸쳐 레지스탕스 활동가들 수십 명을 사살했다.

히 감옥에 있었다. 한 가정에서 양쪽 진영으로부터 동시에 불행을 당한 경우도 많았다. 예를 들면 비시 정부 협력죄로 체포된 르네 벵자맹의 아들은 내 동생처럼 젊은 장교였는데 독일군과 싸우다 전사했다. 그 시기의 어느 저녁 모임이었다. 친구들 집에서 저녁을 먹는데 모르는 사람이 한 명 있었다. 수염을 덥수룩하게 기른 사람이었다. 나는 격한 감정으로 벵자맹 가족, 루앙의 한 신문사 집안의 경우 등을 얘기하고 나서, 어느 스테인드글라스 전공 사학자 얘기를 하고 있었다. 아들 하나는 군인이었고 다른 아들은 해방군의 포로가 된 그 사학자는 본인도 추적을 피해 도망 다니고 있다는 내용이었다. 그런데 옆자리 친구가 눈치를 줘서 그 수염투성이 손님이 바로 내가 말하는 그 사람이라는 것을 알아차렸다. 그렇게 해방이 되기 몇 달, 몇 주 동안은 전쟁이 나를 직접적으로 공격하지는 않았다. 폭격, 생필품 긴축, 비보들이 우리를 덮쳤지만 멀리서 오는 이름 모를 눈먼 파도 같은 것이었다. 그래서 전쟁의 상처는 고통스럽고 치명적이었지만 나의 내적 고찰을 뒤흔들지는 않았다. 오히려 더 안정적으로 고찰할 수 있었다. 그러나 결국 전쟁은 다른 형태를 띠어 갔다. 열정적이고 이념적인 동시에 더욱 개인적이고 더욱 예언적인 형태가 되어 갔다. 예전 같았으면 군사 훈련에 복종시켰을 개별적 모험들을 더 부추기는 전쟁이 되어 갔다. 이 전쟁은 갑자기 혁명전이나 내전의 양상을 띠었다. 적과의 싸움인지, 부역자 처단인지, 정적 축출인지 더 이상 구분이 되지 않았다. 싸우는 사람들의 행동을 보면 각자의 양심 문제, 심리 상태 또는 그와 반대로 모험가 기질 등이 드러났는데 이 모든 것은 1차 대전 때인 1914~1918년에는 몰랐거나 억눌렸던 것들이었다. 또한 저마다 자신과 가족들이 폭력이나 증오의 피해자라고 느꼈다. 이 전쟁은 이제 더 이상 국가적 결속의 표현으로 받아들여지지 않았고 개인적인 정치 참여를 촉구하는 악과의 저항으로 받아들여졌다. 적어도 내가 보는 한에서는 그랬다. 죽음의 수용소들이 폭로되면서 전쟁의 윤리적이고 참여적인 성격은 한층 강조되었다. 물론 파도는 잠잠해졌고, 그것도 가장 위협받던 사람들이 예측했던 것보다는 더 빨리 잠잠해졌지만, 당시 내 주변에서 소용돌이치는 열정을 보면서 나는 얼마 전부터 느꼈던 정치 활동에 대한 반감을 다시 확인했고, 그 여파로 사건사에 대한 반감도 확고해졌다. 이 두 가지는 국가 하나만을 중심으로 삼았기 때문이었다.

권력 또는 견제 세력, 권력 또는 혁명 같은 국가의 문제들은 국가 그리고 국가를 지탱하거나 반대하는 이데올로기들이 확산되는 바로 그 지점을 넘어서면 언제나 병적 상태로 변질되는 경향을 가진 건 아닌지, 그리하여 높은 데서 오는 것이 아니라 저 아래에서 오는 깊숙한 뿌리들의 힘, 명징한 인식의 세력들을 짓눌러 말살하는 것은 아닌지 의문을 품게 되었다. 이러한 정치적 병리 현상은 너무나 오랫동안 국가와 혁명을 해부하는 데 몰두한 사건사적 역사 편찬과 관계있지 않을까? 현대 세계에서 견딜 수 없게 된 건 필연으로서의 국가 때문이 아니라, 과도하게 확장된 국가 개념, 국가 또는 반국가에 지나치게 집중된 연구 조사, (가족을 제외하고) 국가가 아닌 모든 것의 약화에서 비롯하지 않았을까? 이렇듯, 정치 활동에 대해 점점 커지는 나의 반감과 좀 더 민족지학적 문화를 위해 국가와 역사가 차지한 자리를 축소하는 역사관에 대한 나의 결정적 선택 간에는 상관관계가 있었다.

스물다섯 청년의 죽음으로 당연히 우리 가족은 슬픔에 빠져 있었다. 그러나 우리가 대놓고 말하지는 못했지만 느낀 점이 하나 더 있었다. 1914년 1차 대전에서 군인의 전사는 아무리 처참할지라도 국가라는 공동체가 거두는 죽음이었다. 많은 영웅들과 같은 대접을 받았고 상실의 아픔에는 용기와 자부심이 뒤섞여 있었다. 이들의 죽음 덕택에 우리가 살았구나, 우리가 이겼구나, 하는 자부심 말이다. 그러나 1939~1940년 전사자나 1944~1945년 전사자들에게는 상황이 달랐다. 그들의 죽음이 헛되었다는 생각이 들지 않을 수가 없었다. 7월 14일 혁명 기념일 조금 전 어느 슬픈 저녁, 나의 이런 불안한 마음을 들은 한 친구의 어머니는 참담하고도 의미심장한 말씀을 하셨다. "아무 의미 없이 죽은 거지." 우리 부모님과 나는 그렇게 생각할 수 없었지만 우리도 모르게 쓰라린 마음이 상실의 고통에 더해졌다. 1917년 베르됭 전투에서 전사한 삼촌에 대한 추억은 1948년에도 강렬하게 남아 있어서 『프랑스 민중사』의 헌사를 그분께(그리고 내 동생에게) 바쳤다. 오늘날, 우리 가족과 내 조카들 중 어느 누가 독일군의 항복을 받아 내기 며칠 전에 전사한 이 불행한 청년을 기억할까?

『파롤 프랑세즈*』에 뛰어들다

예전엔 그렇게도 평화로웠던 우리 집이 나의 노력에도 불구하고 슬픔과 낙담에 빠져 있었다. 바로 그 시기에 남프랑스에서 올라온 강력한 폭풍우 하나가 창문을 활짝 열고 우리 가족을 흔들어 대면서 다시 살자고, 다시 웃자고 채근했다. 이 자연적 힘은 바로 피에르 부탕(69쪽 각주 참조—옮긴이)이었다. 다를랑François Darlan 제독과 지로Henri-Honoré Giraud 장군 사건** 당시 그는 모로코에서 학생들을 가르치고 있었다. 부탕은 모로코에서 르메그르뒤브뢰유Lemaigre-Dubreuil***의 식민 내각 법무부에도 참여했었다(내 기억이 틀리지 않기를 바란다). 이어서 지로가 물러나고 드골 장군이 등장하자 부탕은 차출되어 중성화되었고 튀니지 남부에서 회개의 시간을 보냈다. 부탕에게 보내는 나의 첫 편지들이 가 닿은 곳도 바로 그곳이었다. 이 편지들을 통해 우리가 1940년 클레르몽페랑에서 헤어진 이후로 내가 살아온 모든 과정과

---

* Paroles françaises. 프랑스의 발언들, 프랑스의 약속들이라는 의미이다.

** 프랑수아 다를랑(1881~1942)은 비시 정권의 제2인자이자 해군 제독으로, 연합군과 대항하거나 협상하면서 프랑스 해군과 북아프리카 식민지를 지키는 데 기여했다. 1942년 다를랑이 레지스탕스에 암살당하자 북아프리카에 있던 육군 대장 앙리 지로(1879~1949)가 지휘권을 넘겨받았다. 그는 레지스탕스를 지원하고 연합군과 협력했다. 연합군의 특별한 신임을 받은 앙리 지로는 드골과 함께 자유프랑스군 공동 대표였으나 둘은 언제나 대립했다. 1944년 프랑스군 총사령관이 되었다.

*** 1894~1955. 프랑스 정치가이자 사업가. 극우파였으나 북아프리카를 기반으로 사업하면서 독일군과 연합군 모두와 협력하면서 사업을 확장했고, 그 경제적 파급력 때문에 프랑스령 모로코의 식민 내각을 총괄했다. 카사블랑카에서 암살당했다.

내 동생의 가슴 아픈 전사 소식을 들려주었다. 그는 진심을 다해 쓴 답장들을 보내 왔다. 당시 주고받은 편지들은 아직도 강렬한 추억으로 남아 있다. 부탕은 역사에 대한 나의 새로운 태도를 헤겔적이라고 했는데 헤겔을 읽지 않은 나로서는 좀 의아했다. 이어서 어느 화창한 날, 부탕은 파리로 상경했고 우리 집에 당도했다.

라인 강-다뉴브 강 군대 묘역은 드라트르 원수 부인의 집요함 덕분에 되찾은 콜마르* 너머, 보주 계곡의 경사면에 있었다. 이 자랑스러운 라인 강-다뉴브 강 군대의 멋진 묘역으로 이장될 때까지 동생의 시신이 가매장되어 있던 티에의 끔찍한 군인 묘지에 갈 때 부탕은 우리와 함께했다. 그의 우정 어린 동행 덕분에 부모님, 특히 어머니가 아들을 잃은 비통함에서 벗어나게 되었다. 부탕의 매력은 도저히 저항할 수 없는 것이었다.

어느 날 밤, 부탕과 방을 같이 쓰던 막냇동생은 부탕이 조금 소란스럽게 들어오는 바람에 잠이 깨었다. 동생이 보고 있자니 부탕은 바지를 아래쪽이 아니라 위쪽으로 벗으려고 낑낑대다가 결국 포기하고 옷 입은 채로 잠들어 버렸다.

물론 부탕은 파리에 돌아오자마자 파리의 모든 모사꾼, 정치인, 지식인 들을 다시 만나면서 자기가 낄 만한 틈새가 있는지 찾았다. 그리고 몇 주 만에 잡지를 소유한 기업가 정치인을 찾아냈다. 『파롤 프랑세즈』라는 삼류 주간지였다. 우리가 이 주간지를 펴내자고 부탕이

* 독일군이 마지막까지 점령했던 도시 중의 하나다.

나에게 제안했다. 하지만 나는 직장이 있었다. 예전 식민지들과의 관계가 정상화되면서 새로운 권력의 지지를 확보해야 해서 연구소 일은 점점 더 바빠졌다. 그리고 『프랑스 민중사』 집필을 끝내야만 했다. 그렇지만 나는 부탕이 던진 미끼를 덥석 물었고, 드골에 반대하는 우파 정당인 자유공화당PRL* 당 주간지의 공동 편집장이 되었다. 소유주는 국회의원 뮈테Mutter였는데 거의 마주칠 일이 없었고, 그 대리인의 관리 감독하에 우리는 아주 자유롭게 활동했다. 우리는 이 잡지를 전전의 최고 주간지였던 『캉디드*Candide*』처럼 만들고 싶었다. 물론 옛 친구들에게 연락을 했고, 그중 지라르데는 우편으로 기사 원고를 보내 주곤 했다. 프랑스 북동부 메스에 살면서 강의하고 있었기 때문이다. 협력자collaborateurs**를 구하는 일은 그다지 어렵지 않았다…. 이 무의식적인 언어유희에 대해 먼저 양해를 구한다. 실제로 편집실을 차지한 작가들은 많았고 그중에는 여전히 글쓰기가 금지된 대독 협력자들도 있었다. 나중에 친구가 된 미술사가 P. 뒤 콜롱비에P. du Colombier처럼 뛰어난 필진도 확보할 수 있었다.

이어서 부탕의 매력에 이끌린 청년들이 나비처럼 따라 들어왔다. 그렇게 해서 앙투안 블롱댕은 편집위원회에 참여하게 되었다. 앙투안의 장인은 예술 애호가였는데 그 집에서 저녁을 먹은 적이 있었다. 그

---

* (원주) Parti républicain de la liberté.

** 말뜻 그대로는 '협력자'이다. 그런데 2차 대전 당시 나치 독일에 협력한 이들을 '대독 협력자collaborateur' 또는 약어인 '콜라보collabo'로 불렀다.

집은 한때 유명했던 미술 수집품의 몇몇 잔해가 있어, 렘브란트 작품 아래서 아기 기저귀를 말릴 정도였다. 이 위원회에는 게르네크Guernec라는 필명으로 훌륭한 기고문을 쓰던 전직 교사도 있었는데 이 기고문을 엮어 나중에 책으로 냈다. 이 책을 낸 젊은 편집자는 한동안 잘 나가다가 술을 너무 많이 마셔서 일찍 죽었다. 게르네크는 현재 브리뇨Brigneau*라는 이름으로 더 잘 알려져 있다. 나로선 『빨갱이 벨외유의 연대기』의 저자 게르네크가 『미뉴트*Minute*』지 편집장 브리뇨보다 더 친숙한 이름이다. 부탕, 블롱댕, 브리뇨 세 사람은 당시에 『누벨 랑테른*La Nouvelle Lanterne*』이라는 소책자 시리즈를 함께 쓰기도 했다.

이 잡지의 첫 번째 목표는 프랑스 해방 과정에서 희생된 이들을 옹호하는 것이었다. 나에게는 그들의 명예 회복이 가장 시급한 첫 번째 목표였다.

사실 『파롤 프랑세즈』는 비시 정부의 복권이 아니라 레지스탕스의 과잉, 우리가 '레지스탕시알리즘résistantialisme'이라고 부른 것에 대한 반향이었다. 해방 후 단죄되어 힘을 빼앗긴 과거의 동지들에게 말할 권리를 주려는 시도였다. 그러나 레지스탕스 옹호론을 격파하려는 우리의 의지는 비시 정부의 모든 행위, 특히 1943~1944년간의 행위들과 친독 의용대 '밀리스Milice'까지 덮어 줄 수는 없었다. 마지막 궁지에 몰린 가망 없는 사람들이 우리 가운데 세포 조직을 만들지 않도록 조심했다. 시간이 흘러 한 발 물러나 보니 요즘 사람들은 그들

---

* 1919~2012. 프랑수아 브리뇨. 프랑스의 극우파 언론인이자 작가.

이 증거가 명백한데도 끝끝내 고집 부렸던 것에 관심을 갖는다. 내가 보기에는, 비시 정부와 대독 협력 간의 타협은 1940년 패전 선택에 따른 결과가 아니다. 1940년에 괜찮았던 것이 1943년에는 더 이상 그렇지 못했다고 생각했다. 아마도 정치를 빨리 바꿨어야 했다. 또한 아마도 그런 변화는 동원된 이데올로기의 무기력함과 둔중함 때문에 어려웠을 것이다. 솔직히 말해 지금이라면 나는 이제 이런 정치를 정당화하거나 비난하기 위해 싸우지 않을 것이다. 『파롤 프랑세즈』 시절에도 정치적 분석은 사건들만큼 내 흥미를 끌지는 않았다. 당시 발표된 비시 정부를 위한 변론이나 다니엘 알레비의 집에서 만났던 오팡Gabriel Auphan* 제독 같은 호의적이고 존경할 만한 증인들의 변론도 읽을 엄두가 나지 않았다. 나는 불꽃을 유지하기 위해, 내 청춘의 감성적인 풍토를 되찾기 위해, 지속성을 되찾고 게토에서 벗어나기 위해 『파롤 프랑세즈』에 참여했다. 이 주간지의 또 다른 목표는 사회적 관찰에 근거한 새로운 정치적 사고를 장려하는 것이었다. 나는 스퇴첼Jean Stoetzel**의 저서에 의거하여 여론 조사에 관한 기고문 하나와 선거지리학에 관한 기고문을 간직하고 있었다.

---

* 1894~1982. 프랑스의 해군 제독. 나치에 반대했으나 페탱을 지지하여 비시 정부에 참여했다. 연합군을 지지했으며, 독일 해군이 공격할 경우 프랑스 함선들을 자침한다는 명령을 내렸다. 비시 정부가 몰락하자 파리를 해방한 드골에게 가서 페탱 정부를 승계해 달라는 페탱의 전갈을 전했으나 거절당했다. 전후 반역 혐의로 재산 몰수, 권리 박탈, 강제 노동을 선고받았으나 감형되었다.

** 1910~1987. 프랑스의 심리학자이자 사회학자. '여론' 전문가로 프랑스에 여론 조사 방법을 처음 도입했다.

그러나 당시 상황 때문에 논쟁적 측면이 모든 것을 압도했다. 공산주의자들이 권력을 차지했다. 물론 그들은 다른 세력과 권력을 공유했지만 우리 쪽 사람들에겐 뭉뚱그려서 이미 세상의 종말이었다. 세상에, 드골 정부에는 공산주의자 장관이 두 명 있었다.

당연히 우리 가족은 드골을 싫어했다. 나는 그를 좋아한 적이 한 번도 없었다. 그러나 그가 지리멸렬한 전후 상황을 오랫동안 잘 버티고 나서 개선장군답게 권력에 올랐을 때, 나는 자신만의 위엄으로 존재를 부각하는 인물들과 같은 그의 엄청난 카리스마의 위대함을 인정할 수밖에 없었다. 그런 인물들을 좋아할 수도, 미워할 수도 있지만, 그들을 인정하고 견디는 것 말고는 다른 도리가 없다. 이오네스코 연극의 시체처럼* 그들은 너무나 커서 치워 버릴 수가 없다.

드골과 극우파 민족주의 진영 간의 몰이해는 외부 관찰자로서 언제나 놀라움의 대상이다. 만일 누군가 민족주의자를 유혹할 수 있었다면 그건 바로 드골이었을 것이다. 오늘날 내가 낡아 버린 악시옹 프랑세즈의 억양을 어디선가 다시 듣는다면 그것은 바로 미셸 드브레, 자크 시라크, 드 생로베르Ph. de Saint-Robert** 와 같은 드골주의자 진영에서다. 1944년의 수많은 반드골주의자들은 알제리 사태에도 불구하고 결국 드골주의에 동조하게 되는데, 이는 민족주의 때문이기도

---

* 이오네스코의 1954년 희곡 『아메데 혹은 그것을 어떻게 치울 것인가?*Amédée ou Comment s'en débarasser?*』에서는 시체가 점점 커져서 아파트를 가득 채워 부부를 괴롭힌다.

** 1934~ . 프랑스의 작가이자 라디오 진행자.

했지만 보수주의와 반공주의 때문이기도 했다. 근본적으로 매우 밀접한 정치 경향들 간의 이런 증오가 이제는 놀랍지도 않다.

찹스키와 카틴

다시 해방 시기로 돌아와 보자. 내 주변에서는 해방을 혁명 같은 것으로 받아들였다. 이민을 준비하거나 여행 가방, 다이아몬드를 구입했다. 장래 내 처가가 될 툴루즈 인근 미디 지방에서는 무장 항독 지하 단체maquis가 카미자르camisards의 난*과 자크리jacquerie의 난**의 해묵은 증오심을 다시 지피고 있었다. 체포되어 학대받고 살해당한 지역 유지들의 실화가 회자됐다. 마침내 사람들은 공산주의 쿠데타를 염려하게 되었다.

개인적으로 나는 권력의 장악을 거의 믿지 않았다. 그러나 마르크스주의, 더 나아가 공산주의는 당시 모든 레지스탕스 출신 지식층을 매료했다. 나는 가브리엘 마르셀의 금요 모임에서 학생들과 얘기

---

* 1685년 낭트 칙령 폐지 후 신교도 박해 기간 동안 1702년을 기점으로 세벤느 지방에서 일어난 칼뱅파 신교도의 반란.

** 자크리는 당시 농민의 대표적인 이름이었던 자크를 집합명사화한 호칭이다. 흑사병·기근·전란으로 농민 경제가 피폐해지고 봉건적 반동 기풍이 강화되던 1358년 5월 28일, 보베 지방에서 농민 반란이 발생했다.

하면서 이를 알아차렸다.*

따라서 우리는 이런 흐름에 맞서 싸우고 싶었고 다니엘 알레비가 우리를 도와주었다. 나는 그의 집에서 너무나 훌륭한 인물을 알게 되었고 그 후 아주 소중한 친구가 되었다. 지금 내 책상에 있는 알레비의 멋진 초상을 그린 이 예외적인 인물은 바로 화가 요셉 찹스키Joseph Czapski** 이다. 그는 지금 우리 집에서 아주 가까운 메종라피트Maison-Laffitte에 살고 있다. 그곳은 폴란드 이민자들이 펴내는 뛰어난 잡지 『쿨투라*Kultura*』의 근거지이다. 내가 그를 처음 알았던 무렵 찹스키와 그의 여동생은 여전히 폴란드 제2군단 안데르스 군대의 카키색 군복을 입고 있었다. 두 사람은 자기들이 머물고 있는 생루이 섬의 랑베르 호텔로 나를 초대했다. 그곳은 바로, 1830년 쇼팽이 첫 번째 폴란드 이민 귀족들과 함께 거처로 삼은 호텔이었고, 기즈 공작 부인이 아들 파리 백작의 결혼식에 파리 시민들을 초대했던 곳이다. 나도 어머니를 따라갔던 기억이 있다.*** 찹스키는 프랑스 회화를 배우

---

* (원주) 이 인터뷰의 진행자인 미셸 비노크 역시 그의 책 『「에스프리」지의 정치적 역사』(Seuil, '역사의 우주' 총서, 1975)에서 이 현상을 다루었다.

** 1896~1993. 폴란드의 화가이자 작가, 문학평론가. 바르샤바 출신으로 1940년 카틴숲 학살 사건에서 기적적으로 살아남은 폴란드 장교이다. 그 후 구소련을 상대로 한 폴란드 군인 송환 정부 대표 등을 거쳐 2차 대전 후 프랑스로 망명했다.

*** 기즈 공작과 파리 백작은 프랑스 왕위 계승 요구자는 더 이상 프랑스에 거주할 수 없게 한 망명법에 따라서 더 이상 파리에 머물 수도, 프랑스 국민의 경의를 받을 수도 없게 되었다. 이에 따라서 1931년 3월 13, 14일 이틀 동안 기즈 공작과 파리 백작에게 경의를 표하는 마지막 행사가 결혼식 피로연을 겸해 파리 한복판 랑베르 호텔에서 열렸다. 여러 계층의 프랑스인들이 찾아왔고, 왕족들은 하루 일곱 시간씩 연속으로 이들을 맞이했다.

러 파리에 왔던 1925년경부터 알레비와 우정을 맺었다. 나는 로베르 망드루Robert Mandrou*와 함께 플롱출판사의 총서를 맡았을 때 그의 누이 마리아 찹스카의 책 『중앙 유럽의 일가*Une famille d'Europe centrale*』를 펴냈다. 1914년까지 자기 가족의 역사를 담은 이야기였다.

둘 다 머나먼 곳에서 온 사람들이었다. 마리아는 바르샤바에서 유대인 거리들이 몰락하고 모든 민중이 항거하는 것을 보았고, 요셉은 스탈린 치하의 구소련에서 1939년부터 포로 생활을 하다가 카틴숲학살**에서 살아남아 안데르스 중장이 군대를 재건하는 것을 도왔다. 그는 북반구의 설원에서 투르키스탄, 그리고 이탈리아까지 이어진 자신의 모험을 담은 감동적인 작품 『비인간적인 대지*Terre inhumaine*』를 발표했고 1978년 라주돔l'Age d'hommes출판사에서 재판이 나왔다.

실종된 폴란드군 포로들을 찾던 도중에 카틴숲학살의 진짜 범인들을 발견한 사람이 바로 요셉이었다. 그토록 통렬하게 동맹국 소련을 비난할 수 있다는 것은 당시에는 엄청난 사건이었다. 그는 『파롤

왕정주의자 어머니를 따라 저자 필리프 아리에스도 이때 방문한 것이다.

* 1921~1984. 프랑스 사학자. 뤼시앵 페브르의 애제자로 아날 학파의 『사회경제사 연보』를 주도했고 조르주 뒤비, 아리에스 등과 함께 심성사를 연구, 집필했다. 68혁명 당시 낭테르대학 교수였다.

** 1939년 독일과 비밀 협정을 맺고 폴란드로 쳐들어간 구소련의 비밀경찰이 1940년 스탈린의 지시 아래 포로로 끌고 간 폴란드군 전쟁 포로와 시민 2만 2000여 명을 러시아 스몰렌스크 근교 카틴 숲에서 대량 학살한 사건이다. 이 사건은 1943년 4월 독일군이 집단 매장된 4100여 구의 시신을 발견하면서 알려졌다.

프랑세즈』의 카틴숲학살 사건 특별호를 위해 사진 자료를 전부 우리에게 보내 주었다. 그런데 작년(1979년—옮긴이)에 나는 프랑스퀼튀르France-Culture 라디오 방송에서, 스탈린의 잔학상에 관한 그 모든 정보에도 어떻게 공산당에 남아 있을 수 있었는지 설명하는 도미니크 드장티Dominique Desanti*의 얘기를 들었다. "물론, 우리는 진실해 보이는 사실들을 알고 있었어요. 예를 들면 카틴숲학살에 관한 『파롤 프랑세즈』의 고발 같은 것 말이죠." 적어도 누군가는 『파롤 프랑세즈』의 존재를 기억하고 있었다! 아마도 우리는, 단도직입적으로 그런 폭로를 하기에는 너무 복잡한 문제의식 속에서 첫 번째 의혹의 싹을 틔운 것 같다.

우리 잡지는 아주 잘 팔렸다는 사실을 덧붙여야겠다. 발행 부수가 놀라울 만큼 증가해서 우리가 시작했을 때는 2만 부였는데 그만두었을 때는 20만 부였다. 우연히도 우리 인쇄소는 『악시옹 프랑세즈』와 같은, 크루아상 가의 인쇄소였다. 피에르 부탕이 우리를 괴롭힐 생각을 하는 날은 그곳에서 편집위원회를 했다. 편집위원회에서 잘 버티려면 젊고 건장해야 했다. 부탕과 끝없는 논쟁을 벌여야만 했는데 생각이 달라서가 아니었고—그건 문제없었다— 지면 구성이나 호별 기획 같은 세부 사항 때문이었다. 전적으로 피상적인 이런 논쟁이 있었음에도 우리는 손발이 척척 맞았다. 완전히 탈진해서 집으로 돌아온 다음에도 나는 『프랑스 민중사』를 계속 써 내려가야 했다.

* 1914~2011. 러시아 출신 프랑스 작가.

책상에 앉아 그렇게 몇 줄을 쓰면 전화가 울렸고 부탕이 외쳤다. “뭐해? 다들 기다린다구. 빨리 와.” 그러면 나는 다시 크루아상 가로 달려갔다. 이 무슨 고문관이란 말인가! 다행히도 나간 보람은 있었다. 다니엘 알레비가 우리를 친구처럼 만나러 온 것이다. 그는 모라스가 원고를 교정하던 책상과 작은 사무실을 보고 싶어 했다. 왜냐면 이 인쇄소 작업실에는 모든 것이 전쟁 전과 똑같이 남아 있었던 것이다. 그렇게 우리는 열병 같은 행복감 속에서 몇 달을 일했다. 그러던 어느 날, 우리는 토라진 아이들처럼 잡지를 그만뒀다. 우리 잡지의 문학 기고가가 레옹 도데에 관한 글을 쓰기로 했는데 잡지 경영진이 부적절하고 과도한 도전이라며 이를 반대하고 나선 것이다. 우리 편집진은 화가 나서 비장하게 던졌다. “이건 하느냐 마느냐의 문제야. 기사가 나오든지 아니면 우리가 떠나든지!” 그리고 우리는 떠났다! 그렇게 우리는 한창 번성하던 주간지 하나를, 마침 딱 유용한 시기에 좌초시켰다.

그 주간지는 우리가 요란스레 떠나 버린 다음 급속하게 쇠퇴했고, 우리는 다른 언론지를 새로 시작할 방법을 찾을 수가 없었다. 너무 순진하게 생각한 것이었다. 순간적인 직관이 부족한 탓에 기회를 활용할 줄 몰랐다.

5. 역사의 시간

『파롤 프랑세즈』에서의 짧았던 에피소드를 마치고, 나는 다시 연구로 복귀할 생각이었다. 그러나 모든 것이 이전과는 달랐다. 내가 빠져나왔던 그 안온한 보호막을 다시는 찾을 수 없었다. 바깥세상의 시끄러운 소식들이 보호막을 부숴 버린 것이다. 너무나 예민해진 나는 학자다운 평정심을 가지고 그 소식들을 무시하거나 넘겨 버릴 수가 없었다. 1940년대 초반에 칩거해 연구할 때는 비장한 세상사를 걸러내는 울타리 같은 것에 둘러싸여 있었다. 그러나 이제는 그 비장함에 치여 허덕였다. 40년대가 결정적으로 막을 내린 것이다.

앞 장에서 나를 뒤흔든 일련의 사건들을 얘기했다. 동생의 전사, 수용소와 감옥에서 들려온 참상과 죽음들, 멀리서 밀려와 요란하게 부서지는 역사의 파도들….

이제 여기에 내가 독서를 통해서 알게 된, 규정할 수 없는 여러 움직임이 더해졌다. 다른 어떤 전쟁보다 이 전쟁에서 특히 부각된 이 움직임들은 더 치열하고 혁명적인 특성을 띠었다.

시대의 흐름을 거슬러

당시 나는 플롱출판사의 독자 서평을 맡아서 영어로 된 문학 작품을 아주 많이 읽었다. 투사의 회상록부터 모험가의 르포 문학까지 다양했다. 그 책들은 1917년부터 냉전 시기까지 세상을 흔들었던 암투와 폭동, 봉기, 쿠데타의 비밀들을 수면 위로 떠올리면서 정치 참여의 열정을 드러내고 있었다.

우리가 젊었을 때 즐겨 읽던 에른스트 폰 살로몬Ernst von Salomon* 의 『배척당한 자』와 같은 장르의 고전들과 연관 있는 작품들이었다. 어떤 책들은 크라브첸코Victor Kravchenko** 의 『나는 자유를 선택했다』처럼 일시적인 유명세를 누렸다. 많은 책들이 이제는 잊혔지만, 역사서보다 더 오래간다고 할 수 있는 몇몇 작품들, 스페르버Manès Sperber***

---

* 1902~1972. 독일 작가. 보수혁명의 대표적 작가이다. 1930년 발표작 『배척당한 자』는 1차 대전 패전 이후 독일 청년들의 좌절을 다뤘다.

** 1905~1966. 1944년 미국에 망명한 소련 외교관. 1946년 『나는 자유를 선택했다』를 통해 소련과 소련 공산주의를 전면 비판하고 나섰다. 그러나 1950년 소련의 대척점에 있는 미국을 신랄하게 비판한 『나는 정의를 선택했다』를 발표했다. 크라브첸코는 이후 남미의 공산주의를 지원하는 행보를 밟다가 뉴욕에서 생을 마감했다.

*** 1905~1984. 오스트리아 출신 프랑스 소설가이자 심리학자. 심리학자 알프레드 아들러

의 비장한 증언 문학이나 챱스키의 걸작 『비인간적인 대지』 등은 여전히 읽히고 있다.

소용돌이치는 추억들 속에서 집에 틀어박혀 책을 읽던 나는 역사가들이 즐겨 연구 소재로 삼는 군사 외교 작전 아래 숨겨진 현기증 나는 장면을 발견했다. 그것은 바로, 낡은 역사 연대기의 정치적, 종교적 맹신과는 비교도 할 수 없이 치열한, 국가와 정당이라는 강력한 도구에 봉사하는 열정이었다. 이 작가들 또는 그들이 만들어 낸 인물들은 행동과 이데올로기, 권력에 사로잡힌 투사 또는 용병으로서 죽음을 불사하고 뛰어드는 모험가들의 국제적 변형에 속했다.

이 모험가들은 공화력 2년 공포정치의 혁명가들이나 파리 코뮌의 민중 같은 앞 세대와는 달랐다. 후자가 봉기와 전투, 급습 중간중간에 집에 돌아와 가족들과 사적인 생활을 지속한 반면, 전자는 사생활이나 가족이 없거나, 있어도 더 이상 매여 있지 않았기 때문이다. 그들의 조상은 오히려 발칸 국가나 아일랜드 부활절 봉기의 민중이었다. 오늘날 그들의 후계자는 팔레스타인, 독일, 이탈리아, 스페인의 테러리스트들이다. 나는 독서를 통해서 그들이 은밀하게 국경을 넘고 대륙을 횡단하고 권력과 정당의 비밀 전략에 따라 출몰하는 것을 보았다. 우파 사람들의 생각과는 달리, 그들은 은밀하게 계산된 개입을 통해 세상의 평화로운 흐름을 전복하려는 소수 집단이 아니었다

와 마르크스주의에 대한 이견으로 결별 후 참여지식인으로 유럽을 떠돌며 활동했다. 저서로 『그리고 덤불은 재가 되었다』 3부작 등이 있다.

(그런데 『시온 장로 의정서』[*]라니!). 반대로 그들은 현대의 운명을 맡은 요원들이었다. 다시 말해 하나의 덩어리로 결속된 인류를 돌이킬 수 없는 방향으로 끌고 가는 거대한 우주적 세력이었다. 나치의 민족사회주의는 이러한 세력을 구현한다고 믿었고 이 세력은 이어서 마르크스주의 용어들을 차용하게 되었다. 마르크스주의 사상과 그 신봉자들은 모든 저항을 무산시키고 정복하거나 개종시켜야 하는 민중 운동의 동력으로 비쳤다.

마르크스주의 선전가들 덕분에 세상은 거대한 마요네즈처럼 돌아가고 있었고 그들이 서두르던 과도기적 동맹은 그들에겐 지연될 수도, 중단될 수도 있지만 결코 번복되거나 멈출 수는 없는 운동의 필연적 단계가 되었다. 행동에 대한 그들의 취향은 그들의 역사철학과도 부합했다.

세상의 속도로 흘러가는 거대한 대하로서의 역사라는 서사적 세계관은 반감을 일으키는 동시에 사람들을 홀릴 수 있었다. 청년들을 자기장 속으로 끌어들였다. 전후 10년 넘게 지속된 마르크스주의의 성공은 틀림없이 경제적 현상의 힘과 파장에 기인했지만, 내가 보기에는 2차 대전 직후 그 사상의 내용과는 거의 무관하게 모험 정신과 열광적 몰입에서 시작되었던 것 같다.

---

* 『시온 장로 의정서』는 반유대주의 확산을 위해 1903년 러시아에서 처음 나온 책으로, 유대인이 전 세계를 정복하려는 계획을 하고 있다고 주장했다. 헨리 포드가 1920년대 미국에 배포된 복사본 50만 부의 인쇄 자금을 댔다.

모험의 열풍이 지나가자, 1945~1946년경에 우리를 뒤흔들었던 신화는 오늘날 우리가 근대성modernité이라고 부르는 것에 다름 아님을 알게 되었다.

근대성은 한 사회에서 다른 사회로 넘어가는 마지막 단계일 뿐만 아니라 새로운 세계로 진입한다는 고양된 의식이기도 하다. 지나간 시간과 심연처럼 벌어진 '새로움Nouveau'은 현기증을 일으키는 법! 약속된 땅에 이르기 위해서는 노인의 어깨에서 과거라는 무거운 짐을 벗겨 내야만 했다.

당시 나는 역사에 대한 두 가지 태도가 있다고 생각했다. 하나는 과거가 없거나 과거를 갖고 싶지 않은 역사, 또는 같은 말이 되겠지만, 이데올로기적 필요에 따라 과거를 만드는 역사였다. 나치와 공산주의자, 본의 아니게 유산을 파괴하는 민족주의자들, 정치경제 권력의 이름모를 실권자들이 바로 그들이었다. 즉 아무런 매개 없이 맨몸으로 뛰어드는 역사이다. 또 다른 하나는 이러한 돌발적인 민중 압력에 저항하는 역사, 독자성과 차별성, 연속성과 장기적 지속으로 이뤄진 역사이다. 자신의 과거에 충실한 사람들의 역사로, 나의 역사도 분명 거기에 속할 것이다. 그러나 나의 정신적 가족들이 증오했던 공동체 즉 유대인, 낭트 칙령의 신교도들, 박해와 유화적인 동화 압력 아래서도 자신들의 정체성을 끈질기게 지키는 모든 소수 집단의 역사도 거기에 속했다.

당시 내 눈에는, 우리의 오래된 근본은 모더니티의 충격으로 뿌리 뽑혔고, 나치주의, 공산주의, 진보의 숭배와 같은 세속적 거대 신앙이라는 확장된 역사 속으로 끌려 들어간 것처럼 보였다. 당시에는 그렇게 역사의 흐름에 휩쓸려 가는 기분에 열광할 수도 있었다.

플롱출판사 일로 읽었던 영국 작품들 가운데 하나가 특별히 인상적이었다. 이런 글들은 대부분 거대한 대하로서의 역사를 증언하는 것이었는데 이 작품은 그런 압력에 저항하는 내용이었다. 휴 도머Hugh Dormer라는 영국 가톨릭 청년의 일기였다. 그는 프랑스 무장 항독 지하 단체에 들어갔다가 다시 영국 정규군으로 입대 후, 전사했다. 이 글을 읽으면서 진보나 근대성을 위한 행동주의와 과거로부터 물려받은 전통적 규범의 존중 간에 존재하는 갈등을 볼 수 있었다. 이 장교의 삶과 죽음은 내 동생을 떠올리게 했다.

레지스탕스가 펴내던 주간지 『기독교의 증언*Témoignage chrétien*』은 프랑스에서의 비밀 임무를 다루는 이 책의 첫 부분에 매료되어서 연재를 시작했다가 잘못 판단한 것을 깨닫고 즉각 연재를 중단했다.

버려진 윤리를 충실히 수호하는 사람들은 영웅적이었지만 운은 없었다. 그들은 언제나 자신들의 복권을 기다렸다. 영화 〈슬픔과 연민Le chagrin et la pitié〉*이나 〈우리들 프랑스인Français, si vous saviez〉**에서 알 수 있듯 '회고rétro' 세대***는 가장 악랄하고 극단적으로 대독 협력을

---

* 마르셀 오퓔스 감독의 1971년 251분짜리 다큐멘터리 영화. 예술영화 극장에서 개봉되어 그해의 가장 논쟁적인 작품이 되었다. 프랑스 사회는 20년이 넘도록 독일 점령기가 제기한 윤리적 질문들의 검토를 꺼리는 것 같았으나 1968년 5월과 더불어 새로운 솔직함의 시대가 도래한 듯했다. 당시 생존자들의 회고와 옛날에 촬영된 필름을 사이사이 연결한 네 시간짜리 이 다큐멘터리는 프랑스인들의 복잡하고 불편한 심정을 드러낸다.

** 앙드레 아리스와 알랭 드 세두이 감독의 1973년 다큐멘터리 영화.

*** 다큐멘터리 〈슬픔과 연민〉 이후, 대독 부역자들에 대한 집단 사고방식을 바꾸는 '회고

했던 군인들에게조차도 관대함과 동정심을 감추지 않았다. 왜냐하면 그들 역시 드리외Pierre Drieu La Rochelle*처럼 나름의 방식으로 사회를 거부했기 때문이었다. 반면에, 보수적인 페탱주의자와 그들의 케케묵은 도덕은 조롱하고 무시할 뿐이었다.

이러한 독서와 고찰들을 통해 나는 2부로 된 『역사의 시간*Le temps de l'histoire*』 집필 계획의 아이디어를 얻을 수 있었다. 이 제목의 첫 번째 의미는 근대성의 시간이었다. 거기에 약간 애매한 다른 의미들이 덧붙었다. 역사가 사회의 불안에 부응했던 시간, 역사가의 분류에서 비롯하는 시간, 더 일반적으로는 '역사 앞에서의 태도', 우리가 쓰는 역사처럼 우리가 만드는 역사 등등이 얽혔다. 그러나 나는 간략한 표현이 맘에 들어서, 그중 한 제목을 골랐다.

이 책의 초고에서 나는 짐작은 했지만 앞으로 더 분명히 알게 될 관계 즉 '특수한 역사의 추억, 근대성의 유혹 그리고 역사 편찬의 선택' 간의 관계를 정립하겠다고 제안했다.

첫 장은 자전적 내용으로 시작했다. 동생의 죽음 이후에 하게 된 구상인데, 나의 직업의식과 선택에서 유년기의 결정적 역할을 스스로에게 입증하기 위해서였다. 이어서 나의 지나온 길을 좀 더 객관적이고 상세하게 밝혔다. AF 활동, 소르본대학, 이미 새로웠던 '새로운

풍조'가 일면서 사회 현상으로 자리 잡았다.

* 1893~1945. 프랑스 작가. 2차 대전 중 『신프랑스 평론』지 편집자로 나치에 협력했으나 패전 후 자살했다.

역사'의 발견, 전쟁들, 큰물에서의 부름, 마르크스주의의 유혹, 오래된 기억들의 저항, 말라 버린 줄 알았던 원천으로의 복귀를 상세히 썼다. 마지막 장은 내가 실존적—이 단어가 유행이었다—이라고 부른 역사 즉 『프랑스 민중사』에서 이미 근거로 내세웠던 마르크 블로크와 뤼시앵 페브르의 역사학에 바쳤다. 거기서 멈출 수도 있었지만 책이 좀 짧아 보였고, 항상 나에게 닥치는 일이 또 닥쳐왔다. 즉 나를 잡아끌었던 시사적 주제가 회고적 성찰의 출발점이 되어 나를 다시 다른 시간으로 되돌려놓았다. 나의 경험을 옛사람들의 역사 앞에서의 태도들과 비교해 보고 싶었다. 그렇게 해서 중세와 17세기를 선택했고, 책의 원래 핵심 부분보다 거의 두 배나 많은, 두꺼운 장 두 개를 더 쓰게 되었다. 나의 분석은 아주 오랜 기간에 걸친 여러 사회들과 역사 간의 관계 모델 즉 변화에 대한 집단의식으로 환원될 수도 있었다. 그것은 번갈아 오는 고요와 태풍의 문제가 아니다. 여러 사회는 전쟁, 전염병, 혁명에 의해 전복될 수 있지만 그럼에도 '기원후an de l'Incarnation'*, '선왕 앙리 시절le bon roi Henri'**, '프랑스대혁명' 등과 같은 동일한 연대기적 참조 체제 안에서 변함없는 역사를 살고 있다고 느낄 수 있다. 그러나 이런 변함없는 겉모습이 변질되고 익숙한 규범들이 흐릿해지

* 'an de l'Incarnation'은 성육신의 해 즉 예수가 태어난 해를 뜻한다. 요한복음 1장 14절의 "말씀이 사람이 되시어" 즉 하느님의 말이 예수를 통해 육화하면서 기원이 시작된다는 기독교적 연대 표시이다. 여기서는 기원후(AD, Anno Domini, 주의 해, 성육신의 해)로 옮겼다.

** 앙리 3세의 재위 시절(1574~1589).

는 시간이 오면 더 이상 어떤 상황에 처했는지 알 수 없게 되고 조금씩 새로운 참조 체제가 다른 좌표와 함께 자리 잡는다. 하나의 시대가 다른 시대의 뒤를 이었다. 역사가의 시대 구분은 연구 편의를 위해 시간을 인위적으로 자르는 것이 아니다. 그것은 여러 사회가 실제로 체험한 리듬에 부응하는 것이고, 그래야만 한다. 이 긴 맥박을 슈펭글러의 순환론과 같은 역사철학의 순환과 혼동해서는 안 된다. 평상시에 인간 사회는 우리가 역사라고 부르는 변화의 '내적' 압력을 억누르거나 어떻게든 일반화하려고 애쓴다. 우리가 자연이라고 부르는 '외적' 힘을 억누르듯이 말이다. 그러나 심각하거나 예외적인 사건들이 발생하면 역사는 익명 상태에서 벗어나 인간 공동생활의 토대인 암묵적 합의를 문제 삼겠다고 협박하면서 사람들의 인정을 받고자 한다. 그렇게 되면 역사가들이 설명하기 어려운 위기의 풍토가 조성된다. 죽음의 역사를 연구하면서 나는 이러한 메커니즘의 본성을 더욱 잘 이해하게 되었다. 1940년대 말부터 급작스레 가속화한 근대성에 놀란 나는 중세와 17세기의 '시간tempo'을 연구하면서 이 점을 알아차리기 시작했다.

두 개의 글을 묶어서, 의도적으로 모호한 제목을 붙인 『역사의 시간』을 펴냈다.

산업 사회 비판

미셸 비노크 씨는 내가 『역사의 시간』을 통해 오늘날 하나의 '공론topos'이 된 산업 사회 비판에 이르렀다고 하는데, 사실은 같은 시기에 나온 베르나노스의 『로봇에 대항하는 프랑스*La France contre les robots*』* 에서 이미 설파한 주제였다.

겉보기엔 아무 대가 없는 편안함을 확산시키면서 산업 사회가 절정에 이르렀을 때 사회 스스로 자문하게 된 것은 사실 우연이 아니다. 나로 말하자면, 이런 문제 제기는 나의 가족적 또는 정치적 전통과 아무 관계도 없었다. 이 점을 분명히 짚어 두어야 하는 것이, 사람들은 종종 우파 모라스주의자들이 혁명적이고 평등하고 민주적인 근대 이데올로기와 거기서 비롯한 체제들을 배척한다고 혼동하곤 한다. 하지만 우파는 오랜 전통을 가진 심원한 사회의 영속성과 건전성을 너무 믿은 나머지 과학이나 기술이 그 사회를 변질시키는 것을 용인하기 어려웠던 것이다. 그 자체로 중성적인 기술과 과학이 집단생활에 미치는 영향은 국가와 주류 정치철학이 그것들을 어떻게 활용하는가에 달려 있을 뿐이었다.

1940~1950년대에는 기술이 아무 의도 없이 무고한 것이라는 생각을 더 이상 받아들일 수 없었다. 기술을 사용한다고 믿는 사람들

---

* 조르주 베르나노스가 1944년 발표한 정치 비평집으로, 산업 사회에 대한 격렬한 비판을 담고 있다.

에게는 기술이 권력으로 자리 잡았다. 예전에는 적용 분야가 아니었던 노동 과정과 인문학 분야도 기술이 지배하기 시작했다. 사회 전체에 부과된 기술은 사회를 이끌어 갔다. 최선을 위한 것인지 최악으로 치닫는지 알 필요가 있었다. 그렇지만 회의주의자들도 감히 최악이라고 단언하지 못했다. 낙관주의는 그만큼 전염성이 컸다. 나는 두 가지 궤도를 따라서 산업화와 기술 진보의 미덕들을 검토하게 되었다. 첫 번째 궤도는 인구통계사였다. 나는 기술 적용의 장을 인간과 그 신체로 확장한 것을 '인구통계학적 혁명'으로 해석했다. 『프랑스 민중사』의 주요 주제도 이것이었다. 두 번째 궤도는 『역사의 시간』의 주제였다. 오늘날 인간이 상상하는 세계는, 무한하다고 생각했던 기술 자원에 따라 이합집산하는 거대한 덩어리 형태를 띤다. 이 기술은 과학과 혼동되곤 했다. 동일한 움직임이 전 세계에 다소간 동일한 문화를 심어 놓았다. 산업화와 도시 집중 현상, 상품, 정보, 여론의 연속 대량 생산이 바로 그런 것이었다.

그러나 결국은 이런 집중주의적 세계관은 기술 그 자체의 발전에 의해 이미 넘어선 것이 아닌지, 이제 두 번째 단계에 들어선 기술은 첫 번째 단계에서 파괴했던 미시 구조들을 복원할 것인지 자문하게 되었다. 1940년대 말에는 많은 이들이 그렇게 믿었다. 1910년에서 1920년 사이에 태어난 우리 세대는 거의 이 두 개의 진영 사이에 끼어 있었다. 한편에는 기술 발전의 무한한 영속성과 절대적 이득을 믿는 다수의 사람들이 있었고 다른 한편에는 그 위험을 인식하면서도 발전의 해악은 다만 과도적인 것이므로 곧 지나갈 거라고 믿는 사람들이 있었다.

『프랑스 민중사』의 말미에서 나는 좀 더 자유로운 내일에 대한 희망을 언뜻 내비쳤다. 뒤늦은 인구통계학적 변화 속에서 중요한 문화적 변화의 표시들을 포착할 수 있었던 것 같다. 약 100년 전부터 계속 감소하던 출생률과 출산율이 1940년대 초 상승하기 시작했다. 이 통계에서 인구통계학자는 우선 전쟁에 따른 손실을 만회하기 위한 본능적 동력을 읽어 냈다. 실제로 출산율 상승이 한 세대간 지속된 것은 독특한 현상에 속했다. 이 베이비붐 세대는 그 전 세대가 가졌던 불안한 전망을 미래에 대한 희망으로 대치했다. 양차 대전 간과 19세기의 저출산에서 멀어지기는 했지만 그렇다고 해서 옛날 태평성대 때처럼 많이 낳은 것은 아니었다(이 태평성대가 내가 생각했던 것만큼 태평하지 않았음을 이제는 알고 있지만). 그러나 붕괴된 문화 속에서 비로소 그 가치를 알게 된 요소들을—왜냐면 사회는 그 요소들 없이는 살 수 없기 때문에— 되찾아낼 만큼 자유로워진 것 같았다. 따라서 현대 기술의 정복과 자연과 역사의 중력 간에 균형을 이룰 것이라고 생각했다.

이러한 관계의 회복은 2차 산업혁명(컴퓨터의 도래와 함께 3차 산업혁명이 이미 시작되었지만)의 기술들로 가능해질 것이었다. 1943년에 나온 첫 책 『프랑스 지역들의 사회적 전통』을 언급하면서 이런 인식에 대해 암시했다. (상대적으로 크기가 작은—옮긴이) 자동차와 전기는 (거대한—옮긴이) 증기기관차에서 비롯한 집중화 경향을 전복시킬 것으로 기대됐다. 사회 전 분야가 더 작은 단위로 나뉠 것 같았다. 이런 낙관주의 비슷한 것이 오늘날 '작은 것이 아름답다Small is beautiful'라는 미국식

이상향에서 다시 나타난다. 즉 자동차 내연기관과 전기에 기대했던 분산화와 자유화의 역량을 정보공학과 개인 컴퓨터에 맡기고 있다.

우리보다 더 왼쪽에 있던 사람들은 이와 유사한 환상을 품고 있었다. 조르주 프리드만Georges Friedmann*을 필두로 한 이들은 기술과 노동 과정의 진보로 인해 노동자들이 더 많은 여가 시간과 더 나은 문화 향유 기회를 갖게 되리라고 여겼다. 게다가 분업화된 노동의 단조로운 반복은 노동 집약도를 낮추면서 정신을 자유롭게 할 거라고 여겼다. 이런 희망 사항이 환상일 뿐임을 깨닫는 데는 많은 시간이 걸리지 않았다.

사실 이러한 나의 성찰은 『역사의 시간』을 쓸 당시에 밝혔던 것보다 훨씬 더 깊어져서 산업 문명 전체에 의문을 제기하기에 이르렀다. 이런 나의 생각들을 『나시옹 프랑세즈』를 통해서 본격 개진할 수 있었다. 이 시기부터 나는 분명히 깨달았다. 내 주변을 둘러보기만 해도 충분했다.

내가 모든 희망을 걸었던 베이비붐 세대는 오로지 지속 성장하는 복지 발전 사회에 대한 전폭적 믿음 속에서 마침내 맬서스주의와 19세기 소시민적 예측에서 벗어났다.

이런 믿음은, 극우파뿐만 아니라 클레르 브레테셰Claire Brétecher**

---

* 1902~1977. 프랑스 사회학자. 마르크스주의 지식인으로 20세기 전반부 서구 산업 사회에서 인간과 기계의 관계를 주로 연구했다. 기술 진보가 전통적 기술자와 숙련 노동자 집단에 준 충격을 다룬 『산업 사회』(1947)와 『노동의 해부』(1956) 등의 저서가 있다.

** 1940~ . 프랑스 만화가. 『르 누벨 옵스*Le Nouvel obs*』지에 온건 좌파 부르주아지의 일

의 「욕구 불만자들Les Frustrés」에 이르기까지, 사회 전체를 휩쓸었다. 이른바 반동분자들, 전통주의자들, 극단적 보수주의자들이 현대 세계를 격렬히 비난하면서 일상생활에서는 신상품이 나오자마자 이런 기술들을 거리낌 없이 쓰는 것을 보면 묘한 기분이 들었다. 부의 향유는 초기 청교도들에게 그러했던 것처럼 다시 도덕적 우월성의 표시가 되었고, 기본 덕목의 외양이 되었다. 자동차의 엔진 마력을 자랑했고, 냉장고, 욕실, 현대식 부엌, 만능 기계, 위스키, 별장 등등을 자랑했다. 그들은 자신과 아이들에게 일종의 반면교사가 되어 버린 부모들과 정반대의 길을 걸음으로써 곤궁했던 유년기에 복수를 가했다. 이런 생활 방식은 돈이 많이 들었지만 신용카드와 경제 성장 덕분에 가능했다. 노동자가 일자리를 찾는 일은 더 이상 문제가 아니었고 기업가가 일손을 찾는 게 오히려 어려울 정도였다. 내가 젊었을 때 보르도에서 보았던 가난한 한량들의 시대가 끝난 것이다!

진보의 미덕에 대한 믿음은 민족주의와 결합하여, 자유주의와 권위주의 간 대립이 부차적으로 밀려나는, 새로운 유형의 우파를 만들어 냈다. 내가 '민족진보주의national-progressisme'라고 부르는 것이었다. 가장 반동적이고 겉보기에 가장 보수적인 사람들은 프랑스가 잃어버린 식민지 패권을 만회하고 사회주의를 막을 유일한 방법으로 속도와 물량으로 승부하는 산업화를 추천했다. '산업화의 절대 명령'이라고 외치면서 말이다. 가장 두드러진 희생양이었던 수도 파리에

상을 희화화한 「욕구 불만자들」을 1973~1981년에 연재해서 큰 인기를 얻었다.

대해 슈발리에Louis Chevalier*가 했던 표현을 다시 쓰자면, 프랑스 도시와 풍경들을 '죽이는 것', 우리 삶의 방식들을 파괴하고 오래된 프랑스를 청산하는 일은 지불해야 할, 그리고 우파가 기꺼이 지불한 대가였다. 우파는 무엇을 잃어버렸는지 더 이상 알지 못했고, 그 기억마저도 잃어버렸기 때문이다.

그렇지만 대부분 기독교인이었던 모랄리스트들은 욕망과 이윤의 추구에 격앙되어 있었다. 베르나노스, 이반 일리치, 알프레드 소비Alfred Sauvy**, 장마리 도메나크Jean-Marie Domenach*** 등이 그들이었다.

우리 우파 민족진보주의자들은 좌파의 기만적인 망설임에 분개했다. 우리가 보기에 좌파는(그리고 토레즈Maurice Thorez****와 토레즈 이후의 공산주의가 입증해 보인 것처럼) 항구적 빈곤 상태에서 자신들의 존재 이유를 찾았다. 또한 그들은 사회를 바꾸지 않고 빈곤 상태를 감소시키는 생활 수준 개선에 적대감을 드러냈다.

반면, 중도 우파(역시 기독교인이었다!) 사람들은 빈곤 퇴치와 산업화의 찌꺼기를 놓고 저울질할 수 있다는 사실에 분개했다.

1940년대 말, 그리고 1950년대 동안에는, 꼭 필요하고도 유익

---

* 1911~2001. 프랑스의 역사가이자 인구통계학자. 저서로 『파리를 죽이다』가 있다.

** 1898~1990. 프랑스의 경제학자이자 사회학자. 저출산과 노령화 현상을 줄기차게 비판했고, 1945년부터 국립인구통계연구소 초대 소장으로 17년간 재직했다.

*** 1922~1997. 프랑스 가톨릭 작가.

**** 1900~1964. 프랑스 정치가로, 공산당 지도자이다. 해방 후 국무장관, 부총리 등을 역임했다.

한 불도저처럼 근대성이 낡은 세상을 밀어 버린다고 믿을 수 있었다. 그때부터 다양성을 가진 고대 세계는 역사 이외에 다른 도피처를 갖지 못하게 되었다고 나는 생각했다. 그 고대 세계는 내가 실존적 역사라고 불렀던 것, 오늘날은 민족지적 역사 또는 심성사라고 불리는 것 속에서 다시 살아날 것이었다. 이러한 역사는 전혀 반동주의자가 아닌 어느 영국 노동당원 역사가에게 의도치 않게 향수에 젖은 제목 『우리가 잃어버린 세계』*를 떠올리게 해 주었다.

『역사의 시간』의 결론은 이런 것이었다. 나의 목적은 과거에 대한 호기심을 일깨우고 더 나아가 향수를 간직하는 것뿐만 아니라 기술의 진보로 우리가 얻은 것이 있다면 잃은 것도 있음을 설파하는 것이었다. 근대성의 오류는 변화했거나 값비싼 변화를 수용한 것이 아니라, 과거를 청산하듯이 변화를 서둘렀다는 데 있었다.

예언자는 고향에서 존경받지 못한다**

나는 6년 간격을 두고, 1948년에 『프랑스 민중사』를, 1954년에 『역사의 시간』을 펴냈다. 『프랑스 민중사』는 내가 서평 담당으로 일

---

* 『우리가 잃어버린 세계: 산업화 이전의 영국*The world we have lost: England before the industrial age*』(1965). 영국의 역사가이자 고고인류학자로 역사사회학과 가족 체제 연구 쇄신에 기여한 피터 래슬릿Peter Laslett(1915~2001)의 저서.

** 요한복음 4장 44절.

하기도 했던 플롱출판사에 보냈으나 거절당했다. 나는 추천인도 없는 무명 작가였고 그 원고에 들어 있는 지도와 도표들 때문에 선택권을 가진 가문의 너무나 소심한 후계자들이 기겁했다고, 나중에 선정위원 벨페롱이 알려 주었다. 그는 내 책을 지지했지만 그의 말을 듣는 사람이 없었다.

다행히 원고료가 그리 박하지 않은 한 신생 출판사가 받아 주었는데 처음이라 원고들이 필요해서였다. 신생이지만 크라브첸코의 책으로 서점에서 큰 성공을 거둔 출판사였는데 그들의 상업적 야망과는 가장 이질적인 인물이 문학 편집장으로 있었다. 하지만 당시에는 모든 일에 우연이 너무나 크게 작용해서, 누구든 하루아침에 가장 뜻밖의 상황으로 추락할 수 있는 시절이었다. 그의 이름은 르네 위트망으로, 악시옹 프랑세즈 시절부터 잘 알던 사람이었다. 아주 뛰어난, 진정한 반동주의자로 전통 문화에 소양을 갖추고 새로운 유행에는 무관심했다. 하지만 대세에 역행하는 것이기만 하면 새로운 것에도 관심을 가질 만큼 지적 호기심이 넘치는 인물이었다. 그렇게 르네 위트망은 문학과 예술에서 의도적인 편협함과 본의 아닌 개방성을 조합하면서 완벽하게 절충적인 반순응주의자가 되었다. 위트망은 엘리 포르Élie Faure*의 책을 냈는데 당시에는 팔리지 않을 책이었다. 그는 내 책의 기발한 논지, 상세한 분석과 묘사를 예리하게 짚어 냈다.

---

* 1873~1937. 프랑스 미술사가. 의사로 시작하여 독학으로 미술사를 연구, 많은 작가론과 『미술의 역사』, 『형태의 정신』을 발표하여 미술사에 큰 영향을 주었다.

『역사의 시간』 역시 플롱출판사의 굳게 닫힌 문을 열지 못했다. 벨페롱에 이어 선정 위원이 된 샤를 오랑고도 어떻게 할 수가 없었다. 그래서 샤를이 모나코에서 갓 설립한 작은 출판사 로셰Éditions du Rocher에서 내 책을 출간했다.

이 두 권의 책은 주로 관련된 지식인들 사이에서 호평을 받았다. 『프랑스 민중사』는 권위 있는 『르 몽드』지 라트레유André Latreille* 의 서평을 받는 뜻밖의 영예도 얻었다! 그러나 주요 역사 잡지들은 내 책을 완전히 무시했다. 반면에 인구통계학자들은 즉각 환호했는데, 국립인구통계연구소를 갓 설립한 알프레드 소비와 그 연구소에서 파리 인구에 관한 책을 준비하던 루이 슈발리에 덕분이었다. 슈발리에는 다니엘 알레비의 집에서 만나던 인물이었다. 나는 『인구 *Population*』** 지에 기고하게 되었고 가족과 피임에 관한 INED 공동 연구 모음집에 참여하면서 이 주제에 관한 나의 가정과 연구 결과들을 심화하는 계기가 되었다.

아날 학파를 포함한 역사학자들의 침묵에도 불구하고 절망하면 안 된다는, 내 책들은 지하에서 제 길을 가고 있다는 작은 신호들이 보였다. 이 신호들은 내가 전혀 예상하지 못했던 아주 먼 곳에서 올 때도

---

* 1901~1984. 프랑스 역사학자. 소르본대학 교수직을 여러 차례 거절하고 평생 리옹대학 교수, 학장으로 재직했다. 1945~1972년에 걸쳐 『르 몽드』지에 역사 서평을 실어서 역사 애호가들은 환호하고 역사서 저자들을 떨게 했다.

** 1946년 INED가 창간한 인구통계 계간지.

있었다. 일례로, 앙리 르페브르Henri Lefebvre*가 프랑스공산당과 결별하기 전인 프랑스 국립과학연구원CNRS 시절 자신의 세미나에 나를 초대했다. 내가 대학을 졸업한 이후로 처음 대학 등의 학계와 접한 경우였다! 그 세미나에서 농촌사회학 전문가인 H. 망드라H. Mendras를 만났다. 이 세미나를 준비하기 위해 나는 앙리 르페브르 교수의 집으로 찾아갔다. 공산당 기관지 『위마니테』가 온통 널려 있는 작은 방에서 말이다! 자기가 『프랑스 민중사』에서 특히 좋아한 점은 우리가 잃어버린 것이라고 했다. 나중에 68년 5월혁명이 일어났을 때, 이 대화가 떠올랐다. 당시 젊은 사학자들은 산업화 이전 사회의 구시대적 양상에 점점 더 관심을 보였던 것이다.

우파, 특히 나와 같은 전통주의자 우파들은 내 책에 상당히 유보적인 반응을 보였고 우리 안에 이런 엉뚱한 괴짜가 있었나 하는 반응이었다!

우파는 늘, 내가 앙시앵레짐과 현대 프랑스 간에 인류학적 단절을 설정했다고 비난했다. 우파는 현대 사회에 대해, 낡은 문화를 모르는 새로운 감수성이라는 장점을 거부했고, 과거 사회에 대해서는 거추장스러운 선물로 간주하면서 구시대의 장점을 거부했다. 따라서 우파는 양쪽의 차이들을 줄이려고 했고, 이런 차이들의 근본적 사고

* 1901~1991. 프랑스의 철학자이자 사회학자. 대표적인 마르크스주의 철학자로, 1956년 수정주의를 이유로 1956년 공산당에서 제명되었다. 프랑스 국립과학연구원, 파리10대학 교수 등을 역임하면서 68혁명에 상당한 영향을 미쳤다.

나 심성은 연구하지도 않고 정치적, 종교적 이데올로기 탓으로 돌렸다. 반면에 미국에서는 득세하고 있었지만 프랑스에는 거의 존재하지 않았던 럭셔리 마르크스주의자들marxisme de luxe은 내 책에 대해, 더 개명한 현재를 깎아내리면서 과거를 과대평가함으로써 전형적인 반동주의자 성향을 드러낸다고 비난했다. 영국 역사가 로런스 스톤Lawrence Stone은 『르 누벨 옵세르바퇴르*Le Nouvel Observateur*』의 앙드레 뷔르기에르와의 대담에서 내가 왕정주의자, 비시 정부 지지자 등등의 가톨릭 우파 출신임을 알게 되자 마침내 나의 비밀을 간파했다고 한껏 확신했다!

> 나는 쥐가 아니고 새랍니다. 보세요, 날개가 있잖아요.
> 나는 새가 아니고 쥐랍니다, 쥐들이여 영원하라![*]

그렇지만 조금씩, 이런저런 기사나 책에서 내 책을 인용하기 시작했다. 대학과 학계 역사가들의 침묵을 뚫고, 친구처럼 다정하고 은근하게 건네는 메시지였다.

대담한 사람들은 한걸음 더 나아갔다. 엑상프로방스에 있던 피에르 기랄Pierre Guiral[**]은 자신의 세미나에 나를 강사로 초빙했다. 그

---

* 『라퐁텐의 우화』 중 「박쥐와 족제비」 편에 나오는 박쥐의 이중성에 빗대 조롱한 표현.

** 1909~1996. 프랑스 역사학자. 마르세유, 프로방스 역사와 프랑스 19세기 역사 전문가였다.

역시도 다니엘 알레비의 집에서 만났는데, 당시에 그는 뤼도빅 알레비Ludovic Halévy* 의 이복형제인 프레보파라돌Lucien-Anatole Prévost-Paradol** 에 관한 박사 논문을 쓰고 있었다. 다니엘이 피에르 기랄에게 집안 문서들을 활용하도록 해 주어서 그는 케 드 로를로주에 있는 고택에서 논문 작업을 했다.

프랑스에서는 대학 교원 아닌 사람이 대학 강의에 초빙된다는 것은 상상할 수 없을 때였다. 강의를 위한 이동비 지급도 대학끼리만 가능한 때였다. 대학에 소속되지 않은 강사는 집 없는 떠돌이 같았다. 그러다 상황이 개선되었고 여러 해 동안 나는 엑상프로방스에서 나와 같은 아웃사이더에게 열정을 불러일으키는 사람들을 만났다. 특히 미셸 보벨Michel Vovelle***, 필리프 주타르 등이 그러했다.

1948년에 시작된 나에 대한 학계의 격리 기간은 1962년에 끝났다. 장루이 플랑드랭이 내 책 『아동의 탄생*L'Enfant et la vie familiale sous l'Ancien Régime*』**** 에 대한 뛰어난 서평을 『사회경제사 연보*Annales*』***** 에

---

* 1834~1908. 프랑스의 극작가이자 소설가. 다니엘 알레비의 부친.

** 1829~1870. 프랑스의 작가이자 언론인. 2차 대전이 벌어지기 80년 전, 인구 통계 연구를 토대로 독일의 부상과 추락, 미국·영국·러시아 연합군의 결성 등을 예측했다. 저서로 『새로운 프랑스*La France Nouvelle*』(1868) 등이 있다.

*** 1933~ . 프랑스 사학자. 프랑스혁명 연구에서 심성사 연구를 발전시켰고 프랑스혁명사연구소 소장을 역임했다.

**** 원제의 뜻은 '앙시앵레짐하에서 아동과 가족생활'로, 국내에서는 『아동의 탄생』(새물결, 2003)으로 소개되었다. 이하 『아동의 탄생』으로 표기.

***** *Annales d'histoire économique et sociale*. 1929년, 뤼시앵 페브르와 마르크 블로크가 창간한 역사지. 약칭 '아날Annales'에서 '아날 학파Ecole des Annales'라는 명칭이 나왔다.

기고한 것이다. 같은 호에 알랭 브장송Alain Besançon*이 쓴, 네덜란드 심리학자 반 덴 베르그Van den Berg**의 『메타블레티카*Metabletica*』 서평에서도 내 저작에 대해 논하고 있었다. 침묵이 한번 깨지고 나니, 금기는 풀렸다. 직업적인 역사학자들의 평가가 중요하기는 했지만 그들의 긴 침묵과 유보 때문에 정말 고통스러웠다고는 생각하지 않는다. 두 직업을 번갈아 가며 꾸려 온 덕택에 가라앉지 않고 기분을 전환할 수 있었다. 하나가 만족스러우면 다른 하나의 좌절감을 대부분 보상해 주었다.

오히려 나의 원래 정신적 가족들로부터 무관심이나 불신의 표시를 발견할 때 더 예민해지곤 했다. 그들이 좀 더 열렬히 받아 주기를 바랐던 것이다.

아내가 준 선물

나는 1940년대 말에 결혼했다. 아내는 남프랑스 전통주의자 집안에서 악시옹 프랑세즈를 배경으로 자랐다. 양쪽 집안은 오래전부터 알고 지냈다. 처남 한 명이 파리에서 의대를 다녔는데, 나처럼 열성적인 AF 활동가였다. 해마다 여름 방학이 되면 두 가족은 바닷가

---

* 1932~ . 프랑스 사학자로 EHESS 교수를 역임했고 프랑스 학술원 회원이다.

** 1914~2012. 네덜란드 심리학자. 『메타블레티카』는 역사적 변화의 심리학을 다룬다.

마을에서 만났다. 나는 그때마다 남의 집에 가는 느낌도, 우리 집에서 나오는 느낌도 받은 적이 없었다. 아무 낯선 느낌 없이 양쪽 집을 오갔다. 아내와 풍습, 취향, 추억, 견해 등 문화라고 할 어떤 공통 배경이 없었다면 불행했을 것 같다.

이 책에서 결혼이라는 사생활을 언급하는 이유는 역사가로서 나의 연구 작업과 관계되기 때문이다. 우선 점점 가중되는 직장 일과 병행해서 내가 이 연구 작업을 계속할 수 있었던 것은 아내 덕분이었다. 역사 연구는 돈 한 푼 가져다주지 않았고, 인정도 받지 못했다. 적어도 초기에는 그랬다. 한편 역사 연구는 많은 시간과 기다림의 여유를 필요로 했다. 이러한 여가 시간, 문화 시간을, 우리 세대 남자들은 대개 부인 등쌀에 밀려 사회적 지위나 상황을 개선하는 데 썼다. 아내는 우리의 소박한 생활에 만족했다. 파리 시내를 떠나 교외에 정착할 때까지 우리는 자가용도 없었다. 아내는 내가 연구할 시간을 갖도록 해 주었고, 연구 조사를 도와주기도 했다.

아내의 도움은 협력 이상이었다. 툴루즈에서 미술사를 공부한 아내는 파리로 왔을 때 수년간 배웠던 전공에 대한 열정을 간직하고 있었다. 좋은 스승들 덕분이었다. 나 역시 미술사에 무관심하지 않아서, 전쟁 전에는 이탈리아를 여행하기도 했다. 포시용Henri Focillon*의 매력에 빠져 한동안 강의도 들었다. 1940년대에 칩거하며 게걸스레

* 1881~1943. 프랑스 미술사가. 중세 미술 연구의 개척자로, 콜레주 드 프랑스 교수를 거쳐 예일대학교 교수를 역임했다. 『서구의 미술』 등의 저서가 있다.

독서하던 시절에는 에밀 말E. Mâle*의 저작을 처음부터 끝까지 다 읽었고, 앙리 미셸Henri Michel**의 방대한 『역사*Histoire*』, 그리고 다른 고전들을 읽었다. 그러나 사회학처럼 미술사에도 관심을 가졌지만 그것은 호기심이었지 특별한 열정은 아니었다. 신혼 초에는 아내와 함께 미술관, 전시회, 연주회 등을 쫓아다녔다. 주말에는 기차나 자전거를 타고, 또는 둘 다 이용해서 성당과 도시들, 루아르 강 북쪽의 미술관들을 보러 다녔다. 그렇게 해서 아내의 열정이 나에게도 옮겨 왔다. 그전에 나는 문학과 철학 작품을 통해 유명해진, 숭고하고 거창한 작품들을 좋아했다. 그런데 아내는 공식적인 분류에는 큰 관심이 없었고 좋은 작품을 직접 찾아내기를 좋아했다. 내 눈엔 군소 작품으로 보이지만 알고 보니 풍부한 의미를 담고 있는 그림들로 나를 인도했다. 작품 앞에 오래 머물며 감상하는 것이 처음에는 지루했지만 나의 시선과 감수성은 차차 바뀌어 갔다. 사실 나는 그저 책만 읽는 사람인 적은 한 번도 없었다. 지리학자들은 풍경을 바라보고 해독해 내는 법을 가르쳐 주었다. 이전에 나온 두 저서 『프랑스 지역들의 사회적 전통』과 『프랑스 민중사』에서도 이미 이런 접근 방식을 많이 활용했다. 아내는 이제 형태의 세계를 보는 법을 가르쳐 주었다. 나는 역사가로서 이것을 어떻게 활용해야 할지 깨달았다. 이러한 형태들 또한

* 1862~1954. 프랑스 미술사가. 저서로 『중세 말의 프랑스 종교 미술*L'Art religieux de la fin du Moyen Âge en France*』이 있다.

** 1907~1986. 프랑스 사학자로 2차 대전사 전문가이다.

문학 작품이나 고문서 자료들과 마찬가지로 사람들의 감수성과 생활을 알려 주는 자료들이라는 사실이었다. 이 순간부터, 도상학 자료들은 참고 자료일 뿐만 아니라 영감을 주는, 내가 선호하는 사료의 원천이 되었다. 여행 중에도 미술가나 장인의 손길이 닿았던 모든 것에서 찾아낸 이미지들을 보고 호기심이나 문제의식이 일었고 연구 방향을 잡을 수 있었다. 정말 흥미진진한 일이었다.

나는 『역사의 시간』에서 중세와 17세기를 다루는 후반 장들부터 이러한 접근법을 적용했다. 결혼 전에는 이 책의 첫 번째 장만 집필한 상태였다. 지금도 기억난다. "한 소년이 지금 역사를 발견하고 있어." 툴루즈에 있던 약혼녀에게 보내는 편지에서 당시 내 의식 상태를 이렇게 고백했다. 이어서 독자들은 도상학 연구와 예술 자료와의 친밀성이 어떻게 발전하는지 보게 될 것이다. 『역사의 시간』의 17세기를 다룬 장에서 이 두 가지가 확실해진 것 같다. 우리는 자전거를 타고 루아르 강 근처를 다니다가 보르가르 성Château de Beauregard* 에 있는 역사적 인물들의 초상화 갤러리에 들렀는데, 그곳에서 큰 충격을 받았다. 역사가의 연대기에 비견할 만한, 아니 그보다 더 구체적이고 친근한 시대의 재현 양식이 거기에 있다는 걸 깨달은 것이다. 미술 자료로 인해 내가 독창적인 연구 주제를 떠올린 것은 그때가 처음이었다. 차츰 나의 관심사는 초상화 갤러리에서 17세기 미술품 수집가로 옮겨 갔고 아내와 함께 국립도서관 판화실에 가서 게니에르

* 르네상스 양식 건축물로, 17세기에 만들어진 명사들의 초상화 갤러리가 유명하다.

Gaignières* 소장품의 작품집을 연구하기에 이르렀다. 판화실 학예관장 아데마르Jean Adhemar** 도 내 연구 주제에 관심이 있어서 아주 친절하게 맞아 주었다. 그는 『역사의 시간』을 알리는 데 기여한 애호가 중 한 사람이었다.

도판 연구는 이제 습관이 되었다. 우리는 판화실에 본격적으로 자리를 잡고 다음에 나올 『아동의 탄생』을 위한 자료들을 조사했다.

---

* 1642~1715. 프랑스의 계보학자이자 미술품 수집가. 대표적인 17세기 수집가로 그의 유증 컬렉션은 현재 프랑스 국립도서관과 옥스퍼드 보들리도서관에 소장되어 있다.

** 1908~1987. 프랑스 미술사가이자 교수. 프랑스 중세 미술과 판화 관련 최고 전문가로, 국립도서관 판화실을 판화 및 사진국으로 확장했다.

6. 바깥세상

전쟁과 그 후유증이 지나가고, 결혼 생활 10여 년 동안 나는 지평을 넓힐 수 있는 모든 기회들을 미친 듯이 쫓아다녔다. 완전히 새로운 미지의 세계가 여전히 19세기의 부속물처럼 보이는 전쟁의 폐허 위에서 구축되고 있었다. 그 세계를 속속들이 알고 싶은 거대한 호기심이 일었고 마침 내가 다니던 직장은 그런 기회를 주었다. 당시의 가장 특징적인 기술인 현대적인 정보 처리 전산을 익히게 된 것이다.

모든 길은 클리오*로 통한다

나는 일터에서 열대 과일 관련 문헌정보 저장과 열람을 담당했다. 처음에는 18세기부터 이어진 방식 그대로 색인표를 만들고 문헌 자료실을 관리하는 일이었다. 그러나 이 한직은 급증하는 자료 출판과 더 빨리, 더 선택적으로 색인을 찾으려는 사용자들의 요구로 인해 순식간에 골치 아픈 일이 되었다. 더 이상 모든 자료를 읽고 파악할 수가 없었고, 유용한 정보를 꼭 필요한 순간에 빨리 얻기 위해서는 더더욱 그럴 수가 없었다. 이런 이유로 나는 연구소의 전통적인 문헌 정보 도구들을 좀 더 세련된 기술 제품으로 바꾸게 되었다. 문헌 자료 크기 축소와 복잡한 문서화 언어, 코드화, 소재 찾기, 복제 등을 활용하여 다른 정보 선택 시스템들을 고안해 냈고, 최종적으로 컴퓨터와 자동화 목록을 사용하게 되었다. 시장, 운송, 예측 등의 분야에서 탐색 연산recherche operationnelle이라는 이름으로 시행되던 것과 비슷한 방식이었다. 이 기술은 우선, 생산을 위한 기계와 생산품을 만드는 데 적용되었다. 이어서 작업장에서의 노동 조직(작업 체인, 노동 표준화를 통한 관리 기법)에까지 확장되었다. 지금은 우리가 사무실bureau이라고 부르는 본부와 경영진의 모든 활동을 지배하고 있다.

1940년대 말 사무 용품 박람회는 사무용 가구, 파일 폴더, 타자기, 등사기를 소개하는 정도였다. 지금은 정보화 도구들과 컴퓨터를 전시하는 가장 화려한 박람회들 중 하나가 되었다. 전후 경제와 산업, 무엇보다도 금융과 상업의 놀라운 번영으로 3차 산업은 어마어

* 클리오Clio 또는 클레이오Cleio는 그리스 신화에 나오는 뮤즈 아홉 명 가운데 역사의 여신이다. 이에 따라 역사의 정량 분석, 계량경제사를 '클리오메트릭스cliomertrics'라고 부르게 되었다.

마하게 팽창해서 곧이어 컴퓨터가 거들게 되었다. 처음에는 계산기였던 컴퓨터가 이제는 지시하고, 분류하고, 예측하면서 결국 관리하는 기계가 된 것이다.

1960년대 초, 한창 개발되던 이 새로운 기법들에 적응하기 위해서 시류를 따라갈 필요성을 느꼈다. 언젠가 나의 역사 연구와도 연관이 있을 기법들이었다. 나는 기술의 진보를 앞서가지는 못했지만 앞선 기술을 사용한다는 선구자의 자부심을 소박하게나마 맛보고 있었다. 정보 처리 전문가가 될 생각은 없었지만 함께 대화는 할 수 있기를 바랐다.

문서 자동화의 실제 사례가 프랑스에는 거의 없었다. 실제로 있었던 유일한 사례는 통계와 회계에 관련된 것뿐이었다. 나는 이 문제를 열심히 파고들었다. 1965년에 새로운 프로젝트를 시작했고, 같은 해 미국에 가서 자동화를 준비하는 도서관과 연구소들을 탐방했다. 첫 번째 미국 여행이었다. 미국 출장을 간 김에, 1962년 미국 영어 번역본이 출간된 『아동의 탄생』에 관심 있는 학자들을 만나고자 했다. 그러나 외국인이 미국 대학 이곳저곳을 알아보기는 어려웠다. 한 번은 어느 대학 도서관에서 내 책을 찾아낸 다음 사서에게 저자임을 밝히고 이 주제 관련 전문가를 만나고 싶다고 했다. 나를 안내해 줄 수 있을까요? 그러죠! 그는 나의 대화 상대를 찾아 주었다. 반투명 거울 뒤에서 영유아의 행동을 관찰하는 실험용 어린이집 교사였다! 버클리대학에서는 좀 더 정확하게 안내를 받아서, 내 저작을 알고 있는 사학과 교수를 만났는데 그는 정중했지만 무관심했다. 분명히 가족

사회학을 연구하는 학자들이라면 더 반겼을 텐데 당시에는 아는 사람들이 없었다.

내가 있던 문헌정보센터는 상사들의 저항에도 불구하고 문헌정보를 자동화한 최초의 프랑스 기관들 중 하나였다. 센터 소관 부처는 그렇게 평범한 업무와 낙후한 고객(개발도상국들)을 위해서 그토록 앞선 방식을 사용해야 하는 까닭을 이해하지 못했다. 그렇다고 해서 그들을 설득해야 한다는 레지스탕스적인 생각도 없었다. 다행히 내 친구였던 센터 대표의 공감과 적극성 덕분에, 그리고 공공 행정 기관에 있는 몇몇 사람들의 격려 덕분에 내 프로젝트는 관철되었다. 이 사건은 중요한 의미가 있었다. 인쇄술, 전화, 라디오, 텔레비전에 비견될 거대한 문화적 혁명의 지난하고도 어렴풋한 시작 단계에 우리가 참여한 것이다. 언젠가는 각자가 집에 있어도 쏟아지는 거대한 정보망에 연결되어 일하는 날이 올 것이다.

원격 조종에 반응하는 '메모리'를 마련하는 것은 이론적이고 실질적인 문제들을 다양하게 제기했다. 어떤 경우는 언어학적 문제까지 있었는데, 모두가 흥미로웠고 현재는 만족할 만한 해결책을 찾아내고 있다. 문헌정보학 활용은 선진국에서 폭발적으로 확산되었다. 개발도상국에서는 정보학 활용이 온갖 종류의 어려움에 봉착해 있고 여러 중간 단계가 필요하다. 이런 (후진국에서의) 기술 적응은 내 업무 중 하나이기도 했는데, 이것은 내 젊은 날의 투쟁적 정치와는 전혀 다른, 매우 구체적인 정치, 오늘날의 이데올로기 같은 것과 관련된 것이었다.

이 몇 가지 설명으로 내 직장이 단순히 생계를 위한 일터여서 완전히 역사에 빼앗긴 내 관심과 전혀 무관한 것이 아니었음을 충분히 알 수 있을 것이다. 오히려 그와 반대로 정말 열정을 다해 일한 곳이었다. 여가 시간이 생기면 주로 역사 연구에 몰두하던 내가 센터의 어려운 문제를 해결하고, 새로운 단계를 준비하고, 교육 과정을 이수하기 위해 여가 시간을 반납한 적도 여러 차례였다. 그럴 때는 일시적으로 역사 연구를 멈췄지만 조금도 아쉬운 마음은 없었다. 시간을 낭비한다는 감정은 들지 않았다. 나는 우리 센터를 3차 산업의 모형인 동시에 화이트칼라 노동자의 사회, 후기 산업 사회의 축소판처럼 여기게 되었다. 이런 식의 일반화가 어쩌면 나이브할 수도 있다. 그러나 아주 한정된 체험이지만 집중적으로 체험한 만큼 나에겐 미래 사회로의 통과 의례 같은 역할을 했고 국제적 현상을 이해하는 데 도움이 됐다.

바로 이런 의미에서 직장 생활은 역사가로서 나의 형성 과정에 유익했다. 나의 관점과 호기심을 단련시켰으며 기술 문화의 인간적 측면들을 알게 해 주었다. 한마디로 민족학자ethnologue의 체험이었다! 그렇지만 그 영향력은 일반적이고 간접적인 영감을 주는 데서 그쳤고 역사가 아리에스는 거기서 다른 빚을 더 지고 싶지 않았다. 독자들은 아마도 모순이라고 할지도 모르겠다. "지금, 한편으로는 지식인으로서 현대 기술을 비판하면서, 한편으로는 직업상 이 기술의 첨단을 달렸다고 하는군요. 직장에서는 계량적인 전산학을 활용하면서 역사 연구는 10여 년 전부터 개진된 것처럼 비계량적인 연구를 하는 건가요." 맞는 얘기다. 여기에는 이중적 모순이 있었다.

현대성에 대한 담론

우선, 실생활에서는 현대의 가장 특징적인 기술에 열광하면서, 역사가로서 근본적으로 과거를 지향하는 사고와 상상력의 '고대 지향성archéo-tropisme'에 경도되어 있는 나, 이 두 가지를 어떻게 조화시킬 것인가? 나야말로 반동주의자 친구들을 비난했던 바로 그 비논리성의 희생양인가? 실제적으로는 소비 사회의 편리함을 이용하면서 말로는 과거의 유산을 주장하는 것일까? 어떻게 이런 착각을 하게 되었고, 어떻게 거기서 벗어났는지 이미 앞에서 밝힌 바 있다.

사실 내 생각에는, 과거와 현재에 대해 동시에 느끼는 관심, 나아가 열정들 간에 대립은 존재하지 않는다. 인간 역사의 영속적인 유동성을 받아들인다면, 이 두 가지는 서로 모순이라기보다는 보완적이다. 겉으로 보기에 길었던 부동의 시기들도 세계적 움직임의 감속 또는 중단으로 해석해야만 제대로 된 평가일 것이다. 역사가의 기술은 이 흐름의 속도와 그 변형들을 측정하는 것이다. 그것은 차이와 '차이 없음non-différence'의 기술이다. 우리는 현대 세계의 새로움을 과거와의 차이 때문에 더 예민하게 받아들인다. 한편 과거의 특수성은 우리가 사는 세계의 직관적인 인식을 통해 더 잘 드러난다. 뤼시앵 페브르는 학생들에게 날마다 신문을 주의 깊게 읽으라고 강조했다.

자신의 시대에 등을 돌리거나 거부하는 역사가는 마치 게토에 갇힌 듯 자기 연구에 갇혀 과거 속에 살게 된다. 지속성의 개념을 동결해 버리기 때문이다. 1940~50년대에 내가 드러냈던 현대성에 대한 적대감은 변화에 대한 거부가 아니라, 거기 덧붙여지고 기생하는 이데올로기에 대한 거부였다. 즉 과거를 난폭하게 뚝딱 청산하는 일과 새로운 현대성을 서로 혼동하는 데 대한 거부였다. 혁신적인 감성과 아무 관계도 없는 파괴적 열정을 보여 주는 두 가지 사례를 들어 보겠다. 2차 바티칸 공의회* 후 가톨릭교회의 사례가 그 하나이다. '무에서 ex nihilo' 다시 세우려는 광기 속에서 라틴어 미사와 그레고리안 성가, 교구와 관련된 제도 등등을 없애려는 광적인 의지는 시대에의 적응이 아니라 절제 없는 분노였다. 또 다른 사례도 있다. 도시를 삭막한 교외로 대치하고, 거리와 광장으로 어우러진 총체인 도시의 오래된 이미지를 불도저 한 번에 지워 버리려 했던 건축가 라이트Frank Lloyd Wright**와 르코르뷔지에Le Corbusier***의 1930년대~50년대 도시 계획안이 그것이다.

---

* 이 공의회 결과, 라틴어로만 봉헌되던 미사를 자국어로 하게 했고, 개신교를 형제로 인정했으며, 1054년에 결별했던 동방 정교회의 파문을 해제하여 동서 교회의 화해를 모색했다. 1차 바티칸 공의회가 근대적 사상과의 대결을 제시한 데 반해 2차 공의회는 '시대에의 적응'을 내세워 교회의 보수적인 면을 탈피하고 교회 제도를 과감하게 개혁하고자 했다.

** 1867~1959. 미국 건축가. '브로드에이커 시티'와 같은 이상적인 도시 계획안을 내놓았다.

*** 1887~1965. 스위스 태생 프랑스 건축가. 실행되지는 않았지만 파리 시민 300만을 위한 도시 계획안을 만들었고, 거대 주거 단지인 마르세유의 '유니테'를 설계했다.

아직 반세기도 지나지 않은 이런 현대성은 이미 생명력을 잃어서 방치되고 있다. 버클리대학과 같은 새로운 도시 계획 유파들은 버려지고 망가진 도시의 중심으로 돌아갈 것과 복구할 것, 나름의 이유가 있었던 관습적 배치들을 존중할 것을 권유한다. 현재와 과거를 감싸 안는다는 건 상상력이나 창의성을 배제하는 것이 아니라, 파괴를 전제 조건으로 하지 않는 것이다. 필요하다면 때로는 '추가해야' 하며 새로운 발상은 경이롭고 필요한 일이다. 그러나 저절로 지나가는 것을 제외하고는 결코 '없애지 말 것', 그리고 그 추억을 간직하도록 배려해야 한다.

나의 또 다른 역설은 역사학을 하면서 컴퓨터 활용을 몰랐다는 점이다. 나는 이미 검증을 끝낸 수량 역사학, 특히 인구통계사와 범죄사 등 대량의 사건을 시리즈(계열)로 다루는 역사—여기에서 피에르 쇼뉘Pierre Chaunu*가 명명한 '계열사histoire sérielle'가 나왔다—에 대해 아무런 적대감도 없었다.

역사학은 어떤 지점에 이르면 컴퓨터가 필요해지지만 이 지점에 이르기 전에 사용하는 것은 적절하지 않다. 미셸 보벨과 이브 카스탕이 바로크 시대의 경건함과 랑그도크 지방의 정직성을 다룬 논문에서 컴퓨터를 쓰지 않았다고 아쉬워할 필요가 없다. 만일 컴퓨터의 좌표에 매달려 있었다면 그들의 분석에서 지금과 같은 미묘함, 정교함, 복합성을 찾아볼 수 없었을 것이다.

---

* 1923~2009. 프랑스 사학자로 프랑스 수량경제사, 계열사를 개척했다.

약간 망설였지만, 고백이라고 할 충고를 하나 덧붙이려고 한다. 어떤 자료집의 처리와 해석을 테스트해 보기 위해서 자료집을 온통 다 훑을 필요는 없다고 생각한다. 꼼꼼한 검토가 체계적이고 무작위적으로 준비되었다는 조건 아래, 자료집은 일정 비율의 검토를 넘어서면 같은 내용이 반복되고 더 이상 새로운 것을 보여 주지 않음을 나는 경험을 통해 배웠다. 추출 표본의 규모는 축소하되, 더욱 다양하게 골라서 숫자는 늘리는 편이 더 낫다. 그렇게 하면 관점과 접근법이 더 다양해지고 좀 더 유연하게 해석할 수 있다.

나는 역사학을 하면서, 어떤 자료든지 간에 오랫동안 붙들고자 했고, 정확히 분석하기를 좋아했다. 교수였다면 분석보다는 텍스트 주해를 선택했을 것이다. 물론 나의 분석들도 작업의 가설 때문에 구조화된 하나의 전체로 모아야 했다. 이해하고 설명하려는 의지에 부응하기 위해서였다. 그러나 가장 좋았던 기억은 자료와의 첫 대화였고, 가장 나빴던 기억은 글을 구성하고 쓰는 것이었다. 이것이 내가 인상주의적 접근 방식을 좋아하는 이유이자 "안 될 건 뭐지?" 하는 관광객이나 방문자의 시각을 좋아하는 이유이다. 세계와 그 다양성의 광경들은 내가 제시해야만 하는 설명들보다 사실은 훨씬 더 중요하다. 단순한 방관자 상태에서 벗어나서 내가 받은 인상을 표현하고 전달하기 위해서는 그것을 잘 구성하려고 노력해야 한다. 그것이 언어와 담론의 법칙이다. 하지만 아마도 본질은 아닐 것이다.

사회성의 갈구

건강 문제로 외부 활동을 줄여야 하는 시기가 오기 전까지, 이 시기 동안 나는 더 많이 보고, 듣고, 말하고 싶은 허기에 시달렸다. 10여 년간 고독한 독서와 고찰을 하고 나니 독서가 아닌 다른 방식으로, 다양한 친구들부터 사회 모임에 이르기까지, 만남을 통해 소통하고 싶어 조바심이 났다. 온갖 만남과 모임에서 얼마나 많은 시간을 보냈는지 모른다. 전쟁으로 사방에 흩어졌다 다시 만난 오랜 벗들, 다니엘 알레비와 가브리엘 마르셀의 집에서, 그리고 앞서 얘기했듯이 서평을 맡았던 플롱출판사에서, 나의 정치적 모험을 통해서 새롭게 알게 된 사람들, 찹스키, P. 뒤 콜롱비에, 그리고 마지막으로 직장에서 우연히 알게 된 사람들까지 수많은 사람들과 대화를 나눴다.

젊은이도 있었고 좀 더 나이 든 사람들도 있었다. 아내와 나는 우리보다 훨씬 나이 많은 좋은 친구들이 있었고, 그들을 각별히 더 좋아했다.

이러한 관계들로 인해서 우리의 사회적 환경을 벗어나는 일은 없었고 나는 거기서 빠져나갈 필요가 있었다. 직업상 나는 외국에서 온 사람을 만날 일이 많았다. 문헌정보센터는 비록 작았지만 일련의 업무들을 축소된 형태로 맡고 있었다. 도서관이자 공학 연구소였고 사진 제판 작업실이자 인쇄소였으며 상업적 유통까지 맡아 했다. 나의 하루 일과는 아침 일찍 각 부서를 도는 일로 시작했다. 한참 동안 부서를 돌면서 그날 일을 예측하고 준비하고 함께 결정을 내렸다. 날마다 이 일을 했다, 무려 30년 동안이나! 이 만남 각각은 진행 중인 일에 국한되지 않는 교류의 기회가 되었고 어떤 경우에는 사무실 밖 카페나 식당으로 이어지기도 했다. 또한 서로의 집에 초대할 때도 있었다. 일터에서의 관계는 사회적 경계를 넘어서는 진정한 우정을 가능케 했다. 그렇게 해서 나는 우정 어린 공감을 통해 나와는 다른 사람들의 심성과 생활 양식을 알 수 있었다.

나 자신의 과거를 뒤돌아보니, 역사의 전체 과거에서 찾아냈다고 생각한 것을 거기서도 찾은 듯하다. 그것은 바로, 가족과 제한된 환경보다 더 넓은 사회를 추구하려는 근본적인 욕구이다.

같은 기간 동안 나는 출장이든 휴가든, 아내와 둘이든 내가 좋아하던 장인과 함께든, 여행을 다니기 시작했다. 여행은 내 인생과 일에서 친구들과의 교분만큼이나 큰 역할을 했다. 여행과 우정을 통해, 사적인 생활로 점점 더 위축되는 현대 생활에서 사회성이 절대적으로 필요하다는 동일한 결론에 이르렀다.

결혼한 지 1년이 된 1948년 부활절에 약간의 돈이 생겼다. 아내에게 이 돈을 어디다 쓸지 고르라고 했다. 냉장고를 사거나 로마 여행을 하자고. 아내는 로마 여행을 선택했다. 영원한 도시 로마는 여전히 전쟁의 상흔 속에 있었다. 자동차도 관광객도 없는 로마는 원래 그 도시의 진정한 민낯인 커다란 촌락처럼 보였다. 국경을 넘는 외국 여행은 환전 제한 때문에 아주 어려울 때였다. 늘 좋은 관계였던 중학교 때 예수회 신부님들이 은행 역할을 해 주셨다. 샹젤리제 프랑클린 가에서 프랑화를 드렸는데, 이탈리아 보르고 산 스피리토 은행에서 같은 금액의 리라로 받았다! 대학생 시절에 둘러본 이탈리아는 현학적인 책에서 배웠던 현실감 없는 이탈리아에 불과했다. 로마에서 보낸 2주는 연속적인 과거가 생동하는 현재를 이기고 살아남은 문화로 우리를 데려갔다. 그 후 스페인, 나폴리, 북아프리카를 여행하면서 이러한 첫인상은 더욱 확고해졌다. 예전에는 서구 사회 대부분에 퍼져 있었지만 산업화 때문에 파괴되어 버린 공동체 생활의 형태들이 지중해 문화에서는 현재까지도, 옛날 옛적 구식이라는 느낌 없이 잘 유지되는 것 같았다. 코르소 거리나 마조레 광장의 작은 카페, 저녁 산책 시간이 되면 사람들로 북적이는 대낮의 한적한 거리들에서 나의 상상력은 마음껏 나래를 폈고 수백 년을 거슬러 올라갔다.

이 여행 중에 페르낭 브로델의 『지중해의 기억*Les mémoires de la Méditerranée*』이 나왔다. 이 책은 모호한 형태로 솟아나던 나의 생각들을 명료하게 정리해 준 마지막 책이었다. 책을 읽으면서(지금도 눈에 선하다. 대서양 마데이라 섬의 지상 낙원 같은 정원에서였다) 탐험가의 열광과 환희를 맛보았다. 무더기로 쌓여 있던 나의 지식 정보들에 질서를 부여할 수 있었고, 명확히 포착하지 못한 채 막연히 짐작만 하던 의미를 부여하게 되었다. 이 대목에서, 전문가들의 불안한 경고가 들려오는 듯하다! 아프리카나 라틴아메리카의 오래된 구식 사회에서 관찰한 것들을 산업화 이전의 서구 사회와 비교할 수는 없다는데, 과연 그럴까? 현재의 지중해와 과거의 지중해를 비교하거나, 나아가 지중해 국가들과 북서유럽 국가들을 비교하는 것은 부적절할까? 다 맞는 얘기다. 하지만 역사가와 관찰자는 문화의 충격을 통해 과거의 비밀스러운 삶을 더 잘 인지하고 이해하게 된다. 나로 말하자면, 옛 사회에서 공적 사회성이 갖는 본질적 위상과 현대 사회에서 사생활의 위상을 이해하게 된 것은 바로 이런 여행들 덕분이었다.

'아동'과 그를 둘러싼 군중

이 시기 동안 나는 네 번째 책 『아동의 탄생』을 준비하고 있었다. 1950년에서 1960년까지 10년이 걸린 책이다.

『프랑스 민중사』와 『역사의 시간』을 마치고 나자 복장의 역사를 다룰까 하는 생각이 들었다. 앞서도 얘기했듯이 나는 이미지에 끌리고 있었다. 국립도서관의 판화실에서 판화 컬렉션들을 발견했던 것이다. 미술관과 전시장을 다니면서 '옷차림 양식'에 호기심이 생겼다. 분명히 거기서 끌어낼 의미가 있을 것 같았다. 긴 남성복이 중세 말에 짧게 변하고, 16세기 독일의 민망한 바지 앞섶이나 가슴을 드러내는 18세기 복장이 의미하는 수치심의 변화처럼, 복장의 역사는 흥미로운 소재로 가득해 보였다(20세기 중반의, 엉덩이에 꼭 끼는 복장은 무슨 의미일까?). 그런데 사전 조사를 해 보니, 연대 측정과 유형학을 사전에 아주 꼼꼼하고 길게 연구하지 않으면 이 계획은 실행하기 어려운 거였다. 짧은 기간을 연구 대상으로 선택해 부담을 덜 수도 있었지만 그렇게 되면 연구의 흥미가 다 사라질 터였다. 기간을 분할해 버리면,

빈번하게 나타나는 현저한 문화적 변화들을 다 아우를 수가 없기 때문이다. 나에게는 단기간을 대상으로 한 연구가 늘 맞지 않았다.

그럼에도 불구하고 이 주제를 조사하는 동안, 『프랑스 민중사』를 쓰면서 주의하지 않았더라면 놓쳐 버렸을 사소한 세부 사항을 포착하게 되었다. 아동의 초상을 그리고 옷을 입히는 다양한 방식이 유난히 눈에 띄었던 것이다. 어른의 눈으로 보았을 때, 중세 말기인 16세기부터 아동의 존재가 독자적으로 두드러지는 것으로 보였다. 『프랑스 민중사』에서 18세기로 추정했던 이런 현상은 따라서 그보다 더 오래전으로 거슬러 올라가야 했다. 적어도, 아동에 무관심했던 중세 초기부터 아동에 관심을 보인 18, 19세기 이전의 어떤 시기가 될 것이었다. 더 자세히 들여다볼 필요가 있었다.

복장의 역사가 무산되고 아동의 역사로 넘어간 데에는 가족 모델의 동시대적 변화에 대한 나의 오랜 관심도 한몫을 했다. 『프랑스 민중사』에서 이미 이 문제를 제기했었다. 또한 프리장R. Prigent이 국립인구통계연구소의 공동 연구 모음집 『어제와 오늘의 가족』에 게재할 논문을 요청하기도 했었다. 나는 이 문제가 아주 흥미로웠다. 자료들(문학과 사극 영화 속 자료들이 많았다)을 조사하고 또 내 주변을 둘러보면서, 나는 1950년대 아동의 상황을 긴 지속 기간에 대입하여 정리할 수 있었다. 그렇게 해서 확인한 것은, 보수적인 가톨릭 환경의 이데올로기와 수사학으로 인해 프랑스대혁명 이후 가족의 몰락이 야기됐다는 명백한 사실이었다. 부권의 약화, 유언자의 자유 제한, 유산의 분할, 이혼권과 재혼권 등 가족의 몰락을 부른 원인은 많았다.

그러나 일상적 측면에서는 가족의 몰락이 아니라 오히려 가족의 힘과 결속을 확인하곤 했다. 부부 관계, 그리고 부모와 자녀의 관계가 이 정도로 강렬하고 독점적이었던 적은 처음이 아닐까 하는 느낌을 받았다. 『프랑스 민중사』를 쓸 때부터 나는 앙시앵레짐에서는 이런 형태의 가족이 없었다고 생각하고 있었다. 그러나 아마도 내 생각보다 더 일찍 시작되었을 수도 있었다. 바로 여기서 문제의식이 시작됐다.

당시 여행과, 특히 『지중해의 기억』에서 얻은 교훈의 영향을 받지 않았더라면 나의 생각들은 내가 가장 좋아하는 형태를 취하지 못했을 것이다. 지중해에서 보았던 이미지들은 공동체적 삶, 현대 사회에서는 사라져 버린 확장된 환경의 틀이 존재함을 암시했다. 이러한 사회성의 위축과 가족 감정의 발전 사이의 관계를 정립해 보려고 했다(책 제목도 처음에는 '아동과 가족 감정'으로 할 생각이었다).

지금까지 아동 연구를 시작하게 된 배경에 대해 길게 얘기했다. 나머지는 10년이 넘는 아주 길고 힘든 작업이었지만 빨리 얘기하도록 하겠다. 나는 도상학과 문학에서 출발해서 작품에 나타난 아동의 위상을 포착하고자 했다. 이어서 교육과 훈육이라는 근대적 형태들과 학교가 조건 짓는 아동의 위상을 연구했다. 나도 몰랐는데, 나는 미셸 푸코와 같은 방향으로 연구하고 있었다. 푸코가 '유순한' 권력에 의한 현대 사회의 감금을 얘기할 때, (내가 연구했듯이) 아동을 (학교에) 가두어 놓는 것은 틀림없이 그 첫 번째 예화였다. 내 책에서는 가족이 개방되어 있는 여전히 중세적인 사회와 18세기 이후 가족이 폐쇄된 근대 사회 즉 우리 사회 간의 이행 과정을 다루고 있었다. 따라서 새로운 모델이 서구 문명 전체를 신속하게 정복하게 되는 바로 그 순간에서 연구를 멈췄다. 이러한 연속적 개진은 『프랑스 민중사』에서 이미 밑그림을 그려 놓은 것이었다. 그 후 나는 여러 편의 소논문을 통해 이 문제를 다시 연구했고, 이를 요약한 것이 1973년에 재출간된 『아동의 탄생』 서문이다.* 이런 연속적 접근을 통해서 나는 산업 사회를 전체적으로 조망할 수 있었다. 즉 하나의 가족 모델에서 다른 모델로의 이행은 18세기부터 서구인의 행동 양식을 뒤바꿔 놓은 심리적 현상 즉 감정과 감수성, 그것의 본성, 강도, 집중도의 혁명적 변화에 의해 설명된다. 꼬리를 무는 연쇄 반응을 통해, 이번에는 이런 혁명적 변화가 초래한 변경 사항들이 주거 양식, 도시 계획에 이르기까지 사회 전체로 확산되었다. 가족 대신 도시에서 연구를 시작했더라도 비슷한 결론에 도달했을 것이다. 이 두 가지는 서구 세계를 만들어 낸 사유화의 거대한 움직임을 보여 주는 특별한 케이스이다.

산업 사회에 대한 이러한 분석을 놓고 두 가지 다른 독해가 가능했다. 하나는, 가족이라는 좁은 틀을 넘어서 더 풍요롭고 다양한 주변 공동체로 확장될 수 있는 사회성이 사라졌음을 아쉬워하는 것이다. 다른 하나는, 18, 19세기는 가족 내부 관계에 엄청난 강도와 가치를 부여해서 되돌릴 수 없는 어떤 것이 인간 조건 속에 들어왔다는 확신이었다. 나 자신 역시 이런 아쉬움과 확신을 동시에 느낀다. 그렇기 때문에 나는 이 책을 동시에 두 가지 방향으로 읽은 유일한 독자

* (원주) 필리프 아리에스, 『아동의 탄생』(Seuil, '역사의 세계' 총서, 1973).

일 것이다. 『죽음 앞의 인간』*에서도 동일한 양면성을 보게 될 것이다. 희한하게도, 피에르 쇼뉘 같은 몇몇을 제외한 대부분의 독자들은 이 책에서 19세기에 대한 긍정적 평가를 간과했거나 알아차리지 못했고 가장 오래된 시대에 대한 향수와 사유화 및 '가족주의familisme'의 부정적 효과만을 주목했다. 그것은 『프랑스 민중사』와 『역사의 시간』, 두 권이 나온 1950년대부터 산업 사회 논쟁이 유행하는 주제가 되었고 그와 동시에 이 논쟁은 진영을 바꿨기 때문이었다. 즉 반동주의 우파가 풍요 사회 숭배에 가담하면서 논쟁은 마르크스주의에 더 이상 만족하지 못하게 된 좌파로 넘어간 것이다. 이 현상은 1960년경 미국에서 시작됐다. 1965년 나를 버클리대학에 초청했던 생물학 교수는 캠퍼스 입구에 모인 히피족들을 손가락으로 가리키며 말했다. "로마 포럼forum romanum이 열렸군요." 1962년 출간된 『아동의 탄생』 영역본이 아름답지만 잘못된 제목 『수세기 동안의 유년기*Centuries of childhood*』로 막 소개된 때였다. 이 책은 뜻밖에도 사회학자, 심리학자들로부터 먼저 큰 호평을 받았는데 그들은 정도의 차이는 있었지만 논쟁의 선봉장이 되었다. 이 책은 그들에게 사회의 과도한 사유화를 반박하는 논거를 제공했다. 탤컷 파슨스Talcott Parsons** 같은 사회학자들은 핵가족과 미국적 성공을 동일시했다. 내 책은 이런 상관관계에 뉘앙스의 차이를 부여했고(사실 내가 보기에는 비평가들이 말했던 것보다 더

* 필리프 아리에스의 1977년 저작.

** 1902~1979. 미국의 이론사회학자.

맞는 관계였다) 그러면서 더 이상 안식처가 아니라 게토가 된 폐쇄적인 핵가족의 신화를 벗겨 내는 데 쓰였다. 이어서 사회학자 다음으로 역사가들이 가족을 연구하게 되었다.

프랑스에서는 상황이 반대로 흘러갔다. 1960년에 나온 『아동의 탄생』 초판본은 일반적으로 역사가들의 호평을 받았다. 주로 사회경제학과 인구통계학에 집중했던 아날 학파와 사회과학고등연구원EHESS*의 관심이 심성사로 방향을 튼 시점에 이 책이 나왔기 때문이다. 가족은 새로운 문제의식의 첫 번째 주제들 가운데 하나였다. 1973년에 나온 2판은 심리학자, 의학자, 사회학자, 사회복지 전문가 등 더 다양하고 광범한 대중과 만났다. 사회복지 전문가들의 집회에 초대받기도 했는데, 그들은 나의 '복고적' 관점에 실망했을 것이다. 왜냐하면, 미국에서와 마찬가지로 젊은 독자들은 내 저서들 속에서 좀 더 열린 가족과 작은 공동체가 모여 있는 세상을 추구하기 위한 논거를 찾았기 때문이다. 사람들은 너무 쉽게 산업 사회 비판을 자본주의 및 우파 자유주의 비판과 동일시했고 결국에는 극단적 좌파인 뉴레프트와 동일시하곤 했다.

미국에서는 좀 더 날카로운 좌파들이 상품(아리에스의 책을 뜻한다—옮긴이)이 의심쩍다는 것을 알아차렸다. 그들 중 한 명인, 에릭 에릭슨Erik Erikson**의 제자 D. 헌트D. Hunt는 반체제 인사의 가면 아래 숨어

* 프랑스 사회과학고등연구원École des Hautes Études en Sciences Sociales.

** 1902~1994. 독일 출생 미국 정신분석학자. 아동, 청소년의 정체성 개념 연구에 비약적

있는 반동주의자를 찾아내려고 탐정처럼 파고들었다. 내 신분을 다 털어놓은 『역사의 시간』을 읽었더라면 하지 않아도 될 수고였다.

반대로 프랑스에서는 극단적 보수주의 가톨릭 우파들이 나를 의심했다. 전통주의자 가면을 쓴 수치스러운 현대주의자라고 비난했다. 자신들의 보수주의와 위계질서에 대한 취향을 건드리는 잡다한 과거를 더 이상 좋아하지 않았다. 자신들 윤리와 종교의 마지막 피난처로 섬기는 19세기 가족에 대한 비판을 경계했다. 그리고 예전 사회의 신뢰를 떨어뜨린다는 이유로 19세기의 감정과 감수성을 과대평가한 것에 분개했다.

위대한 편집인

『아동의 탄생』은 내가 책임을 맡고 있던 플롱출판사의 '어제와 오늘의 문명Civilisations d'hier et d'aujourd'hui' 총서로 처음 나왔다.

아주 젊어서부터 나는 출판에 매력을 느꼈는데 그 이유를 이제 알게 될 것이다. 앞에서 종전, 그리고 결혼 이후의 인간관계와 여행들에 대해 얘기했다. 나는 많은 사람들을 만났지만 역사가는 거의 없었다. 띄엄띄엄 몇 명을 만나기는 했다. 열심히 참석하던 17세기 연구학회 모임에서 그런 기회가 종종 있었고, 이 학회는 다른 학회들과

발전을 가져왔다.

달리 상냥했다. 내가 역사가 집단과 떨어져 있는 것이 사실 큰일은 아니었다. 오늘날 시간이 흐르고 인생 경험을 쌓고 보니 불평할 일은 아니었다. 나의 그런 상황에 장점도 있었다. 그러나 당시에는 그런 불리한 점과, 특히 현행 연구들을 접할 수 없다는 것에 아주 예민했다. 이런 결핍을 보상하기 위해 유명한 역사 간행물들을 지속적으로 주의 깊게 읽으려고 노력했다. 해방 후, 1946년부터 역사 간행물들이 재간되자마자 정기 구독을 신청했다. 홀로 고립되어 있던 나는 이 독서를 통해서 역사 연구 동향을 접할 수 있었다. 나에게는 필수 불가결한 독서였다. 1950년대의 역사 편찬과 내가 소르본대학 시절에 배운 것 사이에는 아무 공통점도 없었기 때문이다.

하지만 역시 잡지나 책에서 얻는 정보로는 성이 차지 않았다. 나는 사람을 직접 만나 대화하는 것을 좋아했고 역사가라는 그 희한한 동물들과도 같은 종류의 관계를 만들 필요성을 느꼈다. 내가 쫓겨났던 동물원에 다가가려고 했다. 그러나 카노사Canossa*를 통해서가 아니라, 예를 들면 출판 같은 경로를 통해 다가가고 싶었다. 내가 처음 낸 산문집은 오늘날 아무도 모를 것이다. 불행하고도 코믹한 사건이었다. 나는 반동주의자 지인들 덕분에 어느 여유 있는 청년에게서 부아뱅Boivin출판사의 '프랑스의 옛 지방들'이라는 오래된 총서를 다시

* 이탈리아 북부의 도시. '카노사의 굴욕'으로 유명하다. 1077년 신성로마제국 황제 하인리히 4세가 파문을 철회해 줄 것을 요청하며 3일간 카노사의 눈밭에서 교황 그레고리오 7세에게 참회했다. 여기서 카노사는 이 사건에 빗댄 표현으로 보인다.

맡아 달라는 요청을 받았다. 이 프로젝트에 한껏 고무된 나는 지방에서 일어난 일의 역사 즉 프랑스 전체 역사를 지방별로 분할해 놓은 역사에서 법학, 미술, 지리학을 동원하여 지방마다 다른 문화의 역사로 변환하고자 했다. 결국 나중에 가서 프리바출판사의 필리프 울프가 시도해서 성공시킨 구상이었다. 총서 목록의 몇몇 저자들은 이런 나의 시도의 필요성을 이해하고 도와줄 수 있는 사람들이었다. 내 생각에 동의한 한 저자를 만나러 갔다. 기쁜 나머지 나는 저자가 냈던 총서의 책을 직접 새로운 포도주로 다시 담아 달라고 요청했다. 내 착각이었다. 과거의 총서 콘셉트에 대한 내 비판은 받아들였지만 자기 자신의 책에 대해서는 아니었던 것이다! 이 저자는, 새로운 콘셉트에 맞추기 위해 바꿀 문장은 단 한 줄도 없다, 이미 거기 다 들어 있다고 했다. 나는 특권적 지식인들과 그들의 사업에서 동떨어져 있었다는 걸 깨달았다. 이 우연한 일로 나는 세상 물정을 알게 되었다.

따라서 그 프로젝트를 포기했는데, 사실 실현될 수도 없는 것이었다. 당시 대학의 특성 때문이기도 했고 전체적인 역사 연구의 진척 상태가 그 계획을 받쳐 줄 상황이 아니었기 때문이다. 그때서야 나오기 시작하던 박학한 전문 연구 성과들을 더 기다려야만 했다.

이렇게 현실의 쓴맛을 보고 나서 또 다른 기회가 생겼다. 독일군 점령 기간 동안 나는 플롱출판사의 독자 서평을 맡게 되었다. 플롱출판사에서 원고 검토 일을 하던 아드리앵 당세트가 그만두게 되어 인문 편집장 피에르 벨페롱에게 나를 추천한 것이다. 역사를 전공한 벨페롱은 미국 남북전쟁사를 출간했고 당시에는 알비주아 십자군전쟁사*를 준비하고 있었다. 나는 그와 아주 뜻이 잘 맞았다.

당시 출판사들은 원고를 우편으로, 또는 저자가 직접 들고 오는 방식으로 많이 받았다. 숫자는 줄지 않았지만 원고의 출처는 변한 것 같다. 오늘날은 주로 대학 연구물이나 일반 대학 박사 학위 논문들이다(편집자들이 가장 두려워하는 국가 박사 학위 논문은 결국 더 이상 출판하지 않는다). 내가 독자 서평을 맡았을 때는, 역사에 취미가 깊은 애호가, 판사, 변호사, 군인 같은 유명 인사들이 주로 원고를 가져왔다. 손으로 쓴 원고들은 교양인의 문화에 관한 뛰어난 자료가 되었다. 오늘날은 이런 문화가 대학 지식인들의 글로 대치되면서 사라져 버렸다. 반갑게도, 벨페롱은 프랑스어 원고를 비롯해서 번역 후보작인 이탈리아 서적, 영어 서적 등 온갖 책을 나에게 맡겼다.

내 검토서 의견이 부정적일 때는 아무 문제가 없었다. 그러나 어쩌다 호의적인 의견을 내면 출판사는 난리가 났다. 벨페롱 편집장은 먼저 나를 설득하고 나서 검토서를 휴지통에 던져 버렸다. 만일 내가 주장을 접지 않고 편집장을 설득하면 상황은 정말 심각해졌다. 플롱 출판사에서 최악의 업무는 새 책을 만드는 것이었다. 무슨 수를 써서라도 그런 일은 피해야 했고 할 수 없이 하게 될 경우도 불안과 갈등 속에 '막판에 가서야' 했다.

---

* 1208년 프랑스 남부 알비와 툴루즈를 중심으로 한 이단 알비주아파를 응징하기 위한 십자군전쟁으로 중세 종교 전쟁이 시작되었다.

1939년 2차 대전이 터지기 전, 플롱출판사*는 창업자에게 회사를 물려받은 후계자 '아버지' 부르델Bourdel이 운영하는 가족 회사로, 대형 출판사였다. 그는 폴 부르제, 모리스 바레스Maurice Barrès**, 유명 인사들의 회고록을 펴낸 출판인이었다. 내가 플롱출판사를 알게 되었을 때는 '아들' 모리스 부르델이 운영했는데, 그때는 이미 대형 출판사가 아니었다. 모리스 부르델은 처음에는 가족들과 공동으로 경영했다. 플롱출판사 후계자들은 매주 회의를 통해 사업을 논했고 특히 펴내지 말아야 할 책을 논의했다. 회의 광경은 정말 기이했다. 한 명은 자기 개 옆을 떠나지 않았고 또 청각 장애가 있는 한 사람은 당시로선 최고 성능의 보청기를 노상 끼고 있었다. 뭔가 자기 맘에 들지 않으면—예를 들어, 책을 내야 한다는 긍정적 검토서라든가!— 그는 보청기를 빼서 한 무더기의 보청기 도구들과 함께 책상 위에 던져버리고 팔짱을 낀 채 의자 뒤로 몸을 젖혔다. 어떤 웅변적인 출간의 변도 듣지 않겠다는 것이었다.

이 침묵의 벽을 뚫고 나온 책들은 처칠, 드골 같은 정치가의 회상록이나, 판관들의 회의에서 진지하게 고려하는 유일한 견해가 나오는 파리 명사들의 책들이었다. 이런 조건 속에서 출판사는 오래가지 못했을 것이다. 다행히 모리스 부르델이 사촌들과의 공동 경영을

* 1852년 앙리 플롱이 세운 출판사.

** 1862~1923. 프랑스 작가이자 정치가. 전통주의적인 국가주의자, 애국주의적 정치가로 유명했다.

정리하고 사망한 벨페롱 편집장 다음으로 샤를 오랑고Charles Orengo* 를 영입했다. 그러자 마치 사무실에 미스트랄이 한바탕 몰아친 듯했다. 그전에는 발자크 소설에 나오는 공증인 사무실처럼 칙칙해서 어두운 극장 뒷무대로 들어가는 느낌이었다. 그랬던 곳이 일주일 만에 내부 장식이 바뀌어 있었다. 금요일 늦은 오후에 갔더니, 원래 내 책상이 있던 자리가 어딘지 헷갈렸다. 사무실을 둘로 나눠서 다시 페인트를 칠한 거였다. 플롱출판사에서 전기를 쓰던 앙리 마시스Henri Massis** 를 찾았는데 일주일 전에 보았던 자리가 아니라 새롭게 바뀐 작은 방에 있었다. 전에는 없던 나선형 목재 계단이 오랑고의 집무실까지 이어져 있었다. 이 모든 변화는 앞으로 펼쳐질 그의 놀라운 활동의 작은 전조에 불과했다. 어떤 점에서 오랑고는 부탕을 떠오르게 했다. 넘치는 활기, 들끓는 아이디어가 자연의 힘을 느끼게 하는 점이 그랬다. 자기는 양말 장수처럼 책을 판다고 했지만 전혀 아니었다. 아주 정교하고 영리했으며, 차분히 책을 읽기보다는 활동적으로 사교하는 사람이었다. 혼자서 일할 수는 없었으므로 밤낮없이 맘껏 부릴 수 있는 희생양이 필요했다. 엄청난 일을 해냈기 때문이다.

---

* 1919~1974. 프랑스 출판인. 1943년 모나코에 로셰출판사를 세우고 장 콕토의 책들을 펴냈다. 1950~1955년 플롱출판사 편집 위원으로 마르그리트 유르스나르의 『아드리아누스 황제의 회상록』, 드골의 『전쟁 회고록』 등 명저를 펴냈다. 이어서 1960년까지 인문 편집장으로 일했다.

** 1886~1976. 프랑스의 가톨릭 작가이자 평론가. 2차 대전 후 친독 작가 명단에 올랐지만 숙청은 면했고 플롱출판사의 전기 작가였다. 1961년 프랑스 한림원 회원이 되었다.

가브리엘 마르셀의 주간 대담 모임에 가기 전, 몇 집 건너에 있는 플롱출판사에 금요일 저녁마다 들르는 일은 정말이지 그윽한 기쁨의 순간이었다. 나는 사무실을 한 바퀴 돌면서 인사하곤 했다. 좀 바쁜 일이 있을 때는 앙리 마시스 선생의 자리는 조용히 지나치려고 했다. 하지만 소용없었다. 이분은 자기 앞에 지나가는 사람을 지켜보다가 무슨 얘기든 건넸고, 듣고 보면 또 재미있는 얘기들이었다. 내가 출판사에 들르면 즉각 마시스의 견원지간 이웃인 장 비뇨Jean Vignaud*에게 알려졌다. 두 사람은 칸막이로 나뉜 방을 같이 쓰고 있었다. 민중 설화 전문가였던 장 비뇨는 이미 30년 전에 작고한 조르주 소렐Georges Sorel**과 친구였다. 그보다 더 일찍 사망한 프루동Proudhon***과 친구가 아닐 뿐, 연세가 아주 많은 분이었다! 오랑고는 이런 특이한 작가들과 어울리기를 좋아했는데 이를 보고 플롱 가문의 마지막 후계자들은 경악을 금치 못하곤 했다.

사무실을 좀 더 들어가면 '진열 전문가étalagiste'들의 소굴이었다. 공식적인 이름은 서점 진열대 준비 직원이라는 뜻이었지만 그들이 제일 좋아하는 일은 가능한 한 많은 사람을 놀리는 것이었다. 그들의 작업실은 플롱출판사에서 책을 낸 저자들의 합성 사진으로 도배되어 있었다. 가브리엘 마르셀, 다니엘롭스Daniel-Rops 등등이 기상천외

---

* 1875~1962. 프랑스의 언론인이자 작가.

** 1847~1922. 프랑스의 사회사상가. 프랑스에 마르크시즘을 최초로 도입한 사상가 중 한 명으로 혁명적 생디칼리슴의 선구적 이론가이다.

*** 1809~1865. 프랑스 무정부주의 사상가이자 사회주의자.

한 포즈를 취하고 있었고, 한번은 편집장 모리스 부르델이 성령의 힘으로 출판사에 추락한 에콜 폴리테크니크 생도처럼 이각모를 쓴 사진도 붙어 있었다. 그 진열 전문가들 중에 소알라는 나중에 프랑스에서 가장 '큰' 출판인이 되는데, 왜냐면 프랑스 국립미술관연합의 출판을 총괄하기 때문이다. 또 다른 직원 제임스는 내가 아는 가장 재능 있는 인물이었다. 콩트 작가였고, 화가, 음악가 등 모든 걸 할 줄 알았고 심지어 뛰어난 요리사이기도 했다(요리에는 버터, 회화에는 유화 기름을 썼다). 처절한 블랙유머를 구사하는 입담도 좋았다.

마지막으로 오랑고 편집장의 집무실로 갔다. 그의 집무실은 장식을 자주 바꾸는 바람에 유목민의 집무실 같았다. 그곳에는 현재 고급 미술 서적 출판인이 된 미셸 브루타를 중심으로 늘 여러 명의 저자, 독자 위원, 지나다 들른 친구들이 있었다. 흥미진진한 그 집무실을 나오려면 정말 용기가 필요했고 가브리엘 마르셀의 주간 대담에 대한 관심이 없었다면 나오기 싫을 정도로 정말 재미있었다.

이 출판사를 거쳐 간 온갖 분야의 최고봉들은 수없이 많았다. 나중에 오랑고가 떠난 다음에는 시달리고, 핍박당하고, 해고당했지만 말이다. 이들 중엔 아직도 잘 알려지지 않은 인재도 있지만 많은 이들이 유명해졌다. 프랑스 한림원에 들어간 미셸 데옹Michel Déon*, 공쿠르 아카데미에 들어간 미셸 투르니에Michel Tournier**, 콜레주 드 프

* 1919~2016. 프랑스 경기병파 작가.

** 1924~2016. 프랑스 작가. 플롱출판사에서 번역자로 오래 일했고, 42세에 발표한 첫 작

랑스에 들어간 미셸 푸코 등이 있다.

오랑고는 샤를 드골의 회상록들과 힘겹게 확보한 명성 자자한 책들을 출간하면서 플롱출판사에 신선한 공기를 한껏 공급했다.

드골의 『전쟁 회고록』 제1권 출간을 기념하여 모리스 부르델이 열었던 파티가 기억난다. 누군가 책의 요약본을 낭독했다. 그 내용 때문인지 모르겠지만 행사가 끝날 때쯤 부르델은 너무나 감동한 나머지, 아니면 너무나 피곤했거나, 아무튼 내 손에 입을 맞췄다. 마치 사교계 여성이나 추기경한테 하듯이 말이다.

샤를 오랑고는 대성공을 거둔 책들 이외에도, 출판사의 오래된 자산을 쇄신하고 권위 있는 총서들을 시작하고자 했다. 사회학에 관한 총서는 거기서 막스 베버의 책을 번역한 E. 드당피에르에게 맡겼다. 민족학 총서는 장 말로리에게 맡겼는데 이 총서만이 『말 대신 자부심*Cheval d'orgueil*』[*], 『툴레의 마지막 왕들*Derniers rois de Thulé*』 같은 책의 대성공으로 오랫동안 살아남았다. 마지막이 내가 맡은 '어제와 오늘의 문명' 총서였다. 직업적 역사가들의 비좁은 집단을 넘어 더 광범한 지식인층에 다가서는 역사서들을 내는 것이 내 목표였다. 그러나 독창적인 저작이라야 했고 통속적이거나 대필한 것은 사절이었

폼 『방드르디 혹은 태평양의 끝』과 『마왕』 등이 대표작이다. 프랑스 현대 문학의 거장으로 불린다.

* 1975년 '인간의 땅' 총서로 나온 엘리아스P.-J. Hélias의 자전적 산문집. 브르타뉴 지방의 가난한 가족의 삶을 그려 세계적인 베스트셀러가 되었고 영화화되었다. 가난해서 말이 없을 때 사람은 자부심을 타고 다녀야 한다는 책 내용에서 이 제목이 나왔다.

다. 역사가의 연구에서 전문가 이외에도 동시대인들의 관심을 끄는 주제를 표현한 것이라야 했다. 실제적으로 그 총서와 역사의 관계는, 카뮈가 보여 준 것처럼 에세이와 철학의 관계 같은 것이기를 바랐다. 오늘에 와서, 내 책들은 에세이지 진정한 역사서가 아니라는 '진짜 학자'들의 글을 보니 재미있다. 실제로 나는 역사 에세이를 펴내고 싶었다. 이 시도는 분명히 너무 시기상조였다. 당시 지식인들은 철학과 평론, 인문 과학을 읽었기 때문이다. 역사를 성찰을 위한 문학으로 여기지 않았고 여전히 전문가들에게 한정된 것으로 여겼다. 그러나 알다시피 오늘날은 역사서가 문학책처럼 읽힌다.

이 총서의 요건에 완벽하게 부합하는 신작이면서, 공연히 무겁지 않고 신선한 자극을 주는 책으로 총서를 시작하고 싶었다. 라울 지라르데의 『군사 사회*Société militaire*』가 바로 그런 책이었다. 그러나 원고가 아직 끝나지 않은 상태였다. 지라르데를 아는 사람들은 내가 어떤 모험을 했는지 이해할 것이다. 출판 분야에서 거둔 내 인생의 가장 큰 성공은 라울이 거의 제때에 집필을 끝내도록 한 일이다. 1953년이었다. 이어서 다른 책들이 나왔다. 지금도 재출간하는 책들만 열거하자면, 루이 슈발리에의 『근면한 계급과 위험한 계급들』, 질베르 피카르의 『로마 제국 아프리카의 문명』, 미셸 보벨의 『바로크적 경건함』 등이 있다.

어느 날, 두꺼운 원고가 하나 배달되었다. 고전주의 시대의 광기와 비이성의 관계를 다룬 철학박사 논문이었는데 내가 모르는 저자였다.

원고를 읽는데 경이로웠다. 그러나 부르델 후임자로 들어와, 오랑고를 쫓아낸 새 경영진을 설득하기는 정말 어려웠다. 그들은 은행가와 플레이보이 같은 보좌진이었는데 둘 다 출판 경험이 전무한 사람들이었다. 이 책은 짐작하다시피, 미셸 푸코의 첫 번째 저서 『광기의 역사*Histoire de la folie*』*였다. 결국 그들을 설득했고 그렇게 책이 나왔다. 일단 책이 나오면 출판인들은 머릿속에 한 가지 생각밖에 없다. 더 이상 그 책 얘기를 듣지 않는 것! 잘 팔리는지도 중요하지 않았고 책을 알리려고 시도해서도 안 됐다. 빨리 잊어버리자! 다른 많은 책들도 마찬가지였다. 출판사 협력자였던 어떤 사람은 자기가 싫어하는 사람들이 추천한 책을 열심히 팔지 말라고 책 판매원들에게 압력을 가하기도 했다. "아세요? 우리는 이 책을 잡아야 했어요. 근데 관심이 없었죠…." 이런 상황에 기적적으로 책이 팔리면 그건 정말 독자들이 원하기 때문이었다.

내가 맡은 총서는 나중에 로베르 망드루가 만든 '심성의 역사 Histoire des mentalités' 총서와 통합되었고, 거기서 마르시예 부인Mme Marcillay이 쓴 오를레앙 교구에 관한 훌륭한 논문이 출간되었다. 우리 둘의 공동 총서 제목은 '문명과 심성'이었다. 이 새로운 제목의 총서에서 보벨, 카스탕의 대저작들이 나왔고 종교재판 교본 같은 고전, 요셉 찹스키의 누이인 마리아 찹스카의 가족 회상록 『중앙 유럽의

---

* 『광기와 비이성: 고전주의 시대의 광기의 역사*Folie et déraison. Histoire de la folie à l'âge classique*』(Plon, 1961).

일가』 등이 나왔다. 새롭게 총서를 만들고 나서는 에세이보다 논문이 더 많은 비중을 차지했지만 논문들 자체가 이제는, 많은 정보와 참고 서적들을 활용해 질문에 대답하는 에세이의 구성 방식을 따랐다.

총서를 맡은 우리 둘은, 내가 가장 좋아했던 역사서 중 한 권인 이브 카스탕의 『18세기 랑그도크 지방의 정직성*L'Honnêteté en Languedoc au XVIIIe siècle*』을 마지막으로 멋지게 임무를 마쳤다. 이후 총서는 오랫동안 겨우 유지됐다가, 닐센Sven Nielsen이 플롱출판사를 사들인 다음부터 휘청거렸다. 한때 마르셀 쥘리앙이 총서를 맡았는데, 그가 프랑스라디오텔레비전방송국ORTF 다음에 나온 새로운 TV 방송사 대표로 취임하면서 총서는 끝이 났다. 플롱출판사의 명성 높은 총서들 가운데 장 말로리의 총서만 유지되었고, 나머지는 모두 폐기 처분되었다.

솔직히 말해서 1970년대 초에 우리 총서는 독창성을 잃어버렸다. 오랫동안 이 분야에서 독보적인 총서였는데, 거의 모든 괜찮은 출판사마다 비슷비슷한 역사 총서를 냈고 다 똑같이 심성사를 표방했던 것이다.

몇 년 전부터 나 역시도 가랑시에르 가의 플롱출판사에서 멀어졌다. 그토록 활기 넘치고 개성 가득했던 출판사가 현대식 '디자인' 건물이 들어서면서 마치 차갑고 지루한 병원이나 치과처럼 보였다. 더 이상 그곳에서 사람들을 만날 일이 없었다.

어리석은 파리여!

이처럼 내 생활은 빈틈없이 꽉 차 있었다. 모든 모임과 만남, 만찬, 연주회, 현대극과 고전극이 공연되는 극장 등을 쫓아다니느라 잠잘 시간이 없었다. 결국 몸이 망가졌다. 스페인 여행 중에 고열로 쓰러졌다. 툴루즈로 왔더니 심각한 폐렴 진단이 나왔다. 열 달 동안 모든 것을 멈춰야 했다. 1940년대 초의 칩거보다 더 근본적인 칩거의 시간이었다.

그렇지만 초기의 공포심이 지나간 다음의 그 시기에 대해 나쁜 기억은 없다. 포Pau* 근처의 요양원에서 치료받던 나를 찾아 아내가 내려왔다. 우리 방 창문 세 개는 해가 떠도 달이 떠도, 피레네 산맥의 긴 산줄기를 향해 활짝 열려 있었다. 우리를 둘러싸고 밀폐된 요양원 생활이 조용히 흘러갔고, 우리는 책을 읽었다. 『마의 산』** 처럼 상황에 맞는 책들이었다. 『아동의 탄생』 자료 수집이 거의 끝났을 때여서 나는 쾌적한 환경에서 그 책의 여러 장을 쓸 수 있었다.

병이 낫자, 아니 '안정되자' 나는 생활 리듬을 바꿔 좀 더 조용히 지낼 필요가 있었다. 그래서 우리는 파리를 떠났고 아무런 아쉬움도 없었다. 파리는 자동차로 가득 찼고, 오퇴유 가의 우리 아파트는 밤마다 크게 문 닫는 소리가 들렸고, 센 강변에는 죽은 물고기가 떠올

---

* 프랑스 남서부 피레네 산맥 인접 도시로 툴루즈와 가깝다.

** 토마스 만의 이 소설은 배경이 알프스 산맥 다보스의 요양원이다.

랐고, 우리가 좋아하던 산책길은 찻길이 되어 가고 있었다….

파리를 떠나 메종라피트*에 정착했다. 처음에는 파리 생활 습관을 그대로 유지하면서 이웃과 교류 없이, 마치 청정 지역에 사는 것처럼 살았다. 그러다가 조금씩 이 작은 도시의 매력을 알게 되었다. 이곳은 파리로 출근하는 회사 '간부들', 말과 관련된 사람들, 아랍과 포르투갈 이민자들이 함께 살았는데 저녁이면 동네 광장에서 한잔하거나 경마 복권 발표를 보려고 산보를 나왔다(이 도시는 안타깝게도 강물 같은 고속도로로 두 동강 나 있었다). 이 도시에서 우리의 친구 찹스키를 다시 만났다. 그는 프랑스의 폴란드 디아스포라가 펴내는 뛰어난 잡지 『쿨투라』 건물에 살고 있었다. 그의 집에서 동유럽 방문객들을 만나기도 했다. 이런 행복한 만남 덕분에 우리는 많지는 않지만 이웃이 생겼고, 그렇게 해서 이웃과 더불어 사는, 잊힌 기술을 다시 배울 수 있었다.

콘크리트와 전문 관료 사회의 공격성에도 불구하고 메종라피트는 우리가 역사 속에서 찾던, 잃어버린 사회성을 조금은 간직하고 있었다.

---

* 파리 북서쪽으로 18킬로미터 떨어진 도시. 19세기부터 유럽 최고 수준의 경마장이 있어 '말의 도시'로 불린다.

7. 『나시옹 프랑세즈』의 모험들

역사와 문헌정보, 두 가지를 병행하며 살아온 나는 정치에 관여할 여지가 거의 없었다. 그러나 정치는 내가 예상하지도 못한 순간에 코앞에서 나를 기다리고 있었고 새로운 모험에 나서게 되었다. 이 모험은 『나시옹 프랑세즈*La Nation française*』와 함께 멋지게 출발했고 알제리 사태와 함께 파국을 맞았다. 솔직히 말해, 이 잡지는 처음에, 알제리 전쟁의 여파로 과격해지기 전까지는 정치적 운동이라기보다 윤리적, 사회적, 역사적 성찰을 통해 정치적 지평을 넓히려는 시도였다.

이러한 성찰을 통해 나는 그때까지 제대로 표명되지 않은 경향들을 좀 더 명확히 정리할 수 있었다. 즉 1930년대의 반민주적·독재적 민족주의의 제반 경향들로, 나도 모르는 새 조금씩 거기서 멀어져 갔고, 일종의 무정부주의를 지향하게 되었다. 내가 보기에는, 이제 제3공화정 시절처럼 국가와 국회 체제의 취약성이 문제가 아니라 반대로 국가와 관료주의가 용인할 수 없을 정도로 큰 권력을 장악했다는 게 문제였다. 집중적인 동시에 분산된 권력을 통해서 국가가 강력해지려면 아주 유연해야 하는데 더 이상 유연하지 않았다. 그런 이유 때문에 나는, 어떻게 권력이 사회를 빈틈없이 통제하면서 관리하는지를 보여 주는 푸코의 논제에 그토록 빠져들었던 것이다. 내가 참여했던 『나시옹 프랑세즈』는 그때그때 기고문을 통해 내 생각을 정리할 수 있는 실험실이었다. 국가와 정치 체제만이 문제가 아니라는 것, 우리 부모님과 옛 스승들이 바랐던 것처럼 그것들을 변화 또는 개혁해 봐야 아무 소용 없다는 것을 분명히 알게 되었다. 악의 근원은 더 깊은 곳에 있었다. 사회와 문명 속에 뿌리 내려 있었다. 바로 그 문명을 다시 시작하거나 다시 찾아내야만 했다.

AF의 계승

『나시옹 프랑세즈』는 1944년 비시 정부 언론 매체와 함께 폐간당한 노쇠한 『악시옹 프랑세즈』 계승자들 간 갈등의 산물이었다.

해방 후, 『악시옹 프랑세즈』 기자와 직원들은 중단되었던 주간지를 재발행하고자 했다. 주간지 제목은 『프랑스의 제 양상*Aspects de la France*』으로, 해방과 함께 금지된 신문이자 오래된 우익 사상 단체인 '악시옹 프랑세즈'의 첫 글자 AF와 같은 약자를 썼다. 모라스는 감옥에서 기고문을 보내면서 자신의 존재를 알렸다.*

『파롤 프랑세즈』 이후 기고할 곳이 없었던 피에르 부탕은 너무나도 당연히 『프랑스의 제 양상』에 들어갔고 일간지 『악시옹 프랑세즈』 시절 모라스가 하던 방식으로 매주 사설을 실었다. 그의 뒤를 이어서 나 역시도 큰 열정은 없었지만 기고문 몇 개를 싣기도 했다. 나는 그들의 유치하고 반복적인 담론에 아무 흥미가 없었고, 그런 담론에서는 옛날의 질 낮은 AF가 가진 모든 결점을 볼 수 있었다. 그렇지만 부탕이 들어와서 이 답답한 벙커에 신선한 바람을 가져올 것으로 기대할 수 있었다.

그러나 내가 보기에 언론은 이제 더 이상, 제3공화정에서와 달리 여론의 지렛대가 아니었다. 이제는 인물들 개개인만이 여론을 움직일 수 있었다. 어제는 카뮈와 사르트르가, 오늘은 솔제니친과 이반 일리치가 말이다. 솔제니친은 언론이 실패한 바로 그곳, 소연방 러시아와 마르크스주의까지도 보호했던 터부를 깨는 데 성공했다.

확신컨대 피에르 부탕은 우파 사르트르의 면모를 지니고 있었다. 더욱이 오늘날 그를 좋아하는 독자들은 그가 언론 기고를 멈추고 쓰기 시작한 책들 덕분에 생겨났다. 그러나 부탕은 이런 얘기를 들으려고 하지 않았다. 자신은 모라스의 계승자이자 정치 해설가라는 신념을 갖고 있었다.

그러나 부탕은 얼마 못 가서, 그를 배척하는 『프랑스의 제 양상』

---

* 해방 후 77세 나이에 대독 부역죄로 수감된 『악시옹 프랑세즈』 설립자 모라스는 감옥에서 계속해서 글을 발표했다.

집행부의 역겨운 음모전에 맞서 싸우다가 갈라졌고, 그곳을 나왔다. 이 분쟁이 인물의 문제 때문인 것처럼 보일 수 있지만 사실은 문화적인 양립 불가성을 드러내 주었다. 그들은 원했을지 몰라도, 부탕은 모라스주의의 가장 형식적이고 낡은 이데올로기 잔재들이 썩어 가는 그 소굴에 오랫동안 갇혀 있을 수 없었다. 그러나 두 번째 참담한 경험에도 불구하고 부탕은 저널리즘을 여전히 좋아했다. 정기적인 정치 평론을 발표할 다른 언론을 서둘러 찾았다. 우리를 좋아했던 다니엘 알레비가 후원하기로 해서 창간 회의를 주재했고, 우리만의 주간지 『나시옹 프랑세즈』를 창간하게 되었다. 나는 같은 배를 타고 있었지만 운영을 맡지는 않았다. 내 직업과 역사가로서의 연구로 너무 바빴기 때문이다.

곧이어 『나시옹 프랑세즈』는 과거 AF의 무정부주의적 표절이 아닌, 다른 어떤 것으로 자리매김했다. AF의 기원, 선조들에게 충실하면서도 교조주의와 근본주의적 교의를 따르지 않기로 했다. 우리가 필요한 것은 뭐든 다 되는 교의가 아니라, 모든 선입견과 순응주의를 넘어선 관찰과 성찰이었다. 세상은 변한다는 것을 잘 알고 있었고, 유행하는 제도에 속지 않고 이 변화를 이해하고자 했다.

『나시옹 프랑세즈』는 즉각, 포위당한 자들의 은신처가 아닌, 좌우 양쪽에서 실망한 다양한 지평의 사람들이 만나는 장소가 되었다. 이들은 전통이든 현대든 순응주의에 대한 우리의 엄격한 불관용과 현재에 대한 우리의 열정적인 호기심에 매력을 느꼈다. 그러나 이 현재는 결코 역사를 지우는 것이 아니라 시간의 연속성에서 역사와 연결된 것이었다.

내가 틀렸을까? 우리의 독창성, 우리의 공통분모는 바로, 근대성과 진보의 도그마를 거부하는 것이었다. 그것이야말로 당시 온갖 마르크스주의자, 테이야르*주의자 가톨릭들, 생시몽**주의적이고 산업주의적인 양식 있는 우파 등 수많은 사상 단체들이 내세우던 허황된 주장들이었다. 옛날 『나시옹 프랑세즈』 모음집을 들여다보면, 68년 5월 혁명의 거대한 해방구에 이어 미디어에서 쏟아져 나오던 많은 테마들을 다시 찾아볼 수 있을 것이다.

『나시옹 프랑세즈』 사무실은 그 지면에서와 마찬가지로 다양성으로 가득했다. 당시 자크 로랑의 『파리지엔*La Parisienne*』***과 같은 신우파nouvelle droite—오늘날의 신우익과는 아무 관계도 없다—로 불리던 작가들은 우리 주간지를 좋아했고 기회가 될 때마다 간간이 기고했다. 그러나 우리는 문학에 경도되어 있지 않았기에 그들을 더 참여시킬 수는 없었다. 오히려 진지한 괴짜들이 많이 드나들었다. 약간 일탈한 듯한 삶과 사고의 소유자들로, 고정관념 같은 건 개의치 않으면서 고독하고 야생적으로 혼자 다니는 사람들이었다. 하지만 은밀하

---

* 피에르 테이야르 드 샤르댕Pierre Theillard de Chardin(1881~1955). 프랑스의 사제이자 고생물학자로, 실증과학자로 활동하면서 창조론과 진화론의 통합을 모색한 영성가이다.

** 생시몽Saint-Simon(1760~1825)은 마르크스주의 원천 중 하나인 프랑스 사회주의의 선구자이다.

*** 자크 로랑이 발행한 월간 문학지(1953~1958). 사르트르와 실존주의, 아라공과 공산주의의 영향력에서 벗어난 모든 유파의 작가와 지식인들이 참여했다.

고 내적인 괴짜들일 뿐, 실제 실행에 옮기지는 않았다.

그들 중 한 명이 특별히 흥미로웠는데, 『우파, 미지의 것*La Droite, cette inconnue*』을 쓴 필명 엘루앵J. Elluin이라는 작가였다. 민족학, 구조주의(아직 유행이 아닐 때였다), 시, 문화가 엉뚱하게 뒤섞인 책이었다. 그 책 편집자였던 모리스 바르데슈Maurice Bardèche*와 내가 그 책을 좋아한 단 두 사람일 것이다. 피에르 부탕은, 모라스를 좌파로 규정한 엘루앵의 책을 헛소리로 여겼다. 내 생각에는 우파를 민족주의적, 구조주의적으로 해석한 이 책이 지금 나왔다면 더 인정받았을 텐데 10여 년 앞서 나온 셈이었다. 나는 이 책을 알리기 위해 할 수 있는 것을 다 했다. 생자크뒤오파 교회의 사목실에서 열린 우파에 관한 토론에도 그와 동행했는데, 그는 한 마디도 꺼내지 못했다. 사제들이 어떻게 모순을 감추는 기교를 써 가면서 교묘히 토론하는지, 그들이 기존 사고에서 벗어나 참신한 무엇에 관심을 갖는 게 얼마나 불가능한지 배운 좋은 기회였다.

우리는 그렇게 『나시옹 프랑세즈』에서 온갖 기발한 사람들을 만났다. 부탕이 개방적이고 환대하는 집 주인이었기 때문인데, 고약한 성질머리로 유명했던 그의 평판과는 완전히 반대였다(사실 고약하기도 했다!). 『나시옹 프랑세즈』 시기는 내 인생에서 은총의 시기였다. 이 주간지는 하나의 사고를 강요하지도 않았고 자기들이 인정하지 않는 다른 사람들의 생각도 악의 없이 분석했고, 공감을 살 줄 알았다. 편

* 1907~1998. 프랑스의 극우파 작가이자 언론인.

집 회의가 열리는 저녁에는 허름한 식당에서 대화가 이어졌다. 허름했지만 맛있는 음식을 내는 집이었는데, 그때만 해도 파리에는 그런 식당들이 있었다.

알제리 사태

알제리전쟁은 사상의 좌우를 넘어 오아시스 같은 텔렘 수도원*을 만들었던 이 우정 어린 집단에 구름을 드리웠다. 이 전쟁은 처음에는 『나시옹 프랑세즈』에 성공을 가져다주었고 이어서 분열과 죽음을 가져왔다.

이 모임의 매력이었던 폭넓고 다양한 견해들은 알제리 문제에 대한 각자의 입장에 따라 주요한 경향 세 가지를 축으로 좁혀졌다. 민족주의 경향의 골수 극우파들은 무슨 일이 있어도 알제리를 프랑스의 행정 구역으로 유지하고자 했다. 그들은 이런 의도 속에서 정치 노선을 180도로 꺾으면서 선회하는 것을 서슴지 않았다.

하루는 한 친구가, 경제 성장으로 일손이 부족한 프랑스에 너무 많은 이슬람 이민자들이 밀려온다면서 프랑스의 고유한 문화를 변질시킬 위험이 있다고 걱정했다. 나는 그런가 보다 했다. 몇 달 뒤, 알제리 사태가 심각하게 돌아가기 시작했고 토착민들의 반항이 위협적으

---

* 라블레의 『가르강튀아』에 나오는 유토피아적 수도원이다.

로 변해 갔다. 당장 무슨 수를 써서라도 뭔가를 해야만 했다. 그런데 그 친구, 그런 걱정을 했던 바로 그 친구가 이민자 동화 정책을 지지하고 나섰다. 정부가 지금 당장 이슬람교도 알제리인을 제일 중요한 외국의 프랑스 대사로 임명해야 한다고 주장했다. 프랑스의 통합 정책이 실체화되었음을 입증해야 한다는 얘기였다.

이렇게 민족주의자들은 상황과 위기에 따라서 영토 수호 또는 민족 보호를 바꿔 가며 주장했다.

세베루스 황제* 시절의 로마처럼 신속한 동화 정책을 지지하던 다른 친구에게 내 걱정을 털어놓았다. 정말 몇 년 만에 프랑스 문화를 체득한 프랑스인이 되는 게 가능할까? 아랍인이든 북아프리카 카빌리아인이든 그렇게 귀화하면 우리랑 똑같은 프랑스인이 되는 것일까? 하고 묻자, 친구가 대답했다. "오베르뉴 사람이나 브르타뉴 사람과 비슷해지겠지."** 내가 이 말을 옮기는 이유는 우리 문화유산에 대한 프랑스 민족주의자들의 믿을 수 없는 무지를 잘 보여 주기 때문이다. 이 얼마나, 시대착오적인 무지에서 비롯한 경멸적인 이미지란 말인가? 그 지역들은 프랑스의 장구한 민중 구전 문화를 이룬 곳인데 말이다. 중동의 이슬람 문화와 같은, 소중한 문화유산인 것을!

---

* 세티미우스 세베루스 황제(재위 191~211). 로마의 20번째 황제로 북아프리카 출신이다. 황실 조정을 이탈리아인, 아프리카인, 시리아인 등으로 구성하는 동화 정책을 썼다.

** 프랑스 중남부 오베르뉴와 프랑스 서부 브르타뉴는 각각 프랑스어와 다른 고유 지방어(오베르냐, 브르통, 갈로)와 고유한 문화를 갖고 있어서 문화적·정서적 통합에 오랜 기간이 걸렸다.

두 번째 경향도 역시 극단적인 우파였지만, 민족주의보다는 기술의 진보로 위협받는 전통적 가치를 옹호하는 그룹이었다. 그들에게는 아프리카 북서부 이슬람 지역인 마그레브가 전통적 가치를 지킬 마지막 요새 중 하나였다. 말하자면, 다행히 현대의 물살을 벗어난 보호 구역을 알제리에 갖게 된 셈이었다. 이런 경향의 지지자들은 지중해변의 알제리 이슬람 지역 즉 알제의 카스바 요새와 밥 엘우에드Bab El-Oued를 요즘의 자연 보호 구역과 같은 전통 가치 보호 구역으로 만들고자 했다. 미국 인디언들을 가둬 놓은 인디언 보호 구역처럼 가소롭고 위선적인 곳이 아니었다. 우리가 잃어버린 세계가 망쳐버린 유럽 밖에서 다시 살아나게 될 이 특권적인 공간은 세계의 모든 전선에서 문명을 수호하기 위해 끊임없이 싸웠던 군대의 보호를 받게 될 것이었다. 오래된 이슬람 문화의 후계자들과 유럽의 패전 군인들이 국경 밖에서 다시 만나 은밀히 공모할 터였다.

이러한 두 종류의 극우적 경향, 극우 전통주의자와 극우 문화주의자들 간에는 사실 한 가지만 빼고 아무런 공통점이 없었다. 그 한 가지 공통점은 알제리에 프랑스 군대 주둔을 원하는 것이었다.

세 번째 경향은 바로 나의 경우였다. 아마 이 책의 독자들이 꼬마였을 때일 텐데, 당시 꼬마들도 당연하게 여겼을 것을 나 같은 역사가가 거부했다는 사실에 놀랄 것이다. 즉 알제리뿐만 아니라 모든 식민지들이 결국은 독립할 것이며 거기 반대해 봐야 헛수고라는 것을 나는 거부했다. 나에게는 알제리가 식민지가 아니었다. 여행을 통해서 그 점을 확인한 것 같다. 반면에 프랑스령 서아프리카의 다른 나라들은 해변의 가장 오래된 서양식 고급 가게에서마저도 프랑스의 존재가 얼마나 미미한지 보여 주었다. 마찬가지로 튀니지와 모로코에서는 프랑스적이고 서구적인 외양 아래로 이슬람 문화가 어디서든지 모습을 드러냈다. 의심의 여지 없이 그곳은 아랍의 오랜 땅이었다.

그러나 알제리에서는 다른 양상이 펼쳐졌다. 아내와 나는 1951년에 알제에서 기차를 타고 제밀라의 로마 유적 발굴 터를 보러 갔었다. 성신 강림 축일을 앞둔 토요일이었다. 기차역에는 한껏 차려입은 농부들과 주일 미사용 검정 양복을 입은 노인들이 축일을 함께 지내러 오는 자식과 손자들을 기다리고 있었다. 마치 프랑스의 어떤 지방 도시에 온 것 같았다. 그것도 알제리와 가까운 남프랑스가 아닌 다른 프랑스 도시 말이다. 우리가 도착한 작은 마을 생아르노는 프랑스 동부의 어느 촌락 같았고, 교회 종탑 위에 세워 놓은 황새*를 보니 더욱 더 가깝게 느껴졌다. 아무것도, 정말 아무것도 아프리카나 이슬람을 떠올리게 하지 않았다. 제밀라의 고대 로마 유적들 가운데 서니 더 이상 그런 느낌은 들지 않았다. 호텔이 하나 있었고 주위에는 종달새 무리가 날고 있었고 산등성이에는 개들이 짖어 대는 적대적 느낌의 카빌리아 마을들이 있었다. 또 다른 세계였다. 그러나 그곳이 오히려 더 주변부로 보였다. 생아르노에 돌아와, 알제로 가는 기차를 타기 위해 오랫동안 기다려야 했다. 밤이 되자, 역으로 슬며시 들어와 잠

---

* 스트라스부르 등 프랑스 동부 알자스 지역에서는 종탑이나 지붕에 장수의 상징인 황새를 달아 놓은 경우가 많다.

자리를 잡는 거지들을 봤는데 모두 아랍인이었다. 그리고 기차가 알제 근처에 도착하자 날이 밝았다. 미티자에 있는 카빌리아 고원을 횡단하면서 우리는 마치 프랑스 미디 지방에 있는 풍요로운 계곡들의 현대적이고 서구적인 모습을 보는 것 같았다. 고백하지만, 이 지방은 농촌과 도시의 특징적인 풍경들과 인간적 구성으로 보아 프랑스 땅의 연장 같았다. 튀니지나 모로코보다 특징이 덜한 토착적 바탕을 덮고 있거나(아니면 억누르고 있는) 프랑스 땅 같았다.

알제리는 프랑스화가 정착되어서 번복될 수 없는 상황이라고 나는 생각했었다. 그러나 바로, 내 생각이 잘못이었음을 알려 주는 사건들이 연이어 발생했다. 내가 너무 서둘러 예단했던 것보다 아랍적이고 카빌리아적인 바탕은 훨씬 더 강력하고 끈끈하다는 것이 드러났다. 그러나 한편으로는 피에누아르pieds-noirs*의 절망적인 반발은 그들이 그곳에 뿌리 내렸음을 보여 주었다. 그러니까 알제리는 프랑스의 한 지방도 아니고 다른 식민지와 같은 식민지도 아님을 인정해야만 했다. 나는 민족주의자든 문화주의자든, 극우주의자 친구들이 주장한 동화 정책의 신화를 거부하게 되었다. 또한, 드골이 결심한 듯이 보이는 알제리의 포기도 거부했다. 솔직히 말해 나는 개인적으로 내놓을 수 있는 정치적 해결책이 없었고 그것이 내 일도 아니었

* 1830년 프랑스의 알제리 침략 때부터 1962년 알제리전쟁 종결 이후 알제리의 독립까지 프랑스령 알제리에 있던 유럽계(프랑스계, 스페인계, 이탈리아계, 몰타계, 유대계)를 말한다. 알제리뿐만 아니라 모로코, 튀니지 등 프랑스 식민 통치를 받던 북아프리카 국가의 유럽계 주민을 포함하기도 한다. 독립 시점까지 피에누아르는 약 100만 명이었다.

다. 국가적 '손실diminutio capitis'보다는 그곳에 깊숙이 뿌리 내렸던 피에누아르와 군대 간부들의 인간적 비극에 나는 더 동요되었다. 나는 일부 프랑스 여론과 기독교 교계를 포함한 지식인층 대부분의 무관심에 큰 상처를 받았다. 그렇게 해서 나는 팽창하는 산업 사회를 다소 한가하게 관찰하던 실험실을 박차고 나와 부탕, 지라르데 등과 함께 참여에 나섰다. 지금은 작고했지만 아름다운 책 『사랑 같은 증오 *Cette haine qui ressemble à l'amour*』를 낸 브륀Jean Brune*, 레제, 뒤푸르 등 많은 이들도 같이 참여했다. 나는 청년 시절의 투쟁과 논쟁으로 다시 돌아갔다.

처음에 우리 모두는 어깨를 겯고 협력했다. 앞에서 분석한 세 가지 경향은 선명히 구분되지 않았고 우호적으로 공존했다. 내가 기억하는 한, 이때가 가장 좋은 언론인 시절, 지식인답고 관대한 시절이었다. 편집국의 저녁 식사를 통해 우리는 더 따뜻하게, 더 자주 결집했다. 나에게는 이 자리가 가족 모임이기도 했다. 우리 부모님도 가끔 합석했고 장인어른도 파리에 들를 때면 오시곤 했다. 내가 『프랑스 민중사』를 쓸 때 북부 광산에서 근무하던 협력자인 내 동생도 동유럽에 세운 공장을 시찰하는 출장 중에 우리를 보러 오곤 했다. 가족과 친구들에 둘러싸였던 청년 시절 같은 시기는 이로써 마지막이 되었다.

알제리 상황은 점점 긴장을 더해 갔고 견고한 대립이 확산되면

---

* 1912~1973. 알제리 출신 프랑스 언론인. 『나시옹 프랑세즈』 등에 참여했다.

서 새로운 드레퓌스 사건으로 치닫고 있었다(절망감과 원한을 무디게 하고 다 받지 못하면 반값이라도 받으려는, 경제 발전과 물질적 만족에 대한 경향이 없었더라면 분명히 그렇게 되었을 것이다). 친구인 화가 요셉 찹스키는 긴 편지를 보내, 내가 상대방 이슬람의 권리를 무시하고 프랑스 군대의 강권 남용과 고문 행위를 감싼다고 비난했다.* 도덕적 논거에 각별히 예민한

---

* (원주) 다음은 그가 보낸 편지들 중 하나이다. "『나시옹 프랑세즈』에 실린 당신의 뛰어난 글을 방금 읽었습니다. 글의 내용과 그 글이 실린 주간지를 보면서, 프랑스에 사는 외국인인 내 마음속에서는 이것은 현대판 드레퓌스 사건이라는 느낌을 받았습니다. 정확한 표현인지는 모르지만 내가 하고 싶은 말은, 나는 외국인이기 때문에 두 진영의 숭고하고 참된 측면을 좀 더 쉽게 바라볼 수 있다는 겁니다. 드레퓌스파의 '세상이 멸망할지라도 정의는 이루어지리라Fiat justitias, pereat mundus' 덕분에 전 세계의 지지자들이 프랑스를 응원했습니다. 여러 해가 지난 후, 우연히 이라크에서 읽었던 불랑제 장군 지지자에 관한 당세트의 책과 몇몇 다른 책들을 통해서 좌파와 우파의 전투가 얼마나 복잡한 것이었는지 알게 되었지요. 나는 프랑스 민족주의 우파에 대해 근본적인 반감이 있었습니다. 프랑스 밖에 있는 수많은 외국인들이 보기에는, 프랑스 우파가 진실을 왜곡하고 무고한 사람을 처형하고 침묵함으로써, '좋은 명분'을 위해 저질러진 범죄의 기록을 남기지 않으려 한다는 것이 우파의 특성으로 낙인찍혔습니다. 우파의 이런 특성은 선입견입니다. 진실을 보지 않으려는 선입견입니다. 고백하건대, 만일 이런 선입견이 『엑스프레스』지나 『르 몽드』지에서라면 어느 정도 가능하지만, 『나시옹 프랑세즈』지에서는 있을 수 없는 일입니다. 당신은 부탕이 사설에서 망데스 프랑스Mendes France(사회주의 정치인—옮긴이)를 더러운 유대인이라고 비난하면서 암살을 부추기는 글을 읽지도 않나요? 부탕은 이런 반유대적 열정이 무엇을 유발하는지 모를 만큼 어리석은 사람이 아닙니다. (드레퓌스 사건 당시 반유대파 언론의 선봉으로 『유대인의 프랑스』를 쓴—옮긴이) 드뤼몽Edouard Drumont과 드가Degas는 나치 강제 수용소의 독가스실 이전에 살았고, 페탱 정부의 프랑스 민병대가 SS 친위대의 고문에 적극 가담하기 전의 사람입니다. 이따금씩 나는 찬탄할 만한 역사적 기억들을 풍부히 갖춘 프랑스 우파가 세상 밖에서 벌어지는 일에 눈과 귀를 닫고 지내고 있으며, 바로 그들이 프랑스를 재앙으로 몰아간다는 생각이 듭니다. 세계인들이 프랑스에 대해 변함없이 좋아했던 모든 것들을 프랑스는 하루하루 잃어가고 있습니다. 당신과 같이 올바르고 충직하게 이상을 추구하는 프랑스 사람과 만나는 외국인들은 어느 누구도 차마 말하지 못할 것입니다. 부탕, 레제와 같은 이들이 지

나였지만 군인이 도살자와 고문 시행자가 된다는 것을 믿을 수가 없었다(믿고 싶지 않았던 것일까?). 전사한 내 동생과, 군대에 대한 그의 신사다운 숭배를 기억하고 있던 나였다. 알프레드 비니의 『군대의 복종과 위대함』은 오랫동안 동생의 애독서였다.

상황은 점점 악화되었다. 프랑스 경찰과 헌병대의 타도 대상이 된 알제리민족해방전선FLN의 무장 봉기에 이어서 패배한 군인들과 절망적으로 추방당한 피에누아르들이 속출했다. 내전이 이어지면서 가택 수사, 체포 소식이 들려왔다(제5공화정 헌법 16조에 명시된 공화국 대통령의 비상시 전권 부여 조항을 적용하면서 발생한 결과들도 있었다). 어떻게든 희생자들을 구해야만 했다. 나는 거의 매주 『나시옹 프랑세즈』에 글을 올렸다. 우리는 알제 병원 의사와 간호사들이 환자를 돌보면서 목격

닌 프랑스에 대한 관념이 얼마나 끔찍한 위험이며, 프랑스에게도 위험이란 사실을요. 나야말로 '인도주의적 하층민'의 환상 속에 살고 있고, 가톨릭 좌파는 위선자이거나 정신지체자일 뿐이라고 하시겠지요. 하지만 나는, 정신지체는커녕 프랑스에 가장 큰 명예를 안겨 준 사람들을 많이 만났습니다. 알제리에서, 또 북아프리카에서, 프랑스가 새로운 형제애를 창조해 낼 수 있도록 열정을 다 바쳐 소망한 사람들이요. 그런 형제애는 프랑스의 예외적 우월성을 매 순간 강조하거나 천부적 비난의 권리를 가진 듯이 정적들을 비난하면서 이뤄지지 않음을 확신하면서 마음속으로 고문당해 죽어간 사람들이 있습니다."

"글을 쓰다 보니 내가 하는 모든 말이 당신에게 상처가 될 것 같습니다. 어쩌면 그냥 무시하실 수도 있지요. 하지만 이런 하찮은 얘기들이 본질이라고 생각합니다. 중요한 것은 지적 성실성이니까요. 세상에는 두 개의 잣대가 있을 수 없습니다. 하나는 나를 위해, 또 하나는 남을 위한 게 있을 수 없지요. '왼쪽이든 오른쪽이든, 나의 조국이 먼저다.' 아니요, 그건 절대 아닙니다."

내가 보낸 답신은 잃어버렸지만, 아마 프랑스 군대가 사람들이 비난하는 알제리 참상의 범인이라고 생각하지 않는다고 대답했을 것이다. 내가 알던 군인들이, 또는 살아 있었다면 내 동생이 고문 행위를 했을 거라고 상상할 수가 없었다.

한 중대한 고문의 흔적들, 그리고 고문 시행자는 바로 반항하는 피에누아르를 진압하던 헌병대였다는 증언 시리즈를 책으로 냈다. 내 기고문에 이 자료를 소개하자 『나시옹 프랑세즈』지는 즉각 압수당했고 내 글은 피소되었다. 그런데 마침 피에르 비달나케Pierre Vidal-Naquet가 우리 반대 진영의 『에스프리*Esprit*』지*에 같은 주제의 기사를 발표하면서 내 글을 인용했고 우리의 선의를 확인해 주었다. 그의 기사 요지는, 고문의 희생자가 우리의 동지여도 고문에 반대하지만, 정적에게도 고문은 허용할 수 없다는 것이었다. 나는 『에스프리』를 들고 예심 판사에게 가서 나를 고소한 것과 동일한 주제가 반대 진영에서도 공분을 일으켰음을 증거로 제시했다. 따라서 나만 기소할 수는 없었다. 내가 불기소 처분을 받은 것은 그러니까 피에르 비달나케 덕분이었다.

나는 이 사건들을 통해서 크게 보아, 법과 경찰은 오늘날 세계 어디에서나 위험한 권력이며 아주 잘 관리해야 한다는 교훈을 얻었다. 아무리 정직하고 법을 잘 지키는 사람이라 할지라도 누구든 법정에 설 수 있고 체포되고 수감될 수 있는 것이다.

내가 사는 작은 도시의 경찰서에서 하루는 나를 소환해 조서를 작성했다. 내가 용의자가 된 것이다(다행히 컴퓨터를 쓰기 전이었다!). 옛날

* 프랑스의 가톨릭 좌파 월간지. 1932년 자유주의적 자본주의와 마르크스주의 외 제3의 인간주의적 방향을 지향하며 E. 무니에가 창간한 잡지로, 현재 발행 부수가 1만 부 이상이다.

형사 영화에 나올 직한 상스러운 말투의 형사가 중절모를 쓴 채 타자기를 두드렸다. 그 작자랑 엮이면 좋을 게 없다는 생각이 들었다….

나는 프렌Fresnes 교도소에 수감된 어느 젊은 피에누아르를 돌보았다. 그러면서 감옥을 관리하는 사람들을 보게 되었다. 내가 전혀 몰랐던 세계였다. 그전에 나는 수감자들에 대한 동정을, 정직한 사람보다 범죄자를 선호하는 위험한 낭만주의의 표식으로 여겼고 동정은커녕 무관심 또는 짜증을 보이던 사람이었다. 그런데 내 친구들이 철창에 갇히거나 경찰의 추적을 받게 되면서 나는 완전히 변했고 형벌 제도의 양면성을 깨닫게 되었다. 이 제도가 법관들과 법무부 장관들의 도덕주의로 포장되면 더욱 견딜 수 없었다. 나는 절대 다시는 억압자의 편에 서지 않겠다고 맹세했다.

이 긴 시간 동안 『오로르*L'Aurore*』지*는 피에누아르와 프랑스령 알제리의 지지자, 반역 장군 등을 옹호해 왔다. 이어서 상황이 정리되면서 도덕적인 질서도 자리 잡아 갔다. 즉결 재판과 불법 체포의 불법성을 비난하던 이 신문은 범죄 발생의 인종적·유전적 개념을 대변하면서 대표적인 억압의 옹호자가 되었다. 더욱이 이렇게 함으로써 이 신문은 과거에는 프랑스령 알제리 지지자, 어제는 드골 장군의 감옥 수감자였으며 앞으로도 감옥에 보내져야 할 독자들의 입맛을 충실하게 따랐다.

---

* 에밀 졸라의 「나는 고발한다」 게재 등 드레퓌스 사건 당시의 『오로르』지(1897~1914)와는 다른 동명 일간지(1944~1984)로, 나중에 『르 피가로』지에 흡수되었다.

과열된 냄비

『나시옹 프랑세즈』에서 우리의 좋은 관계는 곧 끝나 버렸다. 앞서 말했듯이 우리는 일종의 타협을 추구하면서 두 개의 극우주의와 하나의 온건주의 등 세 경향으로 나눠져 있었다. 나는 온건주의 쪽이었고, 약간의 뉘앙스 차이는 있지만 부탕도 그러했다. 만일 부탕이 이 일에서 잘못한 게 있다면 그건 그의 자유주의와 관용, 내전에 대한 거부 입장 때문이었다. 우리는 프랑스가 알제리를 잃는 것도, 알제리에 희생되는 것도 바라지 않았다. 한마디로 우리는 기존 식민지 체제와의 혁명적인 완전한 단절을 바라지 않았다. 더욱이 파리 백작*은 부탕이 드골 장군을 잘 다루도록 부추겼다. 백작은 드골에게 큰 희망을 걸고 있었다.

두 개의 극우적 경향은 이런 유보적 입장을 수용하지 않았다. 끝까지 가고자 했다. 사실 이 친구들은 오늘날의 테러리스트에게서 많은 것을 배울 수 있었을 것이다. 만일 그들이 정말 이들처럼 거리낌없이 무모하게 덤빌 용기가 있었다면 내가 하늘의 별이라도 따 줬을 것이다. 하지만 그들은 그런 용기도 무모함도 없었다.

그렇게 해서 『나시옹 프랑세즈』는 와해되었다. 극우파 친구들은 아주 탁월한 잡지를 만들었는데 거기에는 라울 지라르데, 에뒤Héduy,

* 앙리 도를레앙(1908~1999)은 해방 후 왕정복고를 꿈꾸며 드골과 몇 차례 만났으나 1967년 그 꿈을 접었다.

몽느로Jules Monnerot*의 명문들이 실렸다. 나는 그 친구들과 함께할 수는 없었지만 우정의 표시로 기고문을 한 번 보낸 적이 있었다(사회 속 아웃사이더들의 기능을 다루는 글이었다. 몽느로는 내 글이 암시하는 것을 즉각 알아차렸고 자기들을 성적 소수자, 동성애자 등과 같이 다룬다고 비난했다!). 나는 이 과열된 냄비에서 새어 나온 뜨거운 수증기 같은 증오에 어안이 벙벙했다. 부탕과 그의 팀은 우리를 떠난 사람들에 대해 조금도 악의적인 글을 쓰거나 말을 한 적이 없었다. 반면에 떠난 자들은 그들을 더할 수 없이 악의적으로 공격해 댔다. 처음으로 나는 젊을 적 친구들이 갈라서는 것을 보았다. 이전에는 이보다 훨씬 더 서로 다른 선택을 했고, 레지스탕스 운동도, 해방도 우리를 갈라놓지는 못했었다. 알제리가 우리를 원수진 형제로 바꿔 놓았다.

대학생 시절 우리 모두의 어머니였던 지라르데 부인이 우리 다 큰 자식들이 한창 분열 위기를 겪고 있을 때 돌아가셨다. 그래도 우리 대부분은 장례식에서 다시 만났다. 서로 앙숙인 두 경향의 친구들이 다시 만난 것이다. 그런데 그중 한 녀석은 운구 행렬이 시작도 되기 전에 피에르 부탕의 악수를 거절했다.

나는 『에스프리 퓌블리크*Esprit public*』지(우리와 갈라선 분리파의 잡지였다)의 첫 호에서 작은 기사를 잘라 내서 조심스럽게 보관했다. "좋은 마음으로 나쁜 운명에 맞서자. 내가 이름을 밝힐 수 없는 잡지(『나시옹 프랑세즈』지였다) 하나가 12월 21일자에서 『에스프리 퓌블리크』의 탄

* 1909~1995. 프랑스 사회학자.

생을 언급하면서, 친구와 지인들이 그렇게 많이 참여한 새로운 잡지의 탄생에 기꺼이 축하를 보냈다. 하지만 내 글이 들어갈 자리는 그 잡지가 아니라는 것을 강조하고자 한다. 그 잡지는 우리 잡지가 장수하기를 바랐는데 나는 그 잡지가 가능한 한 가장 빨리 사라지기를 바란다. 이것이 나의 송년 인사이다." 근본적인 것과 무관한 사소한 정치적 입장 차이로 20여 년간의 우정과 추억이 그렇게 사라졌다. 이를 계기로 나는, 장세니슴jansénisme*, 드레퓌스 사건 등 역사 속의 거대한 증오들이 어떻게 태어나고 자라나는지 이해하게 되었다.

내 경험에 따르면, 어떤 주어진 환경 속에서 증오는 강력한 대립에서 비롯하는 것이 아니라, 그와 반대로 아주 사소한 차이가 더 이상 묵인될 수 없을 때 비롯한다.

게임의 끝

『에스프리 퓌블리크』의 소원은 그리 늦지 않게 이루어졌다. 『나시옹 프랑세즈』는 알제리 위기의 청산에 따른 피로도 상승과 흥미 저하라는 대세를 이기지 못했다. 살아남기 위해서는 잡지가 알제리

---

* 종교개혁에 대항하여 일어난 가톨릭 교회의 개혁 세력 일파이다. 교회 개혁의 내부에서 적극적인 사회 활동을 행한 예수회와 반대로 시대의 현실로부터 스스로 소외시켜 신앙의 순수성을 유지·고양하려고 하였다. 장세니스트들은 파리 교외 포르루아얄 수도원을 중심으로 초기 교회, 바오로, 아우구스티누스로의 회복에 의한 종교적인 쇄신을 꾀했다.

전쟁의 심화 이전 즉 처음에 취했던 입장으로 돌아와서 탈정치화해야만 했다. 또 한편, 표지 디자인도 현대적으로 바꾸고 대형 정보지가 되어야 했다. 이 잡지는 독자가 꽤 있었고 이런 변화를 시도해도 지지할 지적 자산이 있었다고 본다. 하지만 그러려면, 장인적 발행 단계에서 언론 산업의 단계로 넘어가야만 했고 그것은 부탕에게 너무 엄청난 일이었다. 사람과 사고에 대해 자유주의자였던 그는 운영에 있어서 좀스럽고 권위적이고 서툰 사람이 되고 있었다. 운영을 전혀 할 줄 몰랐다. 광고와 사업 같은 금전 권력과의 좋은 관계는 그의 자유를 구속하기보다는, 그가 꿈꾸던 정치적 결합들—다행히도 실패했지만—을 포기하게 했을 것이다. 그렇게 부탕은 실패했지만 능수능란하게 우파도 좌파도 아닌 드골주의 진영으로 떨어졌다. 그의 적이 된 동지들은 그를 용서하지 않았다. 그랬던 사람들이 68년 5월혁명 이후 한창 혼란스러운 와중에, 알제리에 얽힌 싸움도 잊어버린 채 구세주 드골주의자들에게 투자했다. 그러나 아무 이득도 없는 변신이었다.

『나시옹 프랑세즈』가 명예롭지 못하게 죽은 지 10년이 넘었다. 이 사망은 연이은 신문 폐간 중 하나였을 뿐만 아니라(우파는 자기들의 작품을 망치는 데 아주 일가견이 있다) 하나의 유파가 될 수도 있었던 소규모 친구 모임의 실패였다. 나이브하지만 내 생각을 감히 말해 보자면, 이 실패는 오늘날 프랑스 지식 사회에 영향을 미치고 있고, 우파에 공백 상태를 초래했다. 독자들은 이 책에서 나의 친구들을 여러 차례 만났다. 특히 3장에서 많이 소개했다. 시간이 흘러 돌이켜보니,

우리가 의도했거나 알아차린 것은 아니지만, 18세기 오귀스탱 코생의 시절처럼 하나의 사상 공동체société de pensée를 형성했었음을 알게 된다. 이데올로기도 강령도 퍼뜨리지 않았고 오히려 그런 것과 거리를 두었지만 보고, 느끼고, 기억하고, 문제를 제기하는 일종의 방식, 다른 어떤 곳에서도, 적어도 우파에서는 찾아보지 못한 방식을 발전시켰다. 우리 각자의 작품 속에는 이런 동류의 표시 같은 어떤 것이 남아 있다. 우리의 작품이 아무리 다양하고 겉보기엔 서로 달라 보여도 말이다. 이 어떤 것은 아마도 내가 완전히 파악하지는 못하고 뱅뱅 돌고 있는 이 책의 숨겨진 진짜 주제일 것이다. 부탕의 저서 중 가장 뛰어난 것은 현재까지는 『비밀의 존재론*Ontologie du secret*』*이다. 전문 철학자가 아닌 사람은 접근하기 힘들다는 게 아쉽다. 나는 언젠가 이 책에 대한 역사적 해설을 달고, 사생활privacy 이전의 고대 사회에서 비밀secret이 차지하는 위상과 사생활이 확장되면서 비밀이 어떻게 취약해지고 변형되었는지 밝혀내고 싶다. 이것이 그 책의 핵심 개념이다.

자, 『비밀의 존재론』 저자 피에르 부탕, 아버지가 사령관이었고 군대 사회와 식민 사회 전공 역사가인 라울 지라르데, 그리고 마지막으로 이 책에서 살아온 날을 얘기하고 있는 나 자신, 이렇게 세 사람 간에는 밀접한 관계가 있다. 우리 관계는 깊숙하고 비밀스러운 참여의 세계에서 요구되는 선명한 사상을 넘어서고 각자의 뿌리를 넘

* 파리, PUF, 1973.

어서는 것이었다. 그리고 삶과 죽음이라는 부동의 자산과 우리가 기꺼이 감당했던 근대성의 열정, 다른 말로 하면 정치 사이에서 우리가 망설이며 시도했던 풍요로운 도전들을 넘어서는 것이다.

언젠가 라울 지라르데가 술자리에서 말했던 것처럼 우리 '무리'는 『나시옹 프랑세즈』 덕분에 차차 하나의 사상 공동체로 변천해 왔다.

오늘날, 주간지는 사라졌고 우리 저작들 속에 남아 있는 공통 잔재들도 각자의 성격, 학문, 문체의 독창성에 따라서 가려졌다. 이제 과거의 공통점은 더 이상 찾아볼 수 없다.

하지만 나는 이 주간지 자체를 아쉬워하지는 않는다. 이런 주간지들이 우리 사고의 적합한 지지대였는지 확실치 않기 때문이다. 내가 아쉬워하는 것은 공통의 프로젝트, 협력, 클럽, 사상 공동체이다. 하지만 이 아쉬움도 헛된 것이, 알제리전쟁에서 비롯한 쓰라린 경험과 원한의 감정은 풍성한 교류를 가로막는 상처를 남기거나 금기, 불편함을 야기했다. 그 결과, 오늘날 우파는, 그러니까 '우리들의' 우파는 비어 있는 상태이다. 우리에게는 완전히 낯선 다른 우파들이 오늘날 판도를 장악하고 있다. 유감이다.

8. 새로운 역사가들

바다는 잔잔했고, 계속 그럴 것 같았다, 1968년이 오기 전까지는. 알제리전쟁이 진정되면서 나는 청춘의 파편들과 중년의 회환 사이에 남겨져 있었다. 오래전부터 나는 정치와 역사 사이를 시계추처럼 오갔고, 추가 돌아올 때마다 우리 과거 속에 묻혀 있던 그 각각의 공통적 토대를 발견하곤 했다. 이번에는 내가 아동에 관한 책을 마치는 바로 그 순간, 정치가 나를 역사로 데려갔다.

죽음과의 만남

책을 마치고 나니 여유가 생겼다. 물론 이미 열려 있는 길을 계속 갈 수도 있었고 아동과 가족의 역사를 계속 연구할 수도 있었다.

하지만 더 이상 다루고 싶지 않았고 다른 것에 관심이 갔다. 자연과 문화 사이에 있는 어둡고 매혹적인 지대에서 튀어나온 주제, 그것은 죽음이었다.

그러나 대부분의 동시대인들처럼 나 역시 죽음의 경험은 많지 않았다. 조부모님은 나의 감수성이 발달하기 전에 돌아가셨다(아동, 청소년은 죽음에서 받은 상처를 아주 빨리 아물게 하는 회복력을 갖고 있다. 외상성 상해의 경우는 제외하는데, 나는 그런 상해가 없었다). 나에게 가장 충격이었을 이모할머니 로르의 죽음은 1940년 2차 대전 발발의 혼란 속에서 거의 아무도 모르게 지나갔고 나는 멀리 있었다. 첫 번째 비극은 1945년 동생의 죽음이었다(나는 서른 살이었다). 그 죽음에 앞서 어머니는 마치 예감이라도 한 듯 몇 주 동안을 불안에 떨며 기다렸다. 이 사건은 나의 내적 삶을 변화시켰다. 그러나 옛날 사람들이 매일 성화 도상과 문학을 통해 죽음에 초대받았던 것처럼 실제로 죽음 앞에 마주 서서 죽음을 확인해야 했던 것은 아니다. 나는 그때 심연의 깊이를 가늠하지 못했음을 지금 깨닫는다. 나에겐 부모님의 고통이 제일 큰 근심이었으며 모든 힘을 다해서 부모님을 보조하고, 갑자기 캄캄해진 미래의 창을 다시 열고 아들의 죽음을 잊으시도록 해야 했다. 그렇지만 그 순간에 비로소 죽음이 나에게 진짜 문제로 다가오기 시작했다. 그 전에는 출생률, 평균 수명, 질병 저항력과 같은 인구통계학자와 의사들의 죽음이 『프랑스 민중사』 시절에 내가 정면으로 들여다볼 수 있었던 유일한 죽음이었다. 그런데 이번에는 진짜, 날 것의 죽음이었다.

이 진짜 죽음을 나는 파리 근교 티에의 군인 묘지에 동생의 관이 내려지던 날 발견했다. 이렇게 땅속에 매장되는 우회적 방법으로 죽음이 내 고찰의 대상으로 들어온 것이었다. 커다란 비극이라고만 추측했던—지금도 단지 추측할 뿐이지만— 죽음에 대해 내가 가진 유일한 방법 즉 역사가의 방법으로 연구하겠다는 생각이 떠올랐다. 다른 사람이었다면 철학, 신학, 영성, 시학 등에 의존했을 것이다. 나에게는 역사가 이 모두를 뭉뚱그린 것이었다.

나의 과거를 돌아보는 지금, 내 사고를 해방했던 그 계기가 종말의 인식 같은 고상한 것이 아니라 땅속, 그것도 버려진 더러운 땅속의 캄캄한 구덩이였음에 놀라게 된다.

자세히 설명해 보겠다. 1945년 4월 23일에 전사한 동생 자크는 마지막 전투 중에 죽은 군인들과 함께 바덴뷔르템베르크 주의 작은 마을 비베라흐의 아담한 묘지에 묻혀 있어서, 나는 그곳에 어머니를 모시고 가기도 했다. 아마 당시에는 1차 대전 때처럼, 전사한 곳 근처에 군인을 묻는 것이 더 낫다고 생각한 것 같았다. 아버지와 나는 1차 대전의 선례를 하도 많이 들어서 프랑스 제2군의 전사자 시신이 본국으로 송환될 것이고 어디에 묻을지는 가족 선택에 맡긴다는 소식을 들었을 때 1초도 망설이지 않고 군인 묘지를 선택했다. 동생은 베르됭 전투에서 전사한 삼촌처럼 군대 동기들과 나란히 잠들고 싶어 할 것이라고 생각했다. 그렇게 해서 어느 날 아침 우리 가족은 부탕과 함께, 동생이 다녔던 학교에서 예식을 마치고 티에의 시립 군인 묘지로 동생을 데려갔다. 내가 처음으로 대도시의 장례 문화 이면을 접한 경험이었다.

우리는 이 군인 묘지가 사실은 가매장지라는 것을 금방 알아차렸다. 미군들이 가난한 사람들의 묘지에 붙여 주던, '토기장이의 밭' 같은 이름조차도 없었다. 가족들이 찾아가지 않는 미연고자, 독신자, 일제 사격이나 폭파로 죽은 신원 불명자 등 아무도 관심 갖지 않는 시신이 모인 곳이었다. 프랑스 삼색기는 가시덤불에 찢긴 채 진흙투성이 공터에서 힘없이 날리고 있었다. 대부분의 가족들은 전사한 식구를 집 가까이에 묻는 것을 선호했다. 그들을 이렇게 나라에 바치는 것은 우등생 명부에 올리는 것과 같았고, 워싱턴에서는 여전히 그런 전통이 있는 것 같다. 그것은 1차 대전 이후로 사생활이 전진하고 공공적 감성이 퇴행하는 지표로, 리처드 세넷Richard Sennett*이 말한 '공공적 인간의 몰락'이었다.**

티에 군인 묘지를 방문하고 나면 우리 마음은 슬픔과 쓰라림으로 가득했다. 그러나 그곳을 다니면서 묘지 문화를 알게 되었고, 많은 사람들이 꽃과 물통, 삽, 쇠스랑을 들고 정기적으로 방문하는 것을 알게 되었다.

아버지는 이런 상황을 그냥 받아들일 수가 없었다. 중재해 줄 수 있을 것 같은 모든 사람에게 편지를 보냈다. 대작가가 된 동창 프랑

---

* 1943~ . 미국 사회학자. 뉴욕대학교와 영국 런던정경대학교 사회학과 교수 역임. 노동 및 도시화 연구의 최고 권위자이다. 『신자유주의와 인간성의 파괴』 등의 저서가 있다.

** (원주) 『친밀성의 폭압*Les Tyrannies de l'intimité*』,(Seuil, 1979) [R. 세넷, 『공공적 인간의 몰락*The fall of public man*』(Alfred A. Knopf, 1977) — 옮긴이].

수아 모리아크François Mauriac*에게도 편지를 보냈는데 친구에게 정중하게 높임말을 쓰면서 '선생Maître'이라고 쓴 어색한 편지였다. 대작가는 답장을 보내 왔다. 친구 편지가 자연스럽지 못하다고 가차 없이 지적하고는 자기는 아무것도 해줄 수 없다면서, 『르 피가로』지 논설위원에게는 죽은 사람보다 더 급한 일이 많다는 여운을 남겼다. 드라트르 원수 부인은 그보다 관대했다. 부인은 콜마르 너머, 보주 계곡의 경사면에 라인 강-다뉴브 강 군대(프랑스 제2군)를 위한 묘역을 어렵사리 마련했고, 그 아름다운 묘역에 동생을 이장할 수 있게 해 주었다.

이를 통해 나는 묘지와 무덤, 그리고 거기 바치는 의식의 중요성을 가늠하게 되었다. 내가 관찰하던 감정이 고대부터 아주 오래된 것은 아닐지 생각해 보았다. 이런 감정은 어디서 비롯하는 걸까? 인류의 역사 저 먼 곳, 기독교 이전 고대의 민속적인 데서 오는 걸까? 나는 그때, 그처럼 오래된 것으로 알려진 가족의 감정이 사실은 최근의 발견이라는 연구를 막 끝낸 때였다. 무덤의 예식도 그럴 것 같은 어떤 느낌이 있었다.

나는 『죽음의 역사』** 서문에 이 주제의 연구 과정을 상술했다. 다시 언급하지는 않겠다. 다만, 죽음이라는 사건에 대한 나의 반응이

---

* 1885~1970. 프랑스 작가. 1952년 노벨 문학상 수상. 『르 피가로』지 논설 위원이기도 했다.

** 원제는 『서구에서의 죽음의 역사: 중세부터 현대까지*Essais sur l'histoire de la mort en Occident: du Moyen Âge à nos jours*』(Seuil, 1975).

오래 걸렸고 힘들었다는 점만 밝히고자 한다. 따라서 나는 무덤과 묘지 문화를 연구하면서(이 연구는 『죽음 앞의 인간』의 11장이 되었다) 본격 조사에 들어갔다. 그리고 연구 대상 기간을 차츰 더 길게 잡고, 죽음 앞에 선 인간의 태도를 더 광범하게 연구하게 되었다. 묘지의 역사에 대해 쓰려던 작은 책은 일련의 자료집들을 가지고 오래 탐색하는 계기가 되었다. 다양한 경로로 요청이 들어왔다. 오랜 연구와 어려운 태동 기간을 필요로 하는 엄격한 생활이었다. 답을 풀 아리아드네의 실은 여전히 보이지 않았고, 나는 코르크 마개처럼 연구의 망망대해를 떠다녔다.

이 주제에 대한 연구가 넘쳐나는 현재, 1960년대 초에 이 연구가 얼마나 미개척 상태였는지 믿기 어려울 것이다. 이런 상황이 어느 시기에 변했는지, 어디서부터 침묵과 금기에서 벗어났는지 정확히 들려줄 수 있다. 『아동의 탄생』 번역본을 낸 미국 출판인 블랑슈 크노프 Blanche Knopff는 미국 영화에 나올 직한 멋진 커리어 우먼이었다. 우아하고 대담하고 지적이면서도 화장과 보석으로 잔뜩 치장하고 있었는데, 어쩌면 그때 이미 그녀를 앗아 갈 암에 걸려 있었는지 모른다. 그녀는 해마다 파리에 왔는데, 그때마다 숙소인 리츠 호텔에서 한잔하자고 초대하곤 했다. 그리고 그때마다 완벽한 프랑스어로 똑같은 질문을 던졌고 뒷날이면 잊어버렸다. "지금 무슨 책을 쓰고 계신가요?" 그녀의 반응을 잘 알던 나는 매번 똑같이 수줍게 대답했다. 죽음 앞에서의 태도를 연구하고 있다고. 그러면 그때마다 그녀는 고개를 저으며 외쳤다. "그건 절대 미국 사람들이 좋아하지 않아요!"

그런데 1965년 어느 날, 처음으로 미국 여행을 가는 길에 뉴욕 매디슨 애비뉴에 있는 블랑슈 크노프를 만나러 갔다. 물론, 내가 뭘 쓰고 있는지 또다시 물어봤다. 같은 질문에 나는 똑같이 대답했다. 그런데 이번에는 정말 놀랍게도, 활기 띤 눈으로 나를 보더니 감탄을 연발했다. "오, 너무 재미있어요. 미국인이 정말 관심 있는 주제거든요!"

이 미국 여행 동안 나는 또 우연히 비행기에서 나눠 주는 잡지를 보다가 고러Geoffrey Gorer*의 저서 요약본을 읽었다. 그 글을 읽고서 나는 눈앞에서 벌어졌지만 미처 보지 못했던, 죽음 앞에서의 태도에 대한 가장 최근의 변화를 인식하게 되었다.

당시 내가 하던 연구의 많은 부분은 도서관에서 이뤄졌다. 그런데 아내와 함께 파리 공증인 증서보관소의 옛 유언장들을 샅샅이 살펴보느라 로앙 저택Hôtel de Rohan**에서 2년 이상을 보냈는데, 인생 최고의 순간이었다. 그곳은 국립문서보관소Archives nationales가 옛 유언장들을 보관하기 위해 마련한 곳이었다.

우리는 유언장을 16세기부터 19세기까지 20년 단위로 체계적으로 심층 분석해 나갔다. 이탈리아식 문장에 매료된 아내는 나중 시기의 것들을 맡았다. 공증인 증서보관소의 독서실은 그때까지만 해도 북적이지 않았고 미술사, 사회사를 연구하는 몇몇 역사가들만 있

---

* 1905~1985. 영국 인류학자.

** 파리 마레 지구에 있는 역사 기념물로, 1705년 건립된 로앙 가문의 대저택이다. 건물 일부가 프랑스 국립문서보관소 부속 건물로 쓰이고 있다.

는 정도였다. 그곳에서 고문서학 강의를 하는 롤랑 무니에를 간간이 볼 수 있었다. 나중에 가서 파리대학은 공증인 증서보관소를 다양한 프로그램을 위한 다목적 공간으로 바꾸었다. 우리는 그곳에서 조용히 연구할 수 있었다. 그리고 어떤 어려운 글에도 막힘없는 어느 독학 고문서학자의 도움을 받았는데, 프랑스 아닌 서구 어느 나라에서라도 이 정도 독학자라면 마땅한 대접을 받았을 것이다. 고문서를 해독하면서 무상의 기쁨을 누리는 사람들이 있다는 게 얼마나 경이로운가!

우리는 옛날 초등학생들처럼 검정색 토시를 끼고 자료를 조사했다(이 토시는 지금도 찾아볼 수 있다!). 증서보관소 직원이 유언장 꾸러미 위에 두껍게 쌓인 먼지를 쓱쓱 먼지떨이로 털어 내고 우리에게 가져다주었다. 보관소를 나올 때면 온몸이 먼지투성이여서 마레 지구의 식당에서 저녁 식사를 하기 전에 몸부터 깨끗이 해야 했다.

경이로운 발견의 시간이었다. 원칙적으로는 신앙 고백 문장이 들어 있는 유언장으로 범위를 한정했지만 다른 것도 좀 더 살펴보고 싶은 유혹을 이기지 못했다. 시간을 거슬러 올라갔다. 유언장을 샅샅이 조사하기 전에 18세기 중반부터 파리 묘지 이장에 대해 연구했다. 이 연구는 모든 것이, 내가 직접 목도했던 망자에 대한 존중으로 바뀌어 갔던 18세기 중반 이전의 묘지가 어떠했는지를 알고 싶은 욕구를 충족해 주었다.

그렇게 문서보관소에서 연구하는 동안, 그때까지 대부분 우리 현대인들을 비껴 갔던 자연사가 반복적으로, 그리고 점점 가까이 다가오기 시작했다. 내 부모님과 장인 장모는 우리 조부모보다 훨씬 오래 사셨지만 몇 년 사이 거의 한꺼번에 돌아가셨다. 그러자 우리가 갑자기 최전선에 서게 되었고, 우리 앞에는 경고장을 받은 사람들 몇밖에 남지 않았다. 우리가 살았던 세상은 자리가 바뀌어 잊힌 추억들이 되었고, 우리 뒤로 새로운 세상이 만들어지고 있었다. 나는 세상을 떠난 내 가족들이 내가 옛 자료에서 추출해 낸 죽음의 모델을 충실히 따르지 않았음을 알게 되었다. 임종 시 사제의 종부 성사를 받았는지, 그것을 기쁜 마음으로 받았는지와 상관없이, 그리고 종부 성사를 정말 내켜하지 않았다 해도 그들의 마지막 의식의 순간은 은밀한 것이었다. 작별의 의식 없는, 고요하고 벌거벗은 죽음이었다.

1964년, 어머니께서 오랜 암 투병 끝에 돌아가셨다. 어머니에게 암 발병 사실을 감췄는데, 언제 그걸 아셨는지 모르겠다. 어머니가 남긴 어느 쪽지를 보니 알고 계셨던 게 분명했다. 어머니는 한 번도 그 얘기를 꺼내지 않았고 간혹 고해 신부와 공모한 듯 슬쩍 암시하는 정도였다. 어머니의 죽음으로 인해 『죽음 앞의 인간』 5부에서 '멜리장드의 죽음La Mort de Mélisande'이라는 연구를 하게 되었다.

그러나 예측할 수 있었던 이런 이별들도 우리에겐 고통이었고, 그 슬픔 속에서 우리는 묘지 방문과 추모 의식을 더 잘 이해할 수 있었다. 이 두 가지는 당시 내 연구의 출발점이기도 했다. 가족의 죽음을 받아들이거나, 그게 어렵다면 적어도 그들을 망각 속에 방치할 수 있을 것 같지가 않았다. 특히 살아남은 자인 우리가 늙기 시작하면서 더욱 그랬다. 개인적으로는 특별히 묘지 방문 습관이 없었지만 보르도에 있는 아리에스 일가의 묘지는 새로운 시선으로 보게 되었다. 그곳에는 아리에스 일족이 가득 모여 있었다. 우리 부모님, 네 분의 조부모님(친조부와 외조부가 형제이다—옮긴이)과 그들 공통의 조상, 두 증조부, 수많은 삼촌과 고모, 이모 들이 묻혀 있었다. 그중에는 아는 분도 있고 잊힌 분도 있고, 어려서 죽은 사람도 많았다.

이 비장한 경험을 나의 사적인 삶 깊은 곳에 묻어 놓을 수는 없었다. 내게 익숙한 용어 즉 역사학 용어로 이에 대한 질문들을 제기하게 되었다. 그들에게서 비밀의 단서를 찾아낸다는 희망으로 가장 먼 과거와 가까운 과거 모두를 연구하게 되었다.

우리 집안의 사망률에서 제기된 상당수 질문들은 이미 내 연구 범위 안에 있던 것들이었다. 특히 현대에 와서, 가족이라는 결속되고 폐쇄된 작은 세계를 자신과 함께 구축했던 사람의 죽음을 받아들일 때 겪는 어려움도 그중 하나였는데, 이것은 17세기 말의 심성 변화에 따른 결과였다. 미완으로 남은 질문들도 있었다. 우리가 받은 전통적인 교리 문답과 종교 교육을 통해 답을 주고자 했던 가장 중대한 질문들이었다. 그러나 그 답은 너무나 단호한 문장으로 되어 있어서 찰나에 불과한 임종의 순간, 사제와 둘러싼 가족의 황망함, 그리고 이제 곧 풀려날 존재론적 불안이라는 시련을 이겨 내기에는 역부족이었다. 그 질문은 바로, 다음은 어떻게 되는가라는 사후의 문제였다.

그런데 몇 년 전부터 나는 종말론에 관한 연구를 조금씩 하고 있었다. 나는 예나 지금이나, 종교적 신앙에 의거해서 죽음의 문제를 제기하고 싶지 않다. 임종의 순간에 기독교화하든 탈기독교화하든 관계없었다. 이런 나의 입장을 미셸 보벨은 놀라워했지만 말이다. 반대로 나는, 조직적인 종교적 도그마로 포장되거나 거기 휩쓸리기 전, 문화적 단계의 가장 아래 지점 즉 생물학적 바닥 점에서 임종하는 사람의 태도를 연구했다. 그렇기 때문에 나는 내 주변의 가톨릭학자들이 만들어 낸, 성실한 번역에 불과한 개념들을 본능적으로 경계했다. 그 번역은 이런 식이었다. "'신앙을 가진' 남자(또는 여자)는 그렇지 않은 사람보다 더 좋은 남편, 좋은 아버지, 좋은 일꾼이 될 것이며 마침내 훌륭하게 죽어 갈 수 있다."

더욱이, 죽음 앞의 태도들을 연구해 보면 사제들이 제시한 모델을 쉽게 따르지 않는 듯 보였다. 불멸과 내세의 삶에 관한 신앙에서는 그런 모델들을 만들 필요가 없었다. 그래서 나는 고전적인 종교적 해석들에 대해 유보적 입장이었다. 처음에는 에드가 모랭Edgar Morin* 의 연구 가설을 차용했다. 그것은 종말론 신앙을 배제하지 않고 우회하면서 임종의 고통을 넘길 수 있다는 착각을 주는 가설이었다. 그 착각은 종족, 가계, 사회의 일부라는 느낌 또는 다른 나, 타아他我의 느낌과 반대로 자아의 느낌, 독립적 개인의 느낌을 말했다.

마침내 나는 죽음 너머를 연구하지 않을 수 없다는 걸 알게 되었다. 그것은 학문적 이유나 내 저작의 균형을 위해서가 아니라, 단순히 이 문제가 너무 집요하게 제기되고 있기 때문이었다.

이제 그럼 나는 라틴어로 된 교부 문헌에 빽빽이 들어찬 글들을

---

* 1921~ . 프랑스의 철학자·사회학자·문화비평가.

통해서 최종 목적에 관해 박학한 이데올로기와 사후 세계의 재현을 탐구해야 할 것인가? 그것은 피에르 쇼뉘가 「파리에서 죽다Mourir à Paris」* 1장에서 그린 구상이었다.

나는 공동체적 경건함에 더욱 가까운 다른 연구 자료들을 선호했다. 즉 묘지, 도상, 묘비명 말고 다른 것은 거의 보이지 않았다. 그러지 않으면 연구 자료에 치여 허덕일 것 같았다. 그만큼 이 분야는 광범한 미지의 땅으로 보였다. 나는 미술사 대작들과 파노프스키Erwin Panofski**의 명저들을 읽었고 현존하는 인문학에서 묘지는 예술작품으로 간주된다는 것을 깨달았다. 내 연구를 아름다운 무덤에만 한정해서는 안 됐고 미술사가들이 간과한 평범한 무덤에도 관심을 가져야 했다. 그 분야는 거의 모든 것을 새로 시작해야 했다. 그 연구는 파리의 도서관이나 집에서 할 수 있는 게 아니라 기념물들이 실제로 눈에 보이는, 교회나 묘지에서 해야 하는 것이었다. 당황스러웠다.

역사가에게는 정말이지 선한 신이 있나 보다. 왜냐하면 바로 그 당황스럽던 순간에 내 직업적 상황이 변한 것이다!

1960년대 말, 나는 문헌정보센터 부장에서 프랑스 및 해외 전문 컨설턴트로 승진하게 되었다. 마다가스카르에서 유네스코 관련 임무를 마치고 돌아오자 프랑스 국립농업연구원INRA 문헌정보화 임무를

* 16~18세기 파리에서의 죽음에 관한 연구 논문이다. 『사회경제사 연보』 제31권 pp. 29~50, 1976.

** 1892~1968. 독일 출신 미국 미술사학자. 도상해석학을 제창하고 그 방법론을 확립했다.

2년간 맡게 되었다. 그리고 같은 시기에 룩셈부르크, 유럽 공동체, 로마, 세계식량기구FAO 등과 함께 농학 분야의 거대한 국제 정보 시스템을 준비하게 되었다. 오늘날 전문가들에게 AGRIS(국제농업기술정보시스템—옮긴이)로 잘 알려진 것이다.

이 새로운 직무에 따른 회의에 참석하기 위해 나는 프랑스와 유럽을 유목민처럼 다녔다. 몇 년간 지속되었던 이 출장을 활용해서 많은 교회, 박물관, 묘지를 둘러보았고 제대로 된 자료집을 구축할 수 있게 되었다. 내가 사무실에서 일하는 동안 아내는 현장에서 연구 대상이 될 묘지 등을 청소했고 우리는 점심시간이나 퇴근 후에 만나 조사에 몰두했다. 또 주말, 개방 시간과 낮 시간을 최대한 활용했다. 얼마나 많은 묘지와 묘비명들을 흔들리는 촛불이나 라이터의 불빛으로 해독했는지 모른다. 또, 룩셈부르크로 운전하고 가다가 마르빌Marville의 놀라운 묘지를 발견할 수 있었다. 이곳은 17세기 민중 미술과 장인과 부르주아 계급의 묘지가 다 모여 있는 진짜 박물관이었다.

이 여행들을 통해 나는 묘지와 친숙해졌다. 아름다운 무덤도 있었지만 무엇보다 가장 평범한 묘지들 덕분에 나는 『죽음 앞의 인간』 2부 5장 「횡와상*, 기도상 그리고 영혼Gisants, priants et âmes」을 쓸 수 있었다. 이 책에서 아마 내가 가장 좋아하는 부분일 것이다.

---

* 횡와상橫臥像은 '옆으로 누워 있는 모습의 상'을 뜻한다. 아리에스는 중세 이후 관을 장식했던 횡와상이 종말론적 죽음의 표현이 아니라 땅과의 연속성과 내세에서의 휴식이라는 두 주제를 동시에 나타낸다고 보았다.

여행은 역사가를 만든다

그렇지만 내가 국제회의를 쫓아다닌 것이 단지 묘지의 역사를 위한 자료 수집 때문으로 보였다면 유감이다. 오히려 내 인생에서 이 시기는 직업적으로 커다란 만족감을 맛보고, 정말 고무되었던 시기이다. 당시 나는 프랑스에서 전산 정보를 다루는 소수 중 한 명이었다. 왜냐하면 다른 나라들과 달리 프랑스는 이 분야에 관심을 보이지 않았기 때문이다. 이런 무관심 때문에 골치 아플 때도 있었지만, 나에겐 많은 자유를 주었다. 프랑스를 관리하는 거대 공룡 관료 조직들은 반수 상태에 빠져 있었다. 너무나 독립적인 소규모 침입자가 성가시게 굴면 이따금씩 잠에서 깨 겁을 줘서 그들을 내쫓고, 다시 죽음 같은 잠에 빠져들었다.

이 개척자 시기는 많은 돌발 상황과 황당한 에피소드로 가득했다.

나는 여러 나라와 함께하는 국제기구 업무를 알게 되었고, 프랑스에서는 이 일이 얼마나 흥분되는 일인지 아는 사람이 거의 없었다. 물론 국제 업무는 결정은 느리고 어렵지만 한 나라 안에서 하는 것보다 조금 더한 정도였다. 반면, 사전 조사와 여론 조사는 훨씬 더 자유롭고 개방적으로 시행되었다. 그러나 프랑스 정부는 전문가들을 엄격하게 통제했다. 하지만 일단 국경을 넘어서면 국내 행정 부서에서 느끼지 못했던 자유로운 공기에 살짝 취하는 것 같았다. 나는 프랑스 관리들이 외국에 나가면 느슨해지는 것에 놀랐다. 그러다가 귀국과 동시에 즉각 프랑스 지상주의적 경직성을 되찾았다. 그들은 국경선에 뻣뻣함을 내려놓았다가 돌아오는 길에 되찾는 사람들이었다.

그러나 긴장과 스트레스, 실망의 순간들도 맛봤다. 잘 완성되길 바라며 지지했던 대형 프로젝트의 부분적인 실패는 지금도 쓴맛을 남긴다. 국제적 경쟁을 작은 단위로 재생산하는 전략을 구사해야만 했다.

전문가들 간의 관계는 대체로 우호적이어서 회의가 끝나면 각자 무기를 내려놓고 긴장을 풀었다. 반면 몇몇 프랑스인들은 토론에서 빨치산처럼 열정을 불태웠고 쉬는 시간에도 적개심에 가득 차서 유치하게 냉전을 모의하곤 했다. 나는 사회주의 국가를 포함하여 모든 나라의 전문가들을 알게 되었고 그중 몇몇은 친구가 되었다. 정말 두드러지게 뛰어난 인물들이 있었다. 세 명만 소개해 보겠다. 한 사람은 프랑스 사람이었다. 국가 대사를 맡을 인재였으나 1944년 드골이 임명한 마르세유 공화국 고등행정관haut-commissaire de la République 시절, 같은 드골에 의해 좌초했다. 아마 다른 사람 같았으면 무슨 수를 써서라도 들러붙었을 것이다. 그러나 레이몽 오브라크Raymond Aubrac* 는 조국을 떠나 국제공무원이 되었다. 프랑스 정부 입장에서 달가운 일은 아니었다. 그리고 워낙 알려진 사건이었기 때문에 아마 기억할

* 1914~2012. 프랑스 유대계 레지스탕스 운동가, 국제공무원. 국립교량토목학교 출신 공학기사로 아내 뤼시 오브라크와 함께 프랑스 레지스탕스의 전설이다. 2차 대전, 레지스탕스, 식민지 제국 청산, 소련 해체, 냉전, 베트남전 등 현대사의 주요 국면에서 역할을 맡았다. 호치민과의 각별한 우정과 연대로도 유명하다. 베트남 문제 해결을 위해 헨리 키신저의 중재 요청을 받기도 했다. 식민지 청산 후 제3세계 건설에 기여했고, 그 연장선상에서 세계식량기구에서 일했다.

것이다. 2차 대전 당시 레지스탕스였던 레이몽이 장 물랭Jean Moulin* 과 함께 게슈타포에 체포되자, 레이몽의 부인 뤼시Lucie(역사학자)가 게릴라전을 진두지휘하며 이송 중인 남편을 구해 낸 것은 유명한 일화다. 나는 오브라크를 세계식량기구 본부가 있는 로마에서 만났다. 공산당계 레지스탕스 운동가 출신인 그의 과거와 사상은 분명 나와는 거리가 있었지만 나는 곧 그에게 매료되었다. 뛰어난 외교관이자 분위기 메이커이기도 했지만 그걸 넘어서 사물과 사람에 대한 시선, 세계를 보는 고요하고 부드러운 관점, 숨겨진 의지와 드러난 관용을 조화시킬 줄 아는 지혜가 정말 매력적이었다. 우리의 만남에서 내가 간직한 인상은 고요함과 선량함, 넓은 시야, 세계를 읽는 지성이었고 모두 로마의 이미지와 잘 어울리는 것이었다. 영원한 도시 로마는 얼마나 많은 인재들을 보았을 것인가!

이어서 토머스 경을 소개하고 싶다. 태생보다 더 신사이고 더 영국적인 영국인이었다. 톰슨 대령**을 닮은 사람이었다. 시온주의자들의 첫 번째 반환 요구가 시작되던 당시 팔레스타인 총독이었던 그

---

* 1899~1943. 프랑스 레지스탕스 지도자, 정치가. 프랑스 최연소 도지사 시절 나치의 동조 지시를 거부하고 레지스탕스 운동에 뛰어들었다. 런던의 드골과 협력하여 전국레지스탕스평의회 의장을 맡아 레지스탕스 운동을 이끌었다. 게슈타포에 체포되어 극심한 고문 끝에 사망했다. 프랑스 거리와 도로에 가장 많은 붙은 이름은 드골과 장 물랭이다. 그를 체포해 고문한 '리옹의 도살자' 나치 바르비는 프랑스인들이 40년 이상 추적, 체포하여 리옹에서 종신형을 받았다.

** 피에르 다니노Pierre Daninos의 1954년 작 『톰슨 대령의 수첩*Les carnets du major Thompson*』 나오는 인물로 프랑스인과 영국인의 차이를 유머러스하게 묘사한다.

는 영국 제국의 마지막 세대에 속했다. 방대한 데이터베이스를 다루는 행정가로서 그는 당시 영국 시각처럼 편협하고 완고한 동시에 우아하고 정중하게 국가의 이익을 옹호했지만 얼마나 매력적인지 그를 탓할 수가 없었다. 회의장 밖에서 그는 가장 유쾌한 일행이었다. 그의 집을 방문하기도 했는데 아름다운 가구와 예쁜 장식품으로 가득한 매력적인 인테리어 하우스였다. 그리고 그곳에서 아주 맛있는 저녁과 뛰어난 포도주를 먹었다. 그는 '청량음료' 이전의 영국 문명을 대변하는 증인이었다.

또 다른 영국 전문가 한 명이 우리들의 토론에서 큰 역할을 했는데 그 역시 뛰어난 인물이었다. 토머스 경이 보수주의자에 사교계 인사라면 그는 좌파에 지식인이었다. 이름이 코블랜스Coblans였는데 지금은 세상을 떠났다. 코블렌츠라는 독일 마을 출신의 유대인이었는데 그의 가족은 서부 독일인들을 슬라브계 국가로 내몰던 중세 말기부터 거대한 이주의 흐름을 따라 다녔다. 그의 조부는 19세기 말 러시아의 유대인 박해를 피하기 위해서 캐나다로 이주했다. 무슨 이유에서인지 그의 부친은 남아프리카에 정착했고 거기서 태어난 코블랜스는 정치적 문제로 그곳을 떠났다. 독일과 오스트리아에서 화학을 전공했고 그곳에서 결혼했다. 그는 문헌정보 분야 최고의 세계적 전문가들 중 한 명이 되었고 그의 커다란 호기심을 보여 주듯 수많은 언어를 구사했다. 나는 (토머스 무어의 생가가 있던) 런던 교외에 있는 그의 집에서 긴 밤을 보낸 적이 있다. 차고를 서재로 바꿔 놓은 아주 평범한 주택이었다. 다양한 음반과 책 옆에는 많은 인문과학 서적들이 방을 어지럽혔는데, 뭐랄까 중앙 유럽 분위기가 감도는 방이었다. 코블랜스 부인은 오스트리아 사람이었다. 아주 맛있는 요리를 해 주었는데 역시 영국 음식은 영국 음식이었다. 내가 출장을 다니면서 만날 수 있었던 사람들은 이런 유형이었다. 파리에서는 이런 사람들을 만나려면 수십 킬로미터에 걸쳐 사무실들을 뛰어다녀도 쉽지 않을 것이다….

캘리포니아 백포도주 한잔

그럼에도 이 모든 시간 동안 나의 주된 관심은 여전히 죽음의 역사였다. 자료들을 수집했고 자기 전에 항상 이 주제를 생각하곤 했다. 그렇지만 이런 지적 탐구가 책으로 나와야 할 이유는 조금도 없었다. 조사만으로도 그때그때 충분히 만족을 느꼈기에 굳이 저술이라는 금욕적 수행을 부과하지 않아도 좋았다. 한 줄도 쓰지 못한 채 연구 자료들은 쌓여 갔고 어떻게 주제를 풀어 가고 책을 구성해야 할지 막막한 상태였다. 내가 제어하지도 못하는 상태에서 주제가 나를 끌고 간 셈이었다. 1971년 어느 여름날, 미국에서 온 편지 한 통으로 이 상황은 끝이 났다. 17세기 프랑스사 전공 사학자인 오레스트 래넘Orest Ranum 존스홉킨스대 교수가 한 학기 강의에 나를 초청한 것이다. 나로선 더욱 기뻤던 것이, 나를 초청한 근거로 『아동의 역사』가 아니라 그보다 덜 알려진 『역사의 시간』을 참조해서였다. 그가 제안한 강의 주제 '역사와 국가'는 이미 내 관심사가 아니었기 때문에 우리는 '죽음 앞에서의 태도'를 주제로 정했다.

나는 이 기회에 10여 년간 산만하게 이어진 연구를 하나의 전체로 정리하기로 했다. 그래서 앞으로 개진할 주제를 미리 발표하는 장으로 간주하고 존스홉킨스대학 강의 네 개를 준비하는 데 거의 1년을 보냈다. 책 집필을 시작하게 된 순간이었다. 출장과 회의 때문에 주기적으로 중단되기는 했지만 말이다.

1965년 첫 방문 이후로 한 번도 미국에 간 적이 없었다. 그때는 주로 도서관과 자료센터에서 시간을 보냈는데 내가 원했던 만큼 소득은 없었다. 아내와 나는 과들루프를 거쳐서 존스홉킨스대학이 있는 볼티모어에 도착했다. 우리를 초청한 오레스트와 퍼트리샤 래넘 교수 부부는 우리를 금방 알아보았다. 아마도 우리 실루엣만 보아도 절대 헷갈릴 수 없는 무엇이 있는 모양이다. 외국의 어느 기차역이나 공항에서도 우리를 마중 나온 외국인들은 즉각 우리를 알아보았다. 내가 바스크 지방 베레모를 쓴 것도 아닌데 말이다!

반면에 우리를 초대한 교수 부부는 알아볼 수가 없었는데, 그만큼 너무나 젊어 보였다. 대학원생으로 착각할 정도였다. 그들은 자기 집으로 우리를 데려갔다. 빅토리아풍 건축 특유의 널찍하면서도 은밀하고 안락한 느낌을 주는, 세기 초 주택이었다. 세련된 문화와 친구들을 환대하는 따뜻함의 본산, 대도시의 번잡함을 거부하고 나무와 꽃, 자연을 품은 그런 집, '홈home'이었다. 우리는 마치 우리 집처럼 그 집을 좋아했다. 2층 손님방에는 17세기 것으로 보이는 침대가 있었다. 얼마나 자주 그곳에 머물렀는지 모른다. 우연히 알게 된 집 주인 부부는 우리와 나이 차가 있었는데도 즉각 친한 친구가 되었다. 정말 '즉각'이었다.

처음부터 우리는 마치 오래전부터 아는 사이처럼 모든 것이 흘러갔다(나중에 이와 유사한 경험을 이반 일리치Ivan Illich*를 만나면서 다시 하게 된다. 처음에는 조금 경계했다. 일리치가 기고하던 가톨릭 좌파 월간지 『에스프리』 때문이었는데 나는 전후 가톨릭 좌파를 좋아하지 않았다. 그런데 처음 만난 순간, 아주 오래된 동지라는 느낌이 들었다). 그 후 래넘과 나는 해마다 정기적으로 만나고 있는데, 내가 자주 방문하게 된 미국에서 또는 프랑스 루에르그 Rouergue**의 언덕에 자리한 그의 별장에서 본다. 에마뉘엘 르 루아 라뒤리Emmanuel Le Roy Ladurie***가 좋아했을 법한 그 별장은 오래된 16세기 집 두 채를 사 들여 래넘이 완벽한 취향과 많은 수작업을 통해 복원한 집이었다. 그 마을에 사는 귀족이었던 아데마르 드 파나 백작이 말했듯, 래넘의 별장은 힘센 장정들처럼 서 있었다. 오레스트가 파나 백작을 만난 것은 리슐리외의 후원자들에 관한 논문을 준비할 때였

---

* 1926~2002. 오스트리아 사상가. 가톨릭 사제로 뉴욕 빈민가에서 활동하다, 푸에르토리코를 거쳐 멕시코에서 개발 이념에 반대하는 급진 운동을 펼쳤고 교회와의 마찰로 스스로 사제직을 버렸다. 사회학, 철학, 신학, 역사학 등에 큰 영향을 미쳤다. 『학교 없는 사회』 등의 저서가 있다.

** 프랑스 랑그도크 미디 지방에 있는 작은 고도古都이다.

*** 1929~ . 프랑스 역사가. 1967년부터 『아날』 편집 위원을 맡았으며, 1973년 브로델에 이어 콜레주 드 프랑스 근대사 교수직을 맡았다. 앙시앵레짐기 랑그도크 지방 연구의 권위자이다.

다. 계보학 전문가였던 파나 백작도 같은 도서관과 문서보관소를 이용했다. 래넘은 루에르그에 있는 백작의 성을 방문했다가 그 마을에 마음을 빼앗겼다. 래넘 부부는 매년 여름을 그곳에서 보낸다.

프랑스 역사에서 가장 독특한 시기인 17세기에 정통한 사학자로서 프랑스와 그 문화를 잘 알고, 해마다 루에르그에서 여름 3개월을 보내는 사람이라면 유럽인이 다 되었을 거라고 생각할 것이다. 나 역시 그렇게 믿었다. 하지만 그건 완전히 실수였다. 그는 뼛속까지 미국인이었다.

그는 나를 위해 여러 가지 큰일을 해 주었다. 네 번 강의한 내용을 영어로 정리해 출판해 주었고 내가 집필을 마칠 수 있었던 워싱턴 우드로윌슨센터 펠로십에 지원하도록 하고 또 지지해 주었다. 무엇보다 미국이라는 나라를 해독할 수 있게 해 주었다. 프랑스는 미국을 너무 모른다! 우파는 바보같이 미국의 민족주의를 증오하거나, 역시 바보같이 미국의 보수주의나 개인주의를 부러워한다. 프랑스인들이 생각하는 현대성의 이미지에 부합하는 미국의 모습, 적어도 퐁피두 대통령 시절의 엘리제궁이나 국립교량토목학교, 국립행정학교 ENA*에서 모방하려 애쓰던 미국의 모습이 있는 것은 사실이다(그래서 흉측한 라데팡스를 짓고 센 강변에 자동차 전용 도로를 만들면서, 루이 슈발리에의 표현대로 '파리를 죽였다'). 그러나 그것은 미국의 여러 모습들 중의 하나일 뿐이고 더욱이 거기 반대하는 미국 여론도 만만치 않게 다양하다. 아

* 두 학교 모두 프랑스의 고위 공무원, 정치인 등 정관계 최고직을 양성하는 학교다.

름답고 거대한 풍경의 단조로움에도 불구하고 미국은 다양성과 예측 불가능성, 예외성의 나라이다. 오늘날 미국의 거대한 대학교들은 그 자체가 수준 높은 문화를 갖춘 하나의 국가이며, 지적 호기심, 대담함 그리고 자유가 지배하는 일종의 아테네 또는 라틴 국가라 할 만하다. 프랑스나 영국에서라면 난리가 났을 것이다.

우리 부부는 1976년 1월부터 8월까지 워싱턴에서 보냈다. 정말 흥미진진한 경험이었다. 1973년 존스홉킨스대학 강의를 마치고 나서 서둘러 집필에 전념할 생각이었다. 하지만 직장 일로 시간이 너무나 쪼개져 글을 쓸 수 없었고, 그렇다고 국제회의도 참석할 수가 없었다. "잠깐만, 지금 그 날짜는 안 돼요. 지금 이 장을 마쳐야 한다고요!" 이전에 책을 쓸 때는 이렇게 스케줄 조정이 어렵지 않았었다! 절망스러웠다. 그때, 미셸 비노크가 1974년 영어로 나온 존스홉킨스대학 강의록을 프랑스어로 내자고 제안했고, 거기에 그동안 발표한 논문 열두어 편을 더해서 책으로 냈다. 그러는 사이 1975년 여름이 되었고, 파리에 들렀던 J. 빌링턴이 자기가 소장으로 있는 워싱턴 우드로윌슨센터에서 연구하라고 권했다. 아무 조건 없는, 강의도 출판도 안 해도 되는 제안이었다. 이 환상적인 조건 속에서 나는 '단숨에' 책 집필을 마칠 수 있었다. 빨간 사암으로 된 네오고딕 양식의 윌슨센터는 스미스소니언 등 대형 박물관들이 있는 내셔널 몰을 마주하고 있었다. 이 센터는 프랑스의 콩코르드 광장과 몇몇 장소를 포함하여, 세계 도시 중에서 가장 넓은 전망을 가진 건물이다. 나는 거기서 편안한 연구실을 혼자 썼다. 내 동기 '펠로fellow'들 대부분은 거기서 수

십 킬로미터 떨어진, 백인들이 모여 사는 교외에서 살았다. 아내와 나는 국회의사당의 둥근 돔이 보이는 작은 오피스텔을 얻었다. 센터에서 걸어서 15분 정도로, 포토맥 강 근처의 흑인 동네였다(강에는 선상 레스토랑이 있었는데, 공공장소가 사적인 장소가 되려고 애쓰면서 거리와 도시에 등을 돌리는 나라에서 가장 덜 폐쇄적인 공간 가운데 하나였다). 또한 아주 좋은 포도주 가게 바로 옆이었고 이것은 중요한 기준이었다. 워싱턴으로 올 때 우리는 경찰이 의심하지 않도록 집필 자료를 모두 투명한 플라스틱 파일에 넣어서 비행기 안에 들고 탔다. 비행 중에도 나는 그 파일 바로 옆에 붙어 있었다. 모든 것이 다 갖춰져 있었다. 이제 고요한 시간만 있으면 됐다. 그리고 나는 그걸 손에 쥐었다.

오전 8시에 연구실로 가는 것으로 하루 일과를 시작했다. 정오에는 아내가 와서 함께 점심을 먹었다. 윌슨센터 구내식당은 썩 괜찮았고 거기서 다른 펠로들을 만날 수 있었다. 하루는 셀프 서비스를 이용하는 페르낭 브로델 교수 부부를 만났는데 직접 본 것은 처음이었다(이미 그들의 방문 소식이 알려져서 마치 메시아를 영접하듯 사람들이 몰려들었다). 우리는 담소를 나누며 잠깐이나마 좋은 시간을 보냈다.

오후 1시 반이 되면 우리는 다시 연구실로 들어가서 저녁 7시까지 연구와 집필을 계속했다. 그렇게 종일 글을 쓰다 보면 손이 아팠고 머리는 멍해졌다. 저녁 식사 전, 카페 테라스에 앉아 백포도주라도 한잔하면 얼마나 좋을까? 그러나 그런 카페라고는 없었다! 그곳은 나일 강이 사하라 사막을 가로지르듯 자동차의 강물로 뚝 끊긴 사막 같은 곳이었다. 혼자 바삐 걸어가는 행인이 띄엄띄엄 있을 뿐이었다.

강도들을 조심하라고 했지만 아무도 다니지 않을 게 확실한 이 장소에서 누가 노리기나 할까?

카페 얘기를 해 보자. 조지타운에 카페가 하나 있었는데 거기까지 가려면 택시로 왕복 한 시간이 걸렸다. 조지타운은 1965년에 들렀을 때만 해도 조그만 시골 마을이었는데 당시는 파리 한복판 생제르맹데프레처럼 변해 있었다. 그래서 우리도 미국 사람들처럼 카페 아닌 집에서 해결했지만, 그들은 우리보다 두 시간 일찍 퇴근했다. 우리는 집으로 돌아와서 식전주를 마셨다. 그렇다고 처량하지는 않았다. 제일 먼저 버번을 한 잔 마시는데 뒷맛이 약간 역겨웠다. 이어서 아주 좋은 캘리포니아산 백포도주를 한잔했다. 저녁 식사를 위해 남겨둔 술은 프랑스산 적포도주로, 프랑스보다 20퍼센트나 싸게 샀다(지중해 출신의 친절한 주인이 운영하는 건물 지하의 작은 슈퍼마켓에서 사 왔다). 이 적포도주를 마시면 비로소 제대로 치유가 되었다. 그러고는 『워싱턴 포스트』지를 읽었고, 가끔 『뉴욕 타임스』를 볼 때도 있었다. 종일 꽉 찬 일정이었지만 그럴 만한 가치가 있었다. 『르 몽드』 기자들은 정보와 판단을 정직하게 구분할 수 없다고 단언하지만, 미국의 주요 신문들은 매일, 아주 자연스럽게 이 둘을 구분한다. 사설에는 신문사의 의견을 싣고, 보도란에는 사진과 상세 정보를 싣는다. 그 신문들은 세계 전체와 미국이라는 세계를 향해 열려 있어서, 기사들만으로도 사회학 전문 도서관을 하나 세울 만하다.

다음 날 아침 8시, 나는 다시 윌슨센터로 향했다. 아침마다 알을 낳는 조나단의 펠리컨처럼* 계속 그렇게만 지낼 수도 있었다. 다행히, 워싱턴에 살거나 방문하는 친구들을 만나기도 했고 워싱턴 근처 볼티모어의 래넘 부부 집에서 주말을 보내기도 했다. 프린스턴, 앤아버, 로스앤젤레스까지 여행을 다녀오기도 했다(가족을 주제로 한 심포지엄이 오래전에 잡혀 있었다). 그러나 전체적으로 보았을 때, 우리는 책을 빨리 끝내야 해서 거의 움직이지 않은 편이었다. 그 결과, 결론을 제외한 나머지 부분이 완성된 원고를 들고 프랑스로 돌아오게 되었다. 결론은 윌슨센터만큼이나 고요하게 글을 쓸 수 있는 유일한 곳, 로라게 Lauragais 언덕에 있는 처남 집에서 완성했다.

이렇게 완성된 『죽음 앞의 인간』은 나에게 깊은 인상을 남긴 미국에서의 경험과 연결되어 있다. 미국 체류를 마치고 얼마 후에 로마 중심가 트라스테베레 지역과 모로코에서 한 달씩을 보내게 되었다. 이 두 지역의 대조적인 모습을 보면서 놀란 것은 산업화와 발전 정도의 불공평성이 아니라 사회성과 사유화된 삶privatisation de la vie의 차이였다. 이것은 내가 근대성의 가장 명백한 신호로 간주하는 현상이다. 나는 로스앤젤레스에서 열리는 가족 주제 2차 심포지엄 발표문을 로마에서 시작해서 모로코 라바트에서 마무리했다. 이 글은 이어서 『다이달로스*Daedalus*』지와 『에스프리』지에 '가족과 도시'라는 제목으로 게재되었다.

내가 10년만 젊었더라도 '사유화의 발전과 그에 따른 저항'이라는 중요한 주제를 파고들었을 것이다. 현대의 핵심적 질문이기 때문

---

* 프랑스 시인 로베르 데스노스Robert Desnos(1900~1945)의 시 「펠리컨」에서 인용.

이다. 다행히 이 주제는 아를레트 파르주Arlette Farge 같은 프랑스 역사학자와 이자크 조제프Isaac Joseph, 필리프 메이예Philippe Meyer, 『사회인류학 연구*Recherches sociologiques et anthropologiques*』* 그룹 등의 사회학자 및 리처드 세넷 같은 미국 학자들이 연구하고 있다. 리처드 세넷의 책들을 최근에 발견하고 기지감이 들었는데, 그만큼 내가 느끼는 것을 많이 담아내고 있다.

생각도 못한, 어쩌다 68세대

사회성의 문제, 공적 영역과 사적 영역의 변증법….

세상은 이 주제로 다시 돌아오게 되었다. 나로선 해묵은 주제였으나 60년대 말 유럽과 미국에서는 이 주제들이 새로운 감정들로 장전된 채 부상하기 시작했다.

프랑스 지식인들 사이에서 커다란 움직임이 일었다. 역사적 결정론, 진보, 우리가 믿었던 모든 것을 다시 뒤집어 보자는 것이었다. 내가 견지한 관점 중 일부가 그런 전면적 문제 제기와 맞아떨어지면서 나는 사회과학고등연구원에 강의를 나가게 되었다. 나처럼 완벽하게 제도 사학계 밖에 있던 아웃사이더가!

68년 5월은 놀라움 그 자체였다. (젊은이들이 모이는 라탱 지구의—옮

* 1970년 벨기에 루뱅대학 교수들이 창간한 사회인류학 계간지.

긴이) 팡테옹 근처 식당에서 로베르 망드루와 약속한 저녁, 나는 중요한 일이 벌어졌음을 알아차렸다. 약속 장소로 가기 위해 아내와 나는 파리 의대 옆 작은 영화관에서 나와 생미셸 대로를 건너야 했다. 대로는 모세가 홍해를 가른 것처럼 텅 비어 있었다. 그러나 우리가 뛰어서 건너는 그 찰나, 대로는 둔탁한 소리로 가득 찼다. 돌아보니 최루탄을 장전한 기동헌병대의 군화 소리였다. 우리는 나이와 흰머리 덕분에 무사히 풀려났다. 요즘은 자세히 보지도 않고 목욕물에 아기를 같이 버리듯이 노인들을 마구 버리지만. 거리에서 겪은 일로 감정이 격해진 상태로 우리는 망드루를 만났다. 68년 5월혁명이 시작된 낭테르대학의 교수였던 망드루는 많은 이야기를 들려주었다. 저녁을 마치고 생자라르 역으로 가면서 우리는 마리아 막달레나처럼 울었다. 파리의 밤은 여전히 최루 가스로 가득했던 것이다.

며칠 뒤 총파업으로 인해 우리는 메종라피트에 완전히 갇혀 버렸다. 기차도, 휘발유도, 돈도 없었다. 라디오를 듣기 시작했는데, 2차대전 때 라디오로 '전황'을 듣던 시절 이후 처음이었다. 라디오 룩셈부르크의 무훈이 생각났고 마치 그때 그 자리에 있는 것 같았다. 정부는 교훈을 얻었고 다시 그런 일이 벌어지지 않도록 조처를 취했다.

우리는 이루 말할 수 없이 놀랐다. 쏟아지는 연설과 낙서들 속에서 우리가 어렸을 때, 반동적 청년이었을 때 친숙했던 주제들이 다시 나왔다. 즉 중앙 집권적 국가에 대한 불신, 실질적 자유, 서로 이어지는 소규모 공동체, 지역과 그 언어에 대한 애착을 다시 듣게 된 것이다. 더불어 나와 비슷한 한 가지 태도를 포착했는데 그것은 정치를 거부하고 억눌린 집단적 심층의 세계로 복귀하려는 태도였다. 내가 '역사Histoire'를 통해 도달하고자 했던 태도였다. 아니 세상에! 작금의 사회적 환경과 정치적 공동체에서 낙엽처럼 사라졌던, 우리와 우리 부모, 조부모가 중시했던 가치들이 지금 그 대척점에 있는 우리 자식뻘 되는 청년들에게서, '보수주의적' 공산주의 좌파에게서 다시 나타나는 걸 목도하게 되다니!

정말 놀라운 일이었다. 충격 속에서 깊은 성찰을 하게 되었다. 내 직장의 최고 전문가 한 명이 참여하는 개신교 협회의 강연에서 나의 이런 성찰에 대해 말할 기회가 있었다. 솔직한 강연 내용에 나 자신도 놀랐지만 청중도 다소 당황했다. 이 강연 자료는 조르주 리에베르Georges Liébert*와 레이몽 아롱, 라울 지라르데의 학생 그룹이 그 즈음 창간한 잡지 『대위법*Contrepoints*』에 실렸다.

68년 5월혁명의 파도는 잠잠해졌지만 이것만은 분명했다. 더 이상 전과 같지는 않으리라는 것이었다. 기업이나 대학에서의 질서는 아마 그대로일지 모른다. 그러나 기술이 주는 자동적인 안락함과 자본주의나 사회주의가 생산해 낸 복지의 연속성에 대한 믿음은 깨져버렸다. 더욱이 68년 5월혁명은 자유주의와 마르크스주의라는 지배 이데올로기에 의해 억압당하고 언어를 빼앗겨 표현할 길 없었던 비밀스러운 변화들을 거리 한복판에서 외치고 요구한 시위였다.

---

* 1943~ . 프랑스의 지식인이자 언론인. 갈리마르, 아셰트출판사 등에서 총서 주간을 맡았다.

우리는 이 빼앗겼던 언어의 새로운 탄생을 목격하고 있었다.

역사가와 민족학자들, 민족학자적 역사가들이 그 탄생에 기여했고, 이 점이 현재 이들의 대중적인 성공을 설명해 준다고 본다. 프랑스의 역사학은 60년대 말에 많이 변화했다. 나는 이러한 변화의 과정을 자크 르 고프Jacques Le Goff* 외 공저 『새로운 역사*La Nouvelle Histoire*』의 한 장에서 분석한 바 있다. 실제로 새로운 세대가 등장했다. 산업화 이전 사회의 문화에 관심을 보이는 그들의 호기심과 열정은 아무도 모르는 사이에 지난 50년간의 근대성 모델에 대한 본능적 반감을 드러내고 있었다. 젊은 역사가들은 나름의 방식으로 환경보호론자들에게 결정적으로 응답했다. 이렇게 해서 모든 사람의 취향에 맞는 것은 아니겠지만 현대적 역사학에 감미로운 복고적 색채를 부여하게 되었다(특히 좌파 가톨릭, 고전적 진보주의자 그리고 우파 근본주의자들이 여기에 거품을 물고 있다!). 한 예를 들어 보겠다. 19세기의 아름다운 사진들로 구성된 빌프랑슈드루에르그Villefranche-de-Rouergue 지방에 관한 책에 (옛 시대의 지혜를 존중하는 이 새로운 경향의 거장이자 콜레주 드 프랑스 교수인) 에마뉘엘 르 루아 라뒤리가 쓴 서문에서 몇 줄을 따왔다.

결론을 내려야 할까? 내가 아베롱 지방을 좋아한다는 걸 감추지 않겠다. 여기, 내 색깔을 분명히 밝힌다. 나는 루에르그 팬이다(시간상 간격으로 볼

---

* 1924~ . 프랑스 역사가. 아날 학파 3세대를 대표하는 심성사학자로 EHESS 교수, 원장을 역임했다. 『서양 중세 문명』 등의 저서가 있다.

때, 불과 20년 전만 해도 콜레주 드 프랑스 교수라면, 설사 뤼시앵 페브르라 해도 자기 색을 드러낼 수는 없었다!). 이 작은 지방이(긴 역사 속에서 한 지방의 영속성을 보라) 한 세기 반 만에 가난과 불행에서 벗어날 수 있었던 그 방식을 나는 높이 산다. 그것도 오염이나 소음, 격식이나 인구 과잉, 대도시화 없이(40~50년대에는 발전을 도시화로 혼동했다), (산업화에 따른) 시커먼 연기를 내뿜는 공장 굴뚝도 없이 이뤄 낸 것이다. 자신만의 토착적 구조를 존중하고(한 나라나 지역이, 세포처럼 하나의 프로그램을 가진 문화적 구조를 보유하고 있다는 개념이다), 기본 세포인 '집ostal'*, 그들의 강렬한 종교성의 바탕을 이루는 가톨릭과 민속이 뒤섞인 이교적 신앙을 존중하면서 거기에 이른 것이다(종교성은 현대의 개혁자들에겐 자연과학과 인문학을 위해 제거해야 할 후진성의 상징이나 미신으로 보일 것이다). 오늘날의 산업 및 후기 산업 문명은 이 루에르그의 문화를 파괴할 수도 있다. 과거에는 자본주의적 환경에 조화롭게 기대어서 **혁신적인 동시에 전통주의적인**(강조하고 싶다) 자신의 고유한 속성을 더욱 잘 드러냈던 루에르그이다. 파괴될 거라 생각하면 내 마음이 무너진다. 그러나 여기서는 미래를 잘 준비하기 위해 과거만을 다루겠다. 산업 사회적 유토피아를 전복시키지 않을 이유가 무엇인가? 물론 그것을 너무 믿을 수는 없다. 나는 대다수 인류가 가난한 농부로 이뤄진 우리 지구를 위해 다가올 미래에는 유토피아의 반대, 실현하기 어려울지라도 초록 물결 넘실거리는 그런 세계를 소망한다. 다가올 21세기를 위하여, 1925년의 모습 그대로 인류 전체와 보조를 맞추는 국제화된 아베롱을 기원한다. 그렇게 된다면 이미 최악은 피한 것이다.

---

* ostal은 프랑스 남부 지역에서 쓰이던 고대 옥시탕어로 '집, 거처'를 뜻한다.

1970년에 나온 이 글을 구태여 해석하지 않아도, 마치 거울에 비춘 듯, 내 모습이 여기 그대로 들어 있다.

신앙, 정치, 미래에 대하여

―미셸 비노크와의 대담

▪ **미셸 비노크**: 오늘은 1980년 1월 4일입니다.* 얼마 전에 선생님의 직업 상황에 큰 변화가 있었는데요, 이에 대해 말씀해 주시죠.

• **필리프 아리에스**: 사실 내가 제일 먼저 놀랐습니다. 어느 날, 사회과학고등연구원EHESS 학장 프랑수아 퓌레의 전화 한 통을 받았는데 점심을 함께 하자고 하더군요. 갔더니, EHESS 교수직을 제안했습니다. 편안하게 대화를 나누다가 퓌레가 아주 재미있는 얘기를 들려줬어요. 자기도 그렇고 자기 친구들이 나와 내 책들 때문에 종종 어리둥절했다는 거예요. 내가 누구인가 했다고 솔직히 털어놓더군요. 그 말을 들으니 40년대 말 푸타스Charles-Hippolyte Pouthas*가 누군가의 질

* 1914년생인 필리프 아리에스가 66세가 되던 해이자 사망하기 4년 전이다.

문에 했던 대답이 떠올랐습니다. "개인적으로 재산이 있는, 운 좋은 사람일 겁니다." 그로부터 20~30년이 지나서 또 다른 유명한 지식인이, 더욱이 나를 잘 아는 분인데, 이렇게 말했죠. "그 사람, 바나나 장수지요." 그런데 프랑수아 퓌레가 나에게 교수직을 제안해서 깜짝 놀랐고 또 기뻤습니다. 나의 연구 작업이 자신만의 길을 잘 걸어왔다는, 업계 사람들에게 일종의 인정을 받았다는 느낌이 한순간에 들었어요. 또 한편으로는 EHESS에 들어감으로써 비로소 고립 상태에서 벗어났구나, 그리고 다소간 떨어져 있던 사학자들 그룹에 내가 받아들여졌다는 느낌을 받았어요. 그런데 사실은, 1960년대 말부터 조금씩 강의도 하고 대학에 접근하고 있었습니다. 나도 의식하지는 못했지만요.

60년대 말을 돌이켜보면 아내와 나, 우리 부부는 오랫동안 변화 없던 주변 관계를 넓혀 가고 있었어요. 젊은 사학자들과의 새로운 만남으로 확장되었지요. 장루이 플랑드랭은 앞에서 언급했고, 또 다른 젊은 사학자 이브 카스탕과 그의 부인 니콜Nicole Castan** 이 있어요. 내가 죽음에 관한 책을 준비할 때 알게 되었습니다. 장인 댁이 있는 툴루즈에 머무를 때 도립문서보관소를 찾아갔습니다. 뭔가 흥미로운 연구 자료가 있을 것 같았어요. 지금은 문화부 고위 공무원이 된, 당

---

* 1886~1974. 프랑스 역사가. 파리대학 교수이자, 아리에스가 다닌 장송드사이고등학교 역사 교사이기도 했다.

** 1926~2009. 프랑스의 사학자이자 교수. 저서로 이브 카스탕과의 공저 『어울려 산다는 것*Vivre ensemble*』 등이 있다.

시 그곳의 고문서 담당자가 이렇게 얘기하더군요. "선생님, 지금 독서실에 선생님을 뵙고 싶어 하는 사람이 있는데요, 선생님도 보면 좋아하실 겁니다." 그 담당자가 우리의 친화력을 미리 알아본 거지요. 그 사람이 카스탕이었어요. 이후로 우리는 나이 차이에도 불구하고 아주 친한 친구가 되었습니다.

■ 비노크 하지만 선생님도 같은 정신적 계보(남프랑스 역사학계—옮긴이)에 속하는 것 같습니다.

● 아리에스 사실 그렇다고 봐야죠. 우리는 비슷한 길을 걸어왔습니다. 엑상프로방스에 있는 피에르 기랄이 나를 세미나에 데려가면서 나와 비슷한 주제를 연구하던 미셸 보벨, 폴 벤Paul Veyne*, 필리프 주타르 등과 친해졌어요. 그전에는 멀고 낯설게 느꼈던 새로운 세계가 친근해지면서 친구가 된 것이죠. 프랑스 대학뿐만 아니라 미국까지 관계가 넓어져서 친구 래넘 교수를 중심으로 볼티모어 역사학계와도 교류하게 되었습니다. 그래서 우리는 해마다 여름이면 카스탕 부부, 래넘 부부와 함께 지중해에 있는 그들의 아지트에서 만나고 있어요.

좀 더 최근에 캐나다 퀘벡을 다녀왔습니다. 그곳에서 발행되는 지성지 중 유일하게 활동적인 『기준들*Critères*』의 자크 뒤프렌Jacques

---

* 1930~ . 프랑스 사학자. 엑상프로방스 출신으로 고대 로마사 권위자. 콜레주 드 프랑스 명예교수이다.

Dufresne* 이라는 아주 대단한 젊은이가 초대했어요. 이 잡지는 프랑스 전임 강사와 비슷한 칼리지 교수들이 펴내고 있습니다. 뒤프렌의 집으로 갔어요. 퀘벡 동부 시골 마을에 있는 목조 주택이었는데 일부는 자기가 직접 지었다더군요. 개척자처럼 말이죠. 그 친구는 시몬 베유로 박사 논문을 쓴 철학자인 동시에 자연인이었어요. 현재 프랑스 전통주의자 계보 모델에 가장 근접한 사람이 누구냐고 묻는다면 이 퀘벡 철학자라고 대답하겠습니다.

■ **비노크** 이유가 뭘까요?

● **아리에스** 그 계보는 지성적 또는 이데올로기적 계보가 아니기 때문이지요. 물론 그 역시 전통적인 가톨릭이지만 요즘 퀘벡에서 흔히 볼 수 있듯 이미 교회와는 거리를 둔 사람입니다. 프랑스에서 우리가 족쇄처럼 질질 끌고 다니는, 19세기의 쉰내 나는 논쟁과는 아무 관계가 없는 사람이죠. 하지만 자크 뒤프렌은 프랑스의 전통 문화 속에서 좀 더 진정하고 진실한 것을 첫눈에 포착했는데, 바로 귀스타브 티봉Gustave Thibon** 이었습니다. 아시다시피, 귀스타브 티봉은 나치 점

* 1941~ . 캐나다 철학자.

** 1903~2001. 프랑스의 철학자이자 시인, 신학자. 초등학교 학력이 전부인 그는 독학으로 모든 분야를 섭렵하여 백과사전적 지성인이 되었다. 일찍이 세속 수도사가 되어 남프랑스 포도원에서 일하면서 글을 썼고, 전쟁과 산업화의 후유증에 시달리는 프랑스에 독자적인 길을 제시했다.

령 기간 동안 시몬 베유를 숨겨 주었습니다. 그렇게 해서 두 사람 간에 위대한 우정이 태어났지요. 시몬 베유의 단상을 엮은 『중력과 은총』을 출간해 시몬 베유를 세상에 알린 사람도 바로 티봉이었습니다. 그러고 나서 티봉은 타고난 품성대로 점잖게 무대에서 사라졌습니다. 뒤프렌은 시골에 칩거하는 인문주의자 티봉에게 형제애에 가까운 우정을 간직하고 있었어요. 귀스타브 티봉이 조금이라도 매도당하면 아주 공격적인 자세로 돌변합니다. 캐나다 누벨프랑스 농부의 아들과 지중해변 농부 철학자의 이 뜻밖의 만남에는 많은 의미가 함축되어 있습니다.

■ 비노크 좀 더 자세히 알려 주시겠어요? 어쨌든 그 만남은 사상, 사고에 관계된 것이니까요.

● 아리에스 아니죠. 사상보다는 감성에 관계된 것입니다. 뒤프렌은 프랑스 반동주의자 같은 사고를 하지 않아요. 그러기에는 너무나 북미 사람이지요. 서부의 황야를 달리던 카우보이처럼 황소들과 씨름하고 있어요!

그의 관심을 끈 것은 근대성의 문제입니다. 몇 달 전, 몬트리올에서 저녁에 초대해서 갔더니 뒤프렌의 마음에 들었던지 어떤 특이한 인물 하나가 있었어요. 무언가 새로운 것을 보거나 들으려고 300킬로미터를 포복해서 왔다고 자랑하는 벨기에 사람이었어요. 식사를 하는 동안 흥겨운 분위기는 점점 가라앉았어요. 그 자리에는 조금도, 정말 조금도 반동적이지 않은 어느 젊은 사회학자도 같이했는데, 그런 그도 결국에는 짜증을 냈어요. 서로 간에 명확하게 선이 그어졌고 그런 것이 참 재미있었습니다. 캐나다 누벨프랑스의 어느 북미 사람과 반동적 모라스주의자인 나, 그리고 도대체 어떻게 묘사해야 할지 알 수 없는 짐 없는 여행자, 그 앞에 앉아 열 받고 있는, 매력적이지만 우스꽝스러운 순진한 학자, 이 네 사람이 모였던 몬트리올에서의 저녁이 추억이 될 것 같습니다. 이 일시적인 만남은 많은 담론들보다 더 많은 것을 의미합니다. 뒤프렌 그리고 내가 아는 퀘벡 사람들이 갖고 있는, 옛날에 대한 감성과 단호히 현대적인 생활 방식의 조합을 좋아합니다.

■ **비노크** 그러니까 새 부대에 낡은 술을 넣을 수 있다고, 옛날 감성을 간직한 채 현재 시대에 완전히 부합하는 방식으로 살 수 있다고 믿고, 심지어 그것을 추천하시는 거죠? 제가 제대로 이해한 건지요?

• **아리에스** 이런 혁신은 외부적인 이데올로기의 압박 없이 자연스럽게, 거의 자동적으로 이뤄져야 합니다. 그러지 않으면 다 수포로 돌아가지요. 2차 바티칸 공의회 이후 가톨릭교회가 제시한 것처럼 난폭한 모델을 제시하면 망친 거예요! 가톨릭교회가 아지오르나멘토(113쪽 각주 참조—옮긴이)의 방향으로 유연하게 변화했더라면 사정은 달라졌을 겁니다. 그것이 아마 교황 요한 23세의 바람이기도 했고요.

■ **비노크** 2차 바티칸 공의회가 시행한 난폭한 선회가 의무는 아니지 않았나요? 100년 이상에 걸쳐 가톨릭교회의 옛 가치들이 문자 그대로 찌그러든 걸 생각하면요.

● **아리에스** 변화의 난폭성에 대한 설명들 중 하나가 그런 거죠. 틀림없이 (2차 바티칸 공의회를 이끈—옮긴이) 가장 근본적인 개혁자들은 젊어서 20세기 초 반근대주의적 신학교 지도 교수들의 희생양이었을 겁니다. 그래서 그들이 아주 나쁜 기억을 갖고 있었다는 게 이해됩니다. 얼마나 많은 사제들이 상부 신부들에 대해, 알퐁스 도데 작품에 나오는 교황의 노새*처럼 느꼈겠습니까?

어느 현대판 카르보나리 당원을 위한 변론

■ **비노크** 선생님과 긴 인터뷰를 하고 있는데요, 지금까지 종교 얘기는 거의 하지 않으셨어요. 가톨릭 신자라는 사실을 결코 감추신 적은 없죠. 하지만 신앙과 종교적인 것에 대해 말하는 데에 아주 신중한 입장인 것 같습니다.

---

* 알퐁스 도데의 『풍차 방앗간 편지』에 실린 단편에 나오는, 자기를 학대한 사람에게 원한을 품은 노새를 가리킨다.

• 아리에스 나의 신중한 입장을 보여 주는 일화가 떠오릅니다. 게다가 나한테 가장 소중한 것인데 왜 그렇게 말하기 어려워하는지 아실 수 있을 거예요.

죽음에 관한 책 『죽음의 역사』가 나오자, 1975년 TV 교양 프로그램 〈아포스트로프Apostrophes〉*에 출연하게 되었죠. 녹화는 아주 활기차게 진행되었고 나도 편안하고 자유롭게 생각을 개진해서 좋은 기억을 갖고 있습니다. 방영 다음 날, 메종라피트 우리 동네에서 장을 보러 갔는데 한 상인이 말을 걸었어요. "어제 방송 잘 봤습니다. 아주 재미있었어요. 그런데 뭔가 좀 허전했어요. 종교 얘기를 안 하시더라고요. 하지만 죽음 하면 종교 아닌가요? 나야 뭐 이제 서른여섯밖에 안 됐으니까 종교 같은 거 상관없지만 예순이 되면 달라질 것 같은데…." 그는 종교와 다가오는 죽음과의 필연적 상관관계를 아주 당연하게 설정하고 있었어요. 옆에 있던 친구 요셉 찹스키도 표현은 달랐지만 같은 지적을 해 주었고요. 종교에 대해 명쾌한 언급을 하지 않은 것이 찹스키에게는 좀 충격인 것 같았어요. 나만의 내밀한 종교적 확신을 전면에 내세워 논쟁하거나 정당화하는 데 대한 나의 거부감에 놀란 친구들의 반응은 생각거리를 던져 주었습니다. 후회스러웠던 나는 이 점에 대해 언젠가 제대로 밝히기로 결심했죠. 1978년,

* 베르나르 피보Bernard Pivot가 진행한 TV 교양 토크쇼로, 1975년부터 1990년까지 매주 금요일 황금 시간대에 방송되어 매회 600만 명 이상이 시청하는 당대 최고 인기 프로그램이었다. 이후 제목을 바꿔 2001년까지 계속되었다.

대작 『죽음 앞의 인간』이 출간되고 두 번째로 피보의 프로그램에 출연하게 되었을 때, 1975년 방송 당시 시청자들이 다시 보고 있다는 걸 느꼈고 그들에게 무언가 말하고 싶었어요. 하지만 진행자가 내게 한 질문은 다른 주제와 그에 대한 해설로 이어져 버렸습니다. 종교에 관해 한 마디도 못하고 약간 실망한 채 방송국을 나왔습니다. 하지만 어쩌면 안도의 한숨을 쉬었을지도 모르겠군요.

■ **비노크** 그럼 지금이라면, 그들에게 뭐라고 얘기하실 건가요?

● **아리에스** 허를 찔렀네요! 그냥, 사도신경의 내용을 확인하는 정도로 하겠습니다. '죽은 이들의 부활과 내세의 삶을 기다리나이다.'* 우리 집안에는 앞서 얘기했듯, 친애하는 로르 할머니처럼 신앙이 돈독한 여성이 많았어요. 너무나 당연한 기도 문구에다가 무언가를 덧대는 게 마음에 걸려서, 말보다는 태도와 행위로 믿는 분들이었죠. 침묵으로 말했다고나 할까요.

그리고 걸핏하면 교리 강령을 강요하는 '교황청의 대사제'들이나 그 강령을 무산시키는 자유주의자들이나, 둘 다 좋아하지 않습니다. 한번은, 아름다운 미사 예식이 맘에 들어서 특별한 축일에 찾아가곤 하던 어느 극단적 보수 성향 교회에서 성탄절 저녁 미사를 보게

---

* 가톨릭에서 사용하는 니케아 신경의 마지막 구절. 통상적인 사도신경의 마지막 구절은 '육신의 부활과 영원한 삶을 믿나이다'로 마친다.

되었어요. 신부가 강론 중에 외치더군요. "성 토마스 아퀴나스가 이미 모든 것을 다 규정했는데, (테이야르 드 샤르댕 같은 진화론적—옮긴이) 강생 신학을 주장하는 신학자들은 도대체 무엇을 더 만들어 내겠다는 겁니까?" 한편으로는 동방 박사, 그들이 따라온 별, 이런 성서 속의 민속 요소들을 수치스러워하는 사제들의 훈계를 내가 어떻게 견디겠습니까? 불가능하죠. 그러느니 차라리 침묵하고 신앙 그 자체로 저절로 설명되도록 놔두는 편이 낫다고 생각합니다.

그렇지만 내가 회의주의나 신앙심의 결여 때문에 침묵한다고 여기진 않았으면 합니다. 오히려 그와 반대로 나는 운명이라는 문제에 대해 옛사람들에게 열정적인 질문들을 던졌어요. 왜냐면 그들이 '역사'를 통해 나에게 준 대답은 신비로운 어떤 것을 드러내 주니까요. 요란하게 신앙을 외치면서도 항상 그 신앙대로 행동하지 않는 사람들의 독단적인 단언보다 더 많은 신비를 드러내죠. 진리와 신앙의 핵심은 우리 손길이 닿지 않는 닫힌 정원에 있는 것 같습니다. 인간은 나이가 들면서 이 신비의 주위를 뱅뱅 돌지만, 그 궤도들은 결코 가까워지지 않습니다. 그러나 역사의 각 시기마다 이 진리의 단편을 포착하게 되고 이 단편들은 종종 모순되지만 단 하나의 범접할 수 없는 대상의 반영들인 것입니다.

이 단편을 포착하는 것은 동시에 상이한 두 가지 방법, 그러나 대립되기보다 보완적인 두 가지 방법으로 이뤄집니다. 하나는 교리에 따른 정통적 접근법으로, 아브라함, 성모마리아, 교황과 교부들의 교회가 하는 접근법인데 우리는 이것을 '계시Révélations'라고 부릅니다. 다른 한 가지 방법은 콩가르 신부père Yves Congar*가 얘기한 대로, 시간의 기원에서부터 인류 역사의 폐부 깊숙이 감춰진 신성divinité을 찾는 것입니다. 기독교 시대에 들어와서도 이 신성은 사라지지 않고 구전으로 전해져 우리의 반의식 속에서 영속되고 있지요. 구전 중심 문화의 사람들은 '성스러움sacré'에 대한 이 두 가지 양극 사이에서 알아서 해결해야만 했습니다. 이브 카스탕은 그들이 어떻게 이 근본적인 문제에 접근해 갔는지를 예리한 통찰력으로 입증했습니다. 잘 구분되지 않는 현실 세계와 내세의 문제를 그들은 어떻게 신중하고 영리한 전략을 가지고, 세계를 선과 악 두 개로 나누는 이분법적 세계관과는 양립 불가능한 타협안으로 해결을 보았는지 입증한 것이죠. 나는 이러한 경험론적이고 신중한 관점에 크게 공감합니다. 아마도 잔 다르크나 '아르스의 본당 신부curé d'Ars'**의 관점이겠지요. 현대에 와서 거짓 투명성에 집착하는 개혁적 사제들은, 드러난 외적 신중함이 감춰진 내적 신앙심과 결속된다는 표현을 이해하지 못할 것입니다. 이런 이유들 때문에 나는 신앙 고백하듯 명백한 용어로 유사 종교적인 것들을 분석할 수 없었던 것입니다.

---

* 1904~1995. 프랑스 사제, 추기경. 도미니코회 사제로 20세기 '신新신학'을 전개했다. 2차 바티칸 공의회 신학 전문 위원으로 문헌 작성에 참여했다.

** 1786~1859. 장마리 비안네, 프랑스 사제. 전 세계 모든 본당 신부의 수호성인으로 '아르스의 본당 신부'로 불린다. 시골 마을 아르스를 한순간에 종교적 건강함이 넘치는 마을로 바꿔 놓았다.

■ 비노크 신앙에 관해서 얘기해 보죠. 선생님은 현재 유년기의 신앙을 그대로 유지하고 있습니까? 아니면 지난 10~20년간의 신학적 논쟁들과 연구로 인해 더 혼돈스럽거나 더 흥미를 가지게 되셨나요? 또는 이런 것들에 전혀 관심이 없으신가요?

● 아리에스 성경 속의 온갖 경이로움을 고갈시키려는 과학적 비판이 조금도 거북하지 않습니다(요즘 사제들은 요나와 고래 배 속 같은 옛날 이미지에 속으면 안 된다고 하는데, 정말 어리석은 거죠). 내가 창세기를 읽고 있는데 진화론적 생물변이설의 증거들이 나와도 아무렇지 않습니다. 역으로, 아담의 이야기가 인류 역사의 계보를 따라가는 데 전혀 지장이 되지 않습니다. 이것은 두 개의 다른 해독이라서 두 개를 하나의 코드로 몰아가는 것은 헛수고일뿐더러 불건강한 일입니다.

반면에 나는 교리의 역사, 성사의 변천 과정에 큰 관심이 있었습니다. 1930~40년대에 콩가르 신부와 드뤼박 신부père Henri de Lubac* 의 중세 교회론 연구를 보면, 오래된 미사책 등 각 가정에서 내려오는 매우 개인주의적인 종교 의식들을 좀 더 집단적 의식으로 만들려고 했는데, 그런 연구에도 관심이 있었지요.

■ 비노크 프랑수아 모리아크의 입장이군요.

---

* 1896~1991. 프랑스 예수회 신학자, 추기경. 2차 바티칸 공의회에 전문 위원으로 참여했고, 기독교 원천 자료들을 수집해 프랑스어로 번역하는 등 후학 연구에도 기여했다.

• 아리에스 그렇죠, 하지만 또 우리 선조들의 입장이기도 합니다. 장세니스트적 또는 17세기적 태도죠. 교회 예식과 종교 생활의 공동체적 구성 요소를 복원하려는 이런 노력은 2차 바티칸 공의회로 이어졌고 이 노력은 공의회의 핵심적 사고 가운데 하나였습니다. 이 말은 곧, 일부 종교적, 기독교적 변화에 대한 관심에도 불구하고 니케아 신경으로 요약되는 내 신앙의 본질적 바탕은 조금도 변하지 않는다는 뜻입니다. 니케아 신경이야말로 대단히 아름다운 텍스트라고 생각하는데, 요즘은 문구에 얽매였다거나 건조하다고 비난하는 게 유행이더군요. 글쎄요….

▪ 비노크 알겠습니다. 흔들리지는 않는다 하더라도 주요한 신학적 사건이 터질 때마다 이따금 질문을 던지기는 하시죠? 예를 들면 최근 있었던 한스 큉Hans Küng* 의 교수 자격 박탈 사건이나 상당수 교리에 의문을 제기하는 군소 저자들의 경우를 들 수 있는데요. 선생님은 별로 개의치 않으실 것 같습니다.

• 아리에스 전혀요. 정확히 보셨습니다. 예수 부활이 사실인가, 무덤은 비었는가 등등 나에겐 이런 논쟁만큼 무의미한 게 없습니다. 만

---

* 1928~ . 스위스의 신학자이자 사제. 2차 바티칸 공의회 최연소 신학 자문 위원으로 참여. 1979년 교황 무류권에 대한 부정적 입장을 발표하여 사제직은 유지하되 가톨릭 교수직을 박탈당했다.

일 복음사가들이 말한 것처럼 그리스도가 부활하지 않았다면, 복음사가들은 거짓말을 했거나 틀렸다는 얘기가 되고 기독교는 더 이상 종교로 남을 수 없겠지요. 신앙의 역사적 근거들을 버리고, 교황 그레고리오 1세*, 심지어 콘스탄티누스 1세** 황제부터 틀렸다고 주장하면서, 어떻게 교회 내부에 남아 있겠다고 주장할 수가 있죠? 나는 이런 것이 불쾌하기보다 우스꽝스럽습니다. 유치한 거죠. 한스 큉, 포이에Pohier*** 등등이 로마 교회로부터 배척당했다고 분개하는 것은 마치 응석받이 아이가 떼쓰는 것처럼 보여요.

■ **비노크** 선생님에겐 신앙이 개인적이라기보다 '사회학적'인 것이라고 비난할 수 있을까요?

● **아리에스** 아닙니다, 전혀 아니에요. 내 신앙은 선생이 상상하는 것보다 훨씬 더 개인적인 것입니다. 낭트 칙령 폐지 이후의 위그노들과 유사한, 아주 사적인 종교입니다. 사제들이 나를 성당에서 쫓아낸 것은 그 낯선 노래들, 수다, 엉터리 번역, 라틴어 미사와 그레고리안

---

* 64대 교황(재위 590~604). 라틴어로 기독교 저술을 남긴 교부 가운데 한 사람으로서 많은 저서를 남겼다. 미사 전례를 개혁하여 오늘날의 형식으로 만들어 '기독교 전례의 아버지'로 불린다.

** 로마 최초의 기독교인 황제(재위 306~337). 313년 밀라노 칙령으로 기독교에 대한 관용을 선포하여 박해를 끝내고 기독교를 정식 종교로 인정했고, 325년 제1차 니케아 공의회를 소집하여 기독교 발전에 기여했다.

*** 1926~2007. 프랑스 도미니코회 사제.

성가를 최대한 없애 버리려는 맹목성 때문이었습니다.*

■ **비노크** 피상적인 이유 아닌가요?

● **아리에스** 물론 피상적으로 '보일' 수도 있어요. 그리고 새로 바꾼 전례를 못 받아들이는 내가 부끄러울 때도 있습니다. 하지만 어떻게 하겠어요, 나도 어쩔 수가 없답니다. 견뎌 보려고 갖은 노력을 다 해 봤어요. 미사 볼 때 귀에 소음 방지 귀마개를 끼고 사제와 신도들의 공격성의 정도에 따라서 더 깊이 넣었다 뺐다 반복도 해 봤고요. 원래 판본으로 된 성경을 집중해 읽기도 했지요. 하루는 나를 발견한 보좌신부가 내 미사책 뒤에 현대식 성가 인쇄용지를 올려놓더니 눈짓으로 '공동체 성가'를 따라 하라고 권하더군요. 너무나 화가 나서 교회를 뛰쳐나왔어요. 집에 있는 게 나을 뻔했어요. 마침 당시에는 프랑스퀼튀르 방송에서 격주로 미사를 방송했습니다. 강론도 늘 훌륭했고요(도미니코회 사제가 할 때 말이죠). 적어도 그렇게 미사를 보면, 나는 미사책을 준비해서 라틴어로 읽을 수도 있었고, 밋밋하게 번역된 프랑스어 미사책과 라틴어 판본이 너무 차이 날 때는 그리스어 판본을 참고할 수가 있었어요.

미국에 체류하는 동안에는 집 옆에 있는 워싱턴 도미니코회 수

---

* 2차 바티칸 공의회 이후 교회 쇄신 조치로 그레고리안 성가 대신 현대식 성가를 부르고, 라틴어 미사에서 프랑스어 미사로 바뀐 것에 대한 비난이다.

도원에 매주 일요일 미사를 보러 갔었는데, 물론 영어 미사였지요. 대축일에는 예외였지만, 어쨌든 영어 번역은 프랑스어 번역보다 훨씬 더 원문에 충실했습니다.

프랑스에 돌아와서는 다시 프랑스퀼튀르 방송에서 미사를 보기 시작했는데, 1975년 말 내가 중단했던 이후로 아주 많이 개선되었더군요.

▪ **비노크** 뭔가 좀 모순이 있는 것 같은데요….

• **아리에스** 아 그래요? 모순이야 많죠!

▪ **비노크** 선생께서는 새로운 교회론의 공동체적 의미를 기뻐하는 한편, 또 한편으로는 집에서 혼자 TV를 보면서 미사를 드리니까요.

• **아리에스** 예, 모순이라는 걸 나도 솔직하게 인정합니다. 하지만 나를 옹호해 보자면, 동네 성당에서 견디기 어려운 미사를 보면서 성질내는 것보다 집에서 '그리스도 교회'와 영적 소통을 하는 편이 덜 외롭답니다.

▪ **비노크** 저는 미사를 자주 가지는 않습니다만 가끔 성당에 발을 들일 때가 있습니다. 특히 대축일 같은 때 말이죠. 지난번에는 로렌 지방 작은 마을에서 자정 미사를 갔었는데요. 새로 바뀐 현대식 전례

이후로 한 번도 보지 못했던 그런 열기가 다시 살아난 것을 보고 아주 놀랐습니다. 옛날 성가들도 몇 곡 부르기는 했는데, 예를 들면 사도신경 같은 것이요, 대부분 성가는 모두 현대식이었습니다. 그 미사에는 모든 연령대가 다 참여해서 함께 노래하는데, 정말 미국 영화에서나 봄 직한 장면이었어요. 가라앉지 않은 경쾌한 분위기였고, 예전의 신자들이 가졌을 법한 그런 열등감 같은 게 전혀 없었습니다. 그걸 보면서 전례에 대한 논쟁은 헛된 것처럼 보였습니다.

• **아리에스** 틀리지 않은 지적입니다. 그런 이유 때문에 나는 2차 공의회의 쇄신 사항들을 전부 거절하고 (16세기에—옮긴이) 교황 비오 5세가 표준화한 옛날 전례를 문자 그대로 준수하는 걸 명예로 아는 사제가 있는 극단적 보수주의 성당에는 가지 않습니다. 심지어 (적어도 요한 바오로 2세가 즉위하기 전에는) 미사 통상문에서 바오로의 이름을 들어내고 비오를 넣는 교회도 있었습니다. 그런 꼼수를 알아차리려면 아주 집중해서 봐야 했습니다. 새로운 전례에서 사제가 미사 통상문을 소리 내어 읽는 것에 항의하기 위해서(옛 전례에서는 사제가 '속으로in secreto' 혼자 읽었죠) 성가대가 갑자기 끼어들어 힘차게 상투스(거룩하시도다—옮긴이)를 노래하기 시작합니다. 그렇게 되면 사제가 집전하는 소리는 성가에 파묻히고 산만해진 신자들은 기도서를 읽을 수 없게 되지요. 이런 것들이 보수적 교회의 미사에서 짜증 나는 것들 중 하나입니다. 다른 것도 많지요. 너무나 허접한 강론이 꼭 보수주의 사제들만의 전유물은 아니에요. 새로운 전례의 훌륭한 쇄신 사항들 중 하나가, 예전에

는 주일 미사 복음 독서가 두 번이었던 데 반해 세 번으로 늘어났고 그렇게 해서 3년에 한 번씩 성경 전체를 읽을 수 있는 것이었습니다. 이것을 엄청난 스캔들인 것처럼 금지하려는 것은 비오 5세식 미사에 집착하는 우스운 일이죠.

이렇게 과도한 공격성을 받아들이지 않는다 해도, 종교에서 '외적 표식'들은 아주 중요하다는 것을 인정해야만 합니다. 수시로 바꿀 순 없으니까요. 그 표식들은 우리 선조 때부터 내려왔고 그들의 신앙을 표현하는 것으로 우리가 물려받은 것입니다. 도대체 이것들을 왜 그토록 대담하게 휴지통에 버리는 거죠?

전례상의 다양성이라면 내가 완벽하게 받아들일 수 있습니다. 선생이 로렌 지방에서 봤던 프랑스어 미사도 있고 (성가 일부만이라도) 라틴어로 하는 미사도 있고, 그리고 생세브랭Saint-Séverin 성당처럼 사제가 처음부터 끝까지 즉흥적으로 진행하는 수다스러운 미사도 있고요. 선택할 수 있다면 무엇이든 안 될 이유가 없겠지요. 하지만 미사 전례에서 라틴어와 그레고리안 성가를 몰아내면서 가톨릭교회의 오랜 역사를 함께 쫓아낸다는 그 잔혹한 의지를 내가 받아들일 수가 없는 것입니다. 교회가 변화하는 것은 당연하고, 필요하고 무엇보다 불가피한 것이죠, 우리 삶처럼. 하지만 쇄신 그 이상의 것, 싹 갈아엎겠다는 의지가 있었어요.

■ **비노크** 교회 사회가 너무나 오랫동안 변화할 줄 몰랐던 만큼 이런 변화를 촉진하는 것은 당연히 그 사회가 할 일이자 사회적 현상

아닐까요?

• **아리에스** 그 생각에는 전혀 동의하지 않습니다. 교회는 겉에서 보이는 것보다 많은 변화를 거쳤어요. 종을 쳐서 사방에 변화를 알린 건 아니지만요. 오늘날 교회가 봉쇄되었었다고 주장하던 시기에도 마찬가지입니다. 19세기 교회는 18세기 교회와 전혀 달라서 아주 생동하는 교회였습니다. 성지 순례, 성모마리아의 기적들, 아르스의 본당 신부, 리지외의 성녀 테레사 등으로 활기가 넘쳤습니다. 18세기에는 성 베네딕토 라브르Benoît Labre 같은 거지 성자를 더럽다고 다른 나라로 내쫓았고 프랑스에서는 받아들이지 않았습니다.

▪ **비노크** 그렇다면, 현재 교회의 혁신은 어떻게 설명하실 건가요?

• **아리에스** 혁신이요? 위기 말씀인가요? 어려운 문제죠. 마다가스카르에서 그곳 사람들을 위해 평생을 바친 시칠리아 섬 출신 예수회 신부를 만났습니다. 마다가스카르어-이탈리아어 사전 출간도 준비하던 분이었죠. 유머가 넘치는 훌륭한 사제였습니다. 1969년 초, 끝을 알 수 없는 대혼란이 시작되던 때였어요. 그분이 한 말이 나에겐 충격적이었습니다. "이건 사제들의 위기지 신자들이나 교회 전체의 위기가 아닙니다." 즉 일부 인텔리겐치아 사제들의 위기로, 그들이 피로와 고독에 시달렸던 많은 선량한 신부들을 함께 끌고 들어갔다는 것입니다. 여기에 덧붙여, 군인들의 위기도 있었습니다.

자, 사제와 군인들의 위기를 어떻게 설명할 것인가? 여기서 몇 마디 말로 다룰 수 없는 거대한 문제지요. 많은 이유들 가운데 쓰라린 마음과 실망이 컸다고 생각합니다. 한번은 결핵 요양소에서 나온 한 사제가 부임한 시골 성당에서 얼마나 비참하고 고립된 생활을 하는지 들려준 적이 있습니다. 교구 주교를 방문했는데 그의 냉혹함보다 더 힘들었던 것은 몰이해였다고 해요. 그 신부는 겨우 입에 풀칠하고 있는데, 주교 책상에는 빨간 추기경 모자가 은쟁반 위에 놓여 있었다면서요.

이전 시대의 활동적인 사제들은 요란하게 시작된 전례 혁신에 확신을 가지고 뛰어들었습니다. 전례 법규와 예식 존중에서 가장 보수적이었던 사제들이 가장 혁명적인 사제가 되었지요. 바로 어제, 주기도문이나 통상문에서 한 마디라도 틀리면 신자들이 알아챌까 신경 쓰던 사람들이 오늘은 다 내팽개쳐 버린 겁니다.

이런 일들을 조롱 삼아 경솔하게 다루고 싶지는 않습니다. 그러기엔 우리에게 너무 큰 충격이기 때문입니다. 내가 좀 신경질적으로 웃는 것도 절망의 표시지요. 극단적 보수주의자, 진보주의자, 그리고 가장 두려운 대상인 활동적인 선량한 시골 사제들, 젤리노 신부père Gelineau*가 작곡한 성가를 대포 삼아 행진하는 시골 사제들 사이에서 나는 외로움을 느낍니다.

---

* 1920~2008. 프랑스의 예수회 신부이자 작곡가. 테제 공동체를 위한 노래 등 프랑스어로 된 성가들을 다수 작곡했고 파리 가톨릭대학에서 오랫동안 가르쳤다.

하지만 완전히 절망적인 건 아닙니다. 왜냐면 교회가 겉보기와는 달리 보수주의자, 진보주의자 그리고 그들을 포괄하고 삐져나오는 전투적 사제로 이뤄진 압력 단체로 완전히 환원되지는 않았기 때문입니다. 이런 사제들의 순응주의에 맞서는 용감하고 시니컬한 저항과 반격들이 있습니다. 이 저항은 단체가 아니라 고립된 개인들의 작품인데 오늘날 중요한 모든 것은 단체 아닌 개인에서 비롯하고 있습니다. 그런 거죠. 내가 아주 좋아하는 사람들 중 한 명이 도미니코회 신부 세르주 보네Serge Bonnet*로 50살도 안 된 젊은 신부입니다. 그도 처음에는 전례 혁명에 매료되었는데, 이는 모든 혁명들처럼 이 혁명도 마땅한 이유가 있음을 보여 주는 것이죠. 그에겐 혁명이 시작되어야 한다는 것은 분명했습니다. 악시옹 프랑세즈가 배척당하던 시절, 예수회 학교 졸업생으로서 나는 무겁게 가라앉은 교회의 둔중함을 이미 알고 있었어요. 보네 신부는 그래서 혁신의 방향으로 나아갔습니다. 나중에 광분한 인텔리겐치아가 자기를 끌고 간다는 걸 깨달은 순간에 나를 만난 것입니다. 전혀 보수적 가톨릭이 아닌 나를 말이죠. 그가 입장을 철회하게 된 것은 기독교 민중에 대한 지식인 사제들의 특권적이고 경멸적인 태도 때문이었습니다.

아주 전투적인 개혁주의자들은, 교회가 엄선된 소수로 이뤄진 작은 세계이고 그 안에서 자기들끼리 선출한다고 여겼습니다. 작은

---

* 1924~2015. 프랑스 도미니코회 사제이자 사회학자. 민중 종교와 교회 안에서 신자의 역할을 열렬히 옹호했다. 프랑스 국립과학원CNRS 종교사회학 교수를 지냈다.

세계를 확장하면 순수성을 잃을 수 있었지요. 여기서 전투적인 소공동체의 취향이 나오는 것이죠. 보네 신부는 파네 사제 같은 사람들과 함께, 이런 행동이 로마 가톨릭 전통(과 복음 정신)에는 낯선 것이지만 민중적 신앙에는 자주 허용되던 것임을 알게 되었습니다. 자주, 하지만 항상 허용되는 건 아니었죠. 우리는 여기서 앞서 말했던 이브 카스탕이 연구한 랑그도크 지방 농부의 심성을 다시 떠올리게 됩니다. 부샤르Gérard Bouchard가 연구한 솔로뉴 지방 사람들의 심성일 수도 있지요. 즉 그들은 마을 사제들과 항상 뜻이 같지는 않았지만 그렇다고 완전히 대립하는 것도 아니어서 서로 주먹질을 해 가며 협상을 통해 타협안을 만들곤 했습니다. 보네 신부는, 이런 민중 종교가 이교적 기원을 가진 미신들로 환원되지 않았다는 걸 알았고, 그것이야말로 나름의 방식으로 스스로를 표현했던 심원하고 진정한 기독교 정신이었다는 것을 알게 되었습니다. 기독교인이자 직업적 사회학자, 로렌 지방 전문가였던 세르주 보네는 오늘날 경건한 신심에서 찾을 수 있는 가장 민중적인 것을 모은 선집選集『우리 시대 프랑스인들의 은밀한 기도*Prières secrètes des Français d'aujourd'hui*』를 펴냈습니다. 이 책은 교회나 순례지에 비치된 방명록에 방문객들이 적어 놓은 익명의 즉흥적인 기도들을 모은 것으로, 작은 보석 같은 걸작입니다. 읽다 보면 울고 웃게 되지요. 여기서 한 가지 에피소드를 들려드리죠. 당시 자주 방문하던 로마에 머물 때였어요. 로마의 프랑스 학교 사서였던 노엘 드라 블랑샤르디에르가 나랑 친했는데, 전화가 와서 받았더니 "선생님이 좋아하는 어떤 분이 내일 생루이데프랑세에서 민중적 기도에 대해 강연할 거예요"라더군요. 보네 신부가 로마에 올 것 같았기 때문에 나는 노엘에게 냄새가 나면 알려 달라고 부탁해 놓았었지요. 내 생전에 그렇게 신부들로 꽉 찬 강연은 처음이었어요. 반팔 폴로셔츠는 한 명도 없고 로만 칼라의 검정과 흰색 수단, 자주색 작은 단추들, 빨간 사제 모자 등등으로 강연장이 가득했어요. 보네 신부가 강연을 마치고 쉬는 시간이 되자 토론이 시작되었습니다. 성장을 한 이 모든 사제들이 일제히 보네 신부를 공격하기 시작했지요. "지금 민중적 기도에 대해 강연하신 것은 아주 좋습니다. 하지만 우리가 아는 바에 의하면 현재 프랑스에서는 민중적 신앙 행위 즉 묵주 기도나 성수聖水 사용 같은 것들이 다 폐기됐다고 알고 있습니다만…." 순간, 내 피가 거꾸로 솟는 것 같았어요. 로마에서 상상도 할 수 없는 짓을 하고 말았죠. 발언 요청도 안 하고 내가 나섰습니다. "아니, 사제들이 못하게 막는데 선량한 신자들이 어떻게 묵주 기도나 성수 사용을 하길 바라는 겁니까?" 프랑스에서라면 아마 싸움이 벌어졌을 겁니다. 로마에서는 전혀 아니었어요. 신부들은 일제히 나에게 몸을 돌리고 내 말을 경청하더군요. 내 말이 끝나자, 마치 한 몸인 것처럼 일제히 보네 교수를 향해 다시 몸을 돌렸고, 나는 더 이상 존재하지 않는 듯 모든 것이 계속되었지요. 그것이 바로 로마입니다. 어느 젊은 여성이 용기를 내서 나에게 귓속말을 건넸습니다. "잘하셨어요, 그 얘기를 꼭 해 줘야 했어요!" 보네 신부가 보여 준 사제직 순응주의에 대한 반대와 오늘날 마르크스주의 망토를 벗어 버리는 수많은 사학자들의 태도 간에 유사성이 있는 것 같습니다. 바로 사안에 따른 즉각적인 반응, 선입견 없는 태도, 고대의 지혜와 현재의 자비심을 동시에 갖춘 사람들이라는 유사성입니다.

정치의 종말인가?

▪ 비노크 교회에 대한 선생님의 입장과 정치에 대한 입장 간에 평행적 관계가 성립하는지요? 선생님에겐 무어라 규정하기 어려운 특성이 있는 것 같습니다. 어느 진영으로 분류해야 할지 알 수 없는 그런 불편함이 있고요. 그와 동시에 이따금 거의 모든 분야에서 나의 공모자를 발견하는 그런 기쁨도 있습니다.

• 아리에스 어느 정도 맞는 얘깁니다. 하지만 나는 내 기원에 언제나 충실했다고 생각해요.

▪ 비노크 언제나 우파인가요?

• 아리에스 나는 오른쪽의 사람입니다. 진정한 반동분자죠.

▪ 비노크 집착하시는군요!

• 아리에스 그럼요, 아주 많이요. 조금 전, 교회에 대해 말할 때 그

이유를 얘기했습니다만, 예전의 라틴어 전례를 찬성하는 바로 그 이유와 같은 것입니다. 그렇다고 해서 프랑스어 미사를 반대한다는 뜻은 아니에요. 나는 연속성을 지지합니다. 이것이 본질적인 것이라고 생각해요. 나에게 반동분자란 단절hiatus과 절멸table rase의 유혹을 거부하는 사람입니다. 그러나 변화를 거부하지 않죠, 왜냐면 우리는 변화 속에 살고 있으니까요. 변화를 받아들여야 할 뿐만 아니라 그를 이해하고 거기 참여하는 것은 중요한 인생사 중 하나죠. 다만 이 변화는 연속성 안에서 이뤄집니다. 연속성이 없다면 변화는 아주 조금밖에 이뤄지지 않고 그 상태로 동결되어 버리죠. 모두가 '봉쇄된 사회société bloquée'를 얘기하는 오늘날 벌어지는 일들입니다. 모든 뿌리를 잘라 버린 사회는 더 이상 발전할 수 없고 반복을 거듭하거나 부르디외Pierre Bourdieu 식으로 말하자면, 스스로 복제하게 되지요.

■ **비노크** 단절을 거부한다, 이건 어떤 점에서 우파를 규정할 수 있을까요? 좌파도 단절을 좋아하지 않는다고 할 수 있는데 말이죠….

● **아리에스** 아 물론이지요! 나는 아주 오랫동안 우파와 좌파 사이에 심성적·감성적으로 큰 차이가 없었다고 확신합니다. 조레스는 딸의 첫영성체를 기꺼이 받아들였고, 페기는 의자에 짚 갈아 넣는 인부였던 어머니에 대해, 모라스가 자기 어머니에 대해 말한 것처럼 얘기했어요. 우파와 좌파의 정치적 지형은 권력과 이해관계의 충돌, 피지배자의 반항, 기득권 수호 등과 같은 상부 구조 속에서 형성되었습니

다. 그런 갈등들이 아주 쓰라리고 심각해도, 풍습, 삶의 유형, 그리고 사람들이 나이브하게 품고 있는 구상은 건드리지 않았습니다. 좌파는 이렇게 말했죠. "변화해야 합니다." 하지만 풍습과 생활 면에서 변화를 만들어 내기 위해 아무것도 하지 않았습니다. 우파는 변화에 반대한다고 주장했지만 도처에, 그것도 자신들 한복판에 변화가 와 있다는 것을 알아차리지 못했어요.

세상은 변해서 더 이상 상부 구조만이 문제가 아니었고 이번에는 깊고 심원한 사회가 변화에 끌려가 전복되었습니다. 나는 살아오는 동안 내 세대를 통해서 프랑스 우파의 대변환, 우파가 가진 가장 독창적이고 내재적인 것의 대변환에 참여했는데, 그것은 바로 역사의 시간 앞에서의 태도입니다. 이에 대해 이 책에서 여러 차례 언급했지요. 그만큼 나에게는 인상적이었습니다. 모라스주의적이고 왕정주의적인 극우파에는 세 가지 세력이 있었습니다. 전통주의 세력(과거에 대한 존중, 자발적 변화에 대한 혐오, 과거에 대한 애착), 전제주의 세력(반민주주의, 반의회주의, 왕정복고파) 그리고 민족주의 세력이 있었지요.

제5공화정이 도래하면서, 전제주의 세력과 민족주의 세력은 정부와 모든 우파 단체들을 통틀어 전통주의 세력을 완전히 흡수했습니다. 단 하나, 68혁명 성향의 '신 악시옹 프랑세즈Nouvelle AF'만 빼고요. 얘기했다시피, 극좌파 때문에 과거가 다시 살아난 겁니다.

▪ **비노크** 언제 이런 전환점을 알아보게 되었나요?

• 아리에스 아무도 알아차리진 못했지만 벌써 30년대 말에 시작되었어요. 전통과 민속의 겉모습은 조심스레 유지되고 있었는데 지난 세계 대전 이후, 마치 누가 후 불어 버린 것처럼 사라져 버렸습니다. 아주 의미심장한 작은 에피소드가 이런 변화를 잘 보여 줍니다. 장자크 세르방슈라이버Jean-Jacques Servan-Schreiber*가 프랑스 북동부 로렌에서 지역주의를 실시해 보려고 할 때(얼마나 인위적인가요!), 시청 광장에서 로렌 깃발을 불태우고 프랑스 국기를 내건 사람들이 누구였던가요? 바로 왕당파 계승자들과 AF에서 살아남은 민족주의자들이었어요. 이제는 좌파가 로렌 기를 다시 세우고, 또 코르시카 기를 세우더라도 놀랍지 않게 되었어요.

그렇지만 이런 에피소드는 멀리서 다가오는 변화의 가장 피상적이고 정치적인 (전혀 재미있지 않은) 측면을 드러낼 뿐입니다. 일상적 가치들의 변화로 문제가 되는 것은 바로, 사회 그 자체니까요.

예를 들어, 예전에는 잘 씻지 않았어요. 서민들만이 아니었죠. 물론 부르주아들은 조금 더 씻었습니다만 그렇게 자주는 아니었어요. 청결은 중요한 원칙이긴 했지만 크게 개의치 않았고, 특히 남자들은 더 그랬지요. 그런데 순식간에 청결은 사회적 지위의 상징이자 문화적 소유의 상징이 되었습니다. 일주일에 한 번 부리는 사치였던 욕조

---

* 1924~2006. 프랑스의 정치인이자 언론인. 29세에 『엑스프레스*L'Express*』지를 창간하고 카뮈, 사르트르, 말로, 미대랑, 캐네디 등 지식인, 정치인 들과 교류했고 중도 좌파로서 지역주의 등 정치적 실험을 시도했다.

목욕에서 일상적인 샤워로 옮겨 갔습니다. 욕실은 세탁기, 식기세척기 등 온갖 가전 기술과 함께 풍습 속으로 들어온 것입니다. 가끔씩 기차를 타고 평생 한 번 배를 탔던 사람들이 이제는 자가용을 몰고, 비행기를 타고, 호텔에 묵으면서 위스키를 마시기 시작했죠. 우리 아버지는 이런 변화에서 악취가 난다고 하셨어요. 사회와 일상생활의 물질적 변화는 마침내 드러낸 욕망과 욕구의 바탕을 이뤘습니다. 지금 20~40대 사람들은 이런 풍토 속에서 성장했습니다.

▪ 비노크 민족주의도 거기 한몫 거들었다고 봅니다. 산업 발전은 위대한 국가의 한 형태였죠….

• 아리에스 그렇습니다, 절대적이죠. 드골과 퐁피두 정권에서 특히 두드러진 현상입니다. 프랑스가 언제까지고 치즈와 포도주, 역사가와 휴머니스트의 나라일 수는 없었습니다. 자동차를 생산하고, 용광로를 건설하고, 한국, 대만, 브라질 등이 훨씬 더 싸게 생산하는 모든 것을 만들어야만 했습니다. 또 풍경을 망치더라도, 뉴욕이나 시카고처럼 초고층 빌딩을 세워야 했지요. 프랑스 전체가 박물관이 되길 바랄 순 없으니까요.

▪ 비노크 이 점에서 대단히 큰 국가적 합의가 있었죠. 진보주의로 개종한 우파뿐만 아니라 좌파, 서민층도 동조했습니다.

• 아리에스 맞습니다. 그러나 우파는, 황금기는 지나갔지만 거기서 너무 멀어지지 말고 곧 되찾아야 한다는 생각을 버리지 않고 있었어요. 그런데 바로 눈앞에서 황금기가 지나가 버린 것이지요. 진보의 목적이 그런 것처럼. 계몽주의 시대 사람들과 정확히 똑같은 경험이었습니다.

▪ 비노크 예, 그것이 명백한 전환점이었죠.

• 아리에스 대단했습니다! 지난 반세기 동안 정치사상사에서 가장 중요한 단계 중의 하나였습니다.

▪ 비노크 좌파 역시 그와 유사한 개념을 갖고 있었습니다. 선생님 세대의 우파들과 유사한 태도를 가진 좌파를 많이 만나셨지요? 어떠셨는지요?

• 아리에스 사실, 정치적 논쟁을 넘어서, 전통적 합의를 대신하는 새로운 유형의 만장일치가 있었습니다. 1945년 이후, 모두가 진보라는 하나의 종교로 교감을 나눴던 것이죠. 우파에서는 앞서 내가 민족진보주의라고 불렀던 것이었고, 좌파에서는 온갖 형태의 마르크스주의, 생산 제일주의, 스타하노프 운동, 아메리카니즘 등등이 있었습니다. 내가 놀라움과 동시에 기쁘게 경험한 것입니다만, 신기한 것은 60년대 좌파에서 시작된 회귀의 움직임이었습니다. 역사가의 논

리로만 보자면, 그런 움직임은 당연히 과거 지향적이고 복고적인 우파에서 나와야 할 것이었죠. 하지만 우파는 이미 오래전부터 그러질 못했습니다.

▪ **비노크** 미셸 푸코나 이반 일리치를 떠올리시나 봅니다….

• **아리에스** 예. 하지만 그들만이 아니었어요. 프랑수아 퓌레, 에마뉘엘 르 루아 라뒤리, 자크 르 고프, 드니 리셰Denis Richet 등 일군의 사학자들과 '신철학자nouveaux philosophes'* 들도 있습니다. 계몽주의의 종말이라는 정치사상사의 두 번째 단계에서 역사가들이 핵심적 역할을 맡은 것은 우연이 아닙니다.

브레즈네프 서기장을 프랑스에 초청한 대통령, 파리 최고급 호텔 뤼테시아에서 만찬을 열어 소련 반체제 인사들을 초청한 서기장? 프랑스 민족주의 진영의 우두머리들, 자크 시라크, 미셸 드브레, 생로베르? 내가 모르는 사람은 차치하고라도, 이들이 그 역할을 했다는 건 어불성설이죠. 전혀 아니에요. 미셸 푸코, 글뤽스만, 사르트르 등이 해낸 겁니다.

---

* 1975년 반전체주의 도래를 알린 프랑스 '신철학Nouvelle philosophie' 계보에 속하는 철학자들로, 베르나르 앙리 레비(『인간의 얼굴을 한 야만』), 앙드레 글뤽스만(『대사상가들』) 등이 있다.

■ **비노크** 푸코나 일리치 같은 지식인들과는 어떻게 공감하게 되었는지요?

• **아리에스** 처음에는 일리치를 경계했습니다. 왜냐면 가장 나쁜 모든 것을 갖춘 좌파 가톨릭 잡지 『에스프리』에 기고했기 때문에 나는 한 번도 그의 글을 읽지 않았었어요. 어느 날, 그가 전화가 와서 점심을 같이 하자더군요. 아내한테 말했죠, 거절하는 건 예의가 아닌 것 같다고. 그래서 만났는데, 마치 오래전부터 아는 친구 같았어요. 우리는 금방 편한 친구가 됐습니다. 그 후, 프랑스와 미국에서 몇 번 더 보긴 했지만 마음만큼 자주 보지는 못했어요. 멕시코 쿠에르나바카 근처에 있는 그의 집을 찾아간 적도 있었죠. 그는 출타 중이었고 비서 발랑틴 보레만이 우리를 위해 사회주의자인 멘데스 아체오 주교와 오찬을 마련해 줬습니다. 그 집은 지상 낙원같이 아름다운, 인디언 스타일의 작은 벽돌집이었어요. 안에는 작은 정원이 있었는데 그 끝에서 하느님이 다가오는 줄 알았습니다. 커다란 하얀 실루엣은 바로 위풍당당한 멘데스 아체오 주교였어요.

물론 이반 일리치에게서 나의 관심을 끄는 것은 현대 사회 비판입니다. 과도한 학교 교육과 의료 시설 주제는 가족, 교육, 죽음에 관한 연구에서 나도 다뤘던 것이었죠. 일리치는 사회의 근간들과 우리 존재 자체가 기술이라는 일종의 암 때문에 위협받고 있다고 봤습니다. 1950년대에 나와 같은 정신적 계보에 속하던 친구들이 이런 말을 했었어요. 랑바레네에 있는 슈바이처 박사의 병원이 현대적이지 못하고 너무 '더럽다'면서, 슈바이처는 흑인들에게 진보를 가로막으면서 가부장적 박애주의자로 군림하고 있다고요! 프랑스 식민지 정책은 그것보다 훨씬 더 위생적으로, 미국이나 유럽식의 공룡 같은 대형 병원을 세운다는 주장이었어요. 이반 일리치는 사람들이 돌이킬 수 없다고 생각한 경향에 저항했습니다. 계몽적인 근대성을 쓸어 내려는 급진적 파도를 10여 년 일찍 앞당긴 것입니다.

아! 결국 푸코에 대한 관심도 이와 크게 다르지 않습니다. 이반 일리치는 미셸 푸코를 만나고 싶어 했어요. 그래서 일리치의 친구 집에서 셋이 만나기로 했지요. 두 구루가 도착하자마자 나와 아내는 자리를 떴어요, 인사도 못하고 말이죠. 출장 때문에 런던행 비행기를 타야 했거든요. 그렇다고 속상하지는 않았습니다. 둘의 만남이 어떨지 짐작했으니까요. 대화는 잘 이뤄졌고 서로 만족스러워했다고 나중에 들었습니다.

푸코에게 관심을 가질 이유는 많았어요. 역사적 접근 방식의 독창성, 인문학을 건너뛰고 철학에서 역사로 이행한 것 등 많았습니다. 일부 심술궂은 인사들(불행하게도 다 우파지요!)의 불평에도 불구하고, 그는 분명히 우리 시대 가장 뛰어난 역사가 중 한 명입니다. 하지만 나라는 늙은 반동분자가 즐거이 고백할 게 또 있습니다. 즉 푸코가, 현대성이라는 (강력한) 권력이 전통적 사회를 (유연하게) 문화적으로 적응시킨다는 독창적 비판을 좌파 내부에 소개하고 발전시킨 점입니다. 이 '감금enfermement'에 관한 해석은 교육과 가족에 대한 나의 분석과 닿는 지점이 있습니다. 푸코는, 근대성이 해방이 아니라—성적 금기의 해방도 아니죠— 유연한 형태의 감금이라는 것을 입증했습니다.

이브 카스탕은 앙시앵레짐하의 사회 조직이 얼마나 구멍투성인지 보여 줬습니다. 푸코의 유연한 구속 이론은 그런 작은 구멍들을 메워 주었고 현대의 인간은 자기도 모르는 새, 그리고 언제 시작되었는지도 모른 채 걸리버처럼 끈에 묶여 있게 된 것입니다.

■ **비노크** 듣다 보니 한 가지 궁금증이 생깁니다. 전체주의에 근본적 비판을 가하는 작품, 사상, 인물들에게 선생님은 동조하시는데요, 왜냐면 그들, 그중에서도 특히 푸코는 역사가의 관점에서 전체주의의 기원을 계몽주의 시대까지 근본적으로 거슬러 올라가기 때문입니다….

● **아리에스** 유연한 전체주의, 그것도 작은 것은 아니죠.

■ **비노크** 그런가요? 그런데 명확하지 않은 게 있는데요, 바로 이런 사상들에 대한 동조와 모라스주의적 사상에 대한 충직함 사이의 관계입니다. 선생님이 여전히 모라스를 따르는 이유를 모르겠습니다.

● **아리에스** (미셸 비노크) 선생도 그렇고, 모든 사람들이 여전히 양차 대전 간의 모라스만을 생각하기 때문에 놀란 것 같습니다. 가장 유명했던 시절이죠. 당시의 역사학과 특히, 이브 카스탕과 같은 남프랑스 현대 역사가들이 찾아낸 것과 같은, 앙시앵레짐하 지중해 지역 사회

의 상황을 고려할 때, 양차 대전 간의 모라스도 아주 뛰어난 지성이었습니다. 모라스라면, (카스탕이 연구한) 18세기 랑그도크 농부들에게서 자신의 조상들을 알아봤을 것입니다. 그들의 정직함과 자유라는 개념이 그런 유추를 가능하게 합니다. 모라스가 AF 대학생 월간지의 친숙한 칼럼에서 매달 언급했던 것도 바로 이런 사회였지요.

이 시기의 모라스는 또한 매우 아름다운 문장가였습니다. 그의 글을 읽은 지는 아주 오래되었지만 지금도 그 아름다운 문장들을 기억합니다(모라스의 책보다는 신문 기고문을 더 많이 읽었던 것 같아요). 모라스의 선집 『나의 정치사상』 서문은 인류학자들이 쓰는 의미에서의 문화, 한 사람의 삶과 성장 환경과 작은 사회들에서 문화의 역할을 보여 줍니다.

이 모든 것을 나는 충직하게 간직하고 있었습니다. 고백하건대, 모라스주의의 다른 요소들은 이제 정말 낯섭니다. 더욱이 드골과 퐁피두, 그들과 다를 게 없는 지스카르 데스탱의 대통령 취임과 함께 득세했던 요소들이죠. 권력이 사람을 변하게 하듯이, 모라스주의도 그렇게 변한 것입니다. 르네 레몽René Rémond* 은 그의 명저에서 프랑스의 모든 우파를 아우르는, 자코뱅파를 포함한 영향력들의 혼합 상태를 명쾌히 논증했습니다. 옛날에는 칵테일을 거의 주는 그대로 마셔야만 했지만 이제는 골라 마실 수 있게 된 것입니다.

---

* 1917~2008. 프랑스의 역사가이자 정치학자. 프랑스 정치학의 주요 저작인 『프랑스의 우파들』 등의 저서가 있다.

■ 비노크 모라스의 저작은 중요하기 때문에, 마르크스의 저작이 그렇듯, 거기에서 모든 것을 찾을 수 있다는 것을 압니다. 예를 들면 선생님 말씀대로, 모라스주의를 표방하는 청년 그룹 '누벨 악시옹 프랑세즈'는 왕당파 68세대로 구성되어 있습니다. 하지만, 모라스 사상의 근본을 이루는 것은 푸코나 선생님의 사상과 완전히 모순되는 것처럼 보입니다. 감금과 배제의 개념은 선생님의 논지와는 이질적으로 보입니다. 왜냐면 감금이 있으면 배제가 있고, 프리메이슨과 유대인, 우아하게 메테크라고 부르는 외국인, 신교도 들은 배제된 것이니까요.

● 아리에스 전쟁을 통해서 우리는, 히틀러의 '인종적' 반유대주의에 대립되는 이른바 '이성적' 반유대주의를 포함하여 반유대주의가 어떤 결과를 낳았는지 보았습니다. 우리 부모님처럼, 전통을 지킬 줄 아는 민족을 존중하던 사람들이 어떻게 유대인에게 그렇게 적대적이었는지 이해가 되지 않습니다. 그들이야말로 브르타뉴 사람들보다 더 오랫동안 전통을 지켜 왔는데 말입니다. 한번은 저의 장모님이 어느 온천 마을에서 터키 부인을 만났어요. 이 부인은 촌스럽게 보이고 싶지 않았던지, 일부다처제니 하렘이니 이제는 다 없어졌다고 했답니다. 우리 장모님이 외쳤죠. "아, 너무 아깝네요!" 역사가 만일 논리적인 것이라면, 그토록 집요하게 정체성을 간직했던 유대인들이 이런 환경에서는 열렬한 찬사와 호기심의 대상이 되어야 했을 겁니다. 요즘 제가 느끼는 것처럼요.

■ 비노크 그러니까 선생님은 프로방스적인 모라스, 시인 모라스, 지역과 시골 공동체에 대한 모라스적 감수성을 좋아하시는군요. 그렇다면 배타적 민족주의의 최고봉이 된 정치인 모라스는 거부하시나요?

• 아리에스 그렇습니다. 내가 볼 때, 거기에서 일탈이 시작되었기 때문입니다. 처음에는 지방 분권화와 지역의 자유를 옹호하던 사람들이 관료주의적이고 외국인 혐오로 가득한 권력의 광신도들이 되어 버렸어요. 도덕적인 문제죠. 그것이 바로 제5공화정입니다. 차이는 낙태가 허용되었다는 것뿐입니다.* 물론 중요한 차이죠. 드골과 퐁피두 대통령 체제는 지스카르 데스탱이라는 변형으로 망쳐 버린 모라스적 체제입니다.

■ 비노크 대통령이 아니라 거의 왕이죠.

• 아리에스 이 왕이 결국 어떻게 될까 모르겠어요. 이렇게 권위적인 체제에서 왕이란 대체 뭘까요? 결국 서구의 모든 국가 수장들과 같은 속도로 자신의 왕조를 파탄 내고 말 겁니다.** 그런데 내가 지금 모라스주의냐 그 옆이냐, 왜 자리를 정하려고 애써야 하죠? 왕정주의

* 지스카르 데스탱 대통령 시절인 1975년 낙태법이 제정되었다.

** (원주) '서구'라고 한 것은, 이런 침식 현상이 나세르의 이집트, 티토의 유고슬라비아 등 다른 나라는 피해 간 것으로 보이기 때문이다.

는 모라스보다 훨씬 오래된 것인데 말이죠. 모라스는 2차 대전 때까지 여전히 생생하게 살아 있었고 때론 민중적이던 왕정주의를 다시 취해서 재조직했습니다. 내가 모라스를 통해서, 그리고 모라스 이후에 합류하고 싶은 것은 바로 이런 왕정주의입니다. 나는 프랑스 왕가 '메종 드 프랑스Maison de France'와 그에 속한 사람들, 종교적 성격을 띤 정신적인 최고 통치권에 큰 애착을 갖고 있습니다. 메종 드 프랑스가 나에게는 물리적으로, 과거에서 현재로 이어지는 연속성을 상징합니다. 교황청이 그리스도에서 요한 바오로 2세로 이어지는 연속성을 세계에 보여 주듯이 말입니다.

반면에, 너무 큰 권력은 경계하고, 왕과 전제 군주는 구분할 것입니다. 오늘날 우리는 권력의 압박으로 죽을 지경이지요. 악시옹 프랑세즈의 오랜 친구들이 그건 좋은 권력이 아니라서 그렇다고, 좋은 권력은 억압하지 않는다고 나에게 얘기해 봐야 소용없어요. 나는 현대 기술 사회에서 드러나는 그런 권력이 견딜 수 없는 것이 되지 않을까 생각합니다. 진심으로요.

▪ 비노크 투표하시나요?

▪ 아리에스 아 그럼요, 투표하죠! 가끔 기권 표도 던지지만 투표합니다.

▪ 비노크 문제가 안 되나요?

• 아리에스 아뇨, 잠만 잘 잡니다. 사실, 미테랑을 찍든, 지스카르를 찍든 하나의 사회를 선택하는 거라고 하죠. 그 말을 들으면 웃음이 납니다. 도대체 그 두 개의 사회가 어떤 건지 정말 알고 싶을 지경이에요.

■ 비노크 바로 그래서, 선생님은 투표가 곤란하지 않은지 묻는 겁니다.

• 아리에스 아뇨, 그다지 심각한 일이 아니니까요. 투표는 현실 사회 밖에서 벌어지는 일이에요. 마치 행정위원회에서 투표하듯이 하죠. 최악을 피하려고 차선을 찍는 겁니다.

■ 비노크 그러니까, 네거티브 투표를 하시는군요.

• 아리에스 그렇습니다.

■ 비노크 마지막으로, 미래에 대해 얘기해 보겠습니다. 미래는 더 이상 미래가 없다, 라고 하죠. 1980년 1월 초, 국제 정세와 맞물려 사방에서 경고음, 불길한 사이렌이 들립니다. 다시 전쟁 얘기가 나오고 있고요. 전쟁이 아니라 해도, 에너지 위기, 국제 분쟁 때문에 옛 시대에 있었던 것 같은 공포를 겪고 있다는 느낌이 듭니다. 선생님은 미래에 대해 어떻게 보시는지요?

• **아리에스** 전쟁에 대해서는 아무 얘기 않겠습니다. 전쟁이 터질 수도, 안 터질 수도 있지요. 그런 현상들에 대해선 무력감을 느끼고, 감히 얘기하자면 무관심합니다. 지진이 일어나면 어떻게 할 건가요? 소리 지르며 도망갈 수도 있겠지만 결국 피신처를 찾는 것밖에 뭘 할 수 있겠어요? 전쟁이 나면 끔찍할 겁니다. 그러니 전쟁은 접어 두죠.

미래학자들은 두 가지 미래 모델을 보고 있습니다. 하나는 '작은 것이 아름답다Small is beautiful'입니다. 에너지를 적게 쓰는 소형 가전 기술의 발달로 2000년대 우리 사회가 하이테크 사회가 될 거라고 합니다. 집 안에 앉아서도 모든 걸 다 할 수 있는 거죠. 다른 모델은 환경주의적 모델인데 이것도 어떤 의미에서는 역시 재앙이 될 수도 있습니다. 기술이 자연을 파괴할 것이라는 예측 때문이지요. 우리가 어느 방향으로 나아갈지는 모르겠지만 긍정적으로 보는 신호가 하나 있지요. 감정적으로 아주 큰 기쁨을 맛보는데, 그것은 바로 진보주의의 종말, 진보가 주는 기계적인 혜택에 대한 믿음의 종말입니다. 그렇게 빈자리를 질문과 의심과 탐험에 남겨 두는 것입니다. 바로 그런 식으로 우리는 최근에 역사와 인류학을 재발견했던 것이죠. 대중적 역사 전문지 『역사*L'Histoire*』의 성공, 『몽타유*Montaillou*』* 와 같은 역사서들의 성공이 그 증거입니다. 미국에서도 마찬가지로 『뿌리*Roots*』** 가 대성공을 거뒀죠. 사람들은 무언가를 찾았어요. 그건 옛날에 대한

---

* 에마뉘엘 르 루아 라뒤리가 쓴, 몽타유 지방에 관한 전문적이고 대중적인 역사서.

** 알렉스 헤일리의 1976년 작품.

향수라고 하겠지요. 그 향수가 역사가와 작가들의 펜 아래에서는 가장 현재적인 것이 됩니다. 노동당 성향의 영국 역사가 피터 래슬릿은 책 제목을 『우리가 잃어버린 것들』이라고 지었어요. 서문에는 이 제목에 향수 어린 어떤 암시도 없다고 밝히고 있지만 그래도 그런 느낌이 듭니다. 원래 단어란, 말하는 사람도 모르게 느낌을 드러내 버리니까요. 앞으로, 일종의 재발견과 재창조가 있을 것입니다. 지난 수년간 지식인의 역사에서 그런 걸 느낄 수 있어요. 물론 뒤로 돌아가지는 않을 겁니다. 하지만 끊어진 고리는 다시 이어야 하고 옛 지혜가 무용했다고 생각하지 않기를 바랍니다.

▪ 비노크 이 얘기를 좀 더 구체화해 보죠. 인구 통계라는 특별한 문제를 다루고 싶은데요, 요즘 프랑스와 서구는 인구가 줄어들고 있고 이 현상은 해마다 심화될 거라는 데 더 놀라고 있습니다. 이런 두려움과 불안을 어떻게 보시는지요?

• 아리에스 인구 통계 데이터는 물론 의미심장합니다. 숫자는 보이는 것보다 더 많은 것을 의미하니까요. 인구 감소, 특히 경제 활동 인구의 감소는 다음 세대에 큰 경제적 부담을 줄 수 있습니다.

▪ 비노크 지금 당장은 문제가 아닌 것 같습니다만.

• 아리에스 실업률 때문에 좀 낫다고 생각하지만 틀릴 수도 있어

요. 하지만 이 현상들은 바로잡아야 하죠. 아무도 모르니까요. 최악의 상황은 아닌 것 같습니다. 어쨌든 인구 통계의 중요한 변화는 행동과 심성의 변화를 드러냅니다. 출산율 감소도 마찬가지예요. 인구수가 현저히 적었던 것이 처음은 아니지만 30년대에 아이들이 적었을 때는 이공계 학생, 정부 지도자, 교사, 사제 등이 될 사람이 없어서 걱정했던 것입니다. 오늘날은 전혀 그런 이유가 아니에요. 반대로 아동에 대한 일종의 불편한 감정, 수치스러운 망설임 같은 걸 관찰하게 됩니다. 미국은 많은 가게 입구에 이런 팻말이 붙어 있어요. "부모와 동반하지 않은 어린이는 입장할 수 없습니다." 정말 이렇게 아무 데나 써 붙여만 할까요…. 아동에 대한 거리감은 지난 20여 년간 자리 잡았습니다. 즉 베이비붐 세대로 아이를 가장 많이 가졌던 사람들의 자녀 세대입니다. 지금 60~70대는 아이를 원 없이 많이 가졌어요. 의미심장한 현상입니다. 우리가 원하는 대로 판단하겠지만, 의미가 많아요.

■ **비노크** 자살 행위라고 생각하세요?

● **아리에스** 그러려면 다음 세대가 그것을 수용해야 해요. 가능하지만 확실하지는 않습니다. 일련의 세대가 이 방향으로 계속 가면, 사회학자 쇼뉘의 예측이 정당화될 겁니다. 그리고 이런 가정이 자유주의적인 서구 사회에서는 예외라고 할 수 없습니다. 서구 사회는 소외된 빈곤층이 있는데도 넘쳐나는 부로 무너지고 있으니까요. 다만 전문가들이 조금씩 보여 주는 기술적 쾌거에도 불구하고(아리에스는 기

술의 진보를 전통적 사회 붕괴의 요인으로 인식하는 경향이 있다—옮긴이) 서구 사회는 풍요 속에서 한동안 무너지지 않을 것입니다. 그러다 아마도 에너지 위기 때문에 변하게 될 것입니다.

■ **비노크** 지난 200년간의 출산율 곡선을 따라가 보면, 몇 번 불꽃이 타오르긴 했지만, 계속 하락하는 추세임을 알 수 있습니다.

● **아리에스** 우리가 18세기 말부터 단일한 문명 속에 있었음을 증명하는 사실이죠. 베이비붐 세대, 그 한 세대 동안만 반짝하고 이런 추세가 멈췄던 것입니다. 이것은 바로, 우파에서 민족진보주의로 넘어가는 시기와 일치합니다. 행복의 절정에 달했고 따라서 아이들을 좀 더 낳을 수 있었죠. 성장 이데올로기는 미래에 대한 신뢰를 가져다주었습니다. 집에 가면 아내가 있고 행복한 가정이 있는 미래를 꿈꿨죠. 아녜스 바르다Agnès Varda* 의 아름다운 영화 〈행복Le Bonheur〉(1965)은 이런 현대적 꿈을 잘 보여 줍니다. 행복한 가정은 아이를 셋, 넷 두었죠. 다음 세대는 덜 갖게 되었고 결혼마저 거부하고 있어요. 그래도 아이들은 낳겠지만 숫자는 줄고 있습니다. 여기에는 19세기와 20세기 초의 맬서스주의와는 다른, 놀랍고 복잡한 무언가가 있는데요, 삶에 대한 환멸? 이런 식의 해석은 좋아하지 않습니다. 그럼 원자 폭탄이 무서운 걸까요? 솔직히 그냥 모르겠다고 해 두죠. 다만 근

---

* 1928~ . 프랑스 영화감독. 누벨바그 운동의 주역이었다.

본적인 문화적 균열이 나타난 것은 맞습니다. 그다음은 어떻게 될까요? 끊임없이 발전하는 기술의 방향으로 계속 갈 수도 있습니다. 그러면 그때는 다 망치는 거죠. 이것이 쇼뉘와 솔제니친이 미국인에 대해 했던 해석입니다. "너희는 망했어."

▪ **비노크** 그건 아주 오래전부터 존재하던 고루한 훈계죠.

• **아리에스** 하지만 솔제니친이 그 말을 하면 다른 의미가 되죠. 더욱이 그는 노력, 금욕주의, 이런 도덕을 다시 복권시켰어요. 프랑스에서는 비시 정부가 망쳐 놓았고 교회도 방치했던 도덕을 말이에요! 요한 바오로 2세가 다시 꺼내 들고 있습니다만.

쇼뉘-솔제니친-요한 바오로 2세의 가정은 서구의 도덕적이고 인구 통계적인 가정, 경제적 범죄의 위험을 알리는 가정입니다.

하지만 다른 가정도 있지요. 출생율의 추락, 결혼과 자녀에 대한 새로운 태도들은 단절감과 앞으로 오게 될 어떤 것, 새로운 문화에 대한 기대감을 반영합니다. 자동차, 가전제품, 중앙난방, 신용카드, 이 모든 것은 도덕보다 더 확실하게 우리를 무너뜨리려 할 겁니다.

▪ **비노크** 정치권력이 이런 현상을 좌우한다고 보시나요? 피에르 쇼뉘는 저술 활동뿐만 아니라 출산 정책 운동도 맹렬히 하고 있습니다. 출산 정책이라는 걸 믿으세요?

• 아리에스 아니요. 정치권력이 이런 유형의 현상을 좌우한다고 보지 않아요. 법은 어떤 현상의 진화 과정을 촉진하거나 늦출 수는 있지만 운동성을 만들거나 뒤집을 수는 없습니다.

■ 비노크 그럼 거꾸로 말해서, 낙태법이 이 상황을 악화시키지 않았을까요?

• 아리에스 사실, 낙태법이 출생률 하락에 큰 영향을 준다고 생각하지 않습니다. 반면에 커다란 문화적 의미를 갖고 있지요. 이 법은 아동의 생명에 대한 믿을 수 없는 태도의 변화를 나타냅니다. 무관심 속에 행해지는 전통적인 영아 살해로의 복귀가 완벽하게 수용되는 것처럼 보이니까요. 영아 살해는 많은 사회에서 공통적인 현상이었죠. 고양이 새끼를 물에 빠뜨려 죽이듯 아기들을 죽였어요. 그렇지만 이런 버려짐에도 우연적인 특성은 남겨 두었어요. 아기가 살아날 기회를 남겨 두는 것이었습니다. 서구 사회는 이런 상태를 수정하는 데 많은 어려움을 겪었어요. 폴 벤은 3세기경, 기독교 이전의 이교적이고 금욕적인 사회에서 어떻게 이런 혐오 행위가 전개되기 시작했는지를 보여 주었습니다. 교회와 국가는 마침내 새로운 도덕을 부과하기에 이릅니다. 그 마지막 에피소드는 아기들을 버리는 일종의 베이비 박스, '아기 탑Tour des enfants'의 설치였습니다. 오늘날은 오래된 야만적인 관습으로 은밀히 돌아가고 있어요. 물론 많은 논지를 근거로 대면서 말입니다.

■ **비노크** 지금 마지막 주제도 그렇고, 이 긴 인터뷰 동안 말씀하신 모든 것 속에서 선생님은 정치를 약간 과소평가한 것처럼 보입니다. 아마 정치를 과대평가하는 사람들에 대한 반동일지도 모르겠습니다. 인구 통계 분야에서는, 정치권력이 전적으로 무능하다는 견해를 선생님만큼 확신하지는 않고요…. 전쟁 문제도 언급했는데, 어쨌든 그건 정치권력이나 정치권력 관계의 산물이죠! 이는 내가 정치에 굴종하기 때문이 아니라, 그에 마땅한 인정을 해 주지 않으면 여러 문제에 대해 집단적으로 행동할 수 있는 우리의 희망을 빼앗기기 때문입니다. 선생님의 저서들은 역사적 현상에 대한 무의식적 본성에 바치는 오마주입니다. 풍습을 포함하여, 모든 것이 정치라고 믿는다면 아주 나이브하다는 것 또한 기꺼이 인정합니다. 루소 이후, 스스로를 '혁명주의자', '민족주의자' 또는 그 무엇으로 규정하는 것은 착각입니다. 그렇지만 말입니다, 그들의 망상을 진지하게 받아들이는 것은 아닙니다만, 선생님이 마치, 바레스가 지성에 대해 말했던 것처럼, 정치는 우리 자신의 표면에 있는 사소한 것에 불과하다고 말씀하시는 것 같아서 분개하게 됩니다. 만일 정치를 배제한다면 우리 사회에서 모든 의지를 앗아 갈 위험이 있는 거 아니겠습니까? 내가 그 운명을 주관한다고 하지 않습니다. 아무도 그건 더 이상 믿지 않으니까요. 하지만 적어도 체념하지 말고, 운명론에 빠지지 말고, 행동에 나서 봐야 하지 않을까요? 본질적으로 모든 전체주의에 반대하시기 때문에 정치에 대한 선생님의 불신도 결국 공감하게 되는데요, 그런 불신은 우리를 기도와 개인적 반항 이외에 다른 방법이 없는 상태로,

습관과 기쁨, 고통으로 돌려보내 버리는 '절대 거부non possumus'의 의미를 갖습니다. 선생님의 우파 무정부주의는 너무나 매력적이에요. 왜냐면 좌파도, 라틴어 미사를 고수하는 가톨릭 보수주의자도 다 즐겁게 하니까요. 하지만 저는 그것이 절망하는 정치 철학을 드러낸 것이 아닐까 합니다(모든 에너지와 모든 시도들에 지쳐 버린). 그런 점에서 결국 선생님은 제대로 이 시대를 살고 있습니다!

• 아리에스 확신컨대, 피에르 부탕도 나에게 거의 똑같은 비판을 할 것입니다. 좀 더 엄정하게 하겠지요. 솔직히, 이 주제에 대해 내 생각을 말한 것은 『나시옹 프랑세즈』 시절 이후 처음이고, 아무런 뉘앙스도 가미하지 않고 그대로 말했습니다.

물론, 정치권력은 유용하고 효과적으로 사용할 수 있고, 그래야 하겠지요. 하지만 사회의 매우 한정된 분야인 '공적 분야res publica'에서만 그렇습니다. 이 분야는 우리 시대에 팽창되어서 우리 일상 활동과 사생활의 너무 많은 부분을 덮어 버립니다. 오늘날 국가는 우리의 염려 속에 너무 과도하게 큰 자리를 차지해 버렸습니다. 얼마 전 라디오에서 들은 얘기입니다. 어느 이혼남이 아이 엄마에게 아이를 보여 주지 않았다는 이유로 2년간 운전면허를 정지당했는데, 그의 직업은 자동차 정비공이었답니다! 우리가 사는 세상의 혼돈을 보여 주는 좋은 예지요. 국가는 활동, 규제, 감시, 처벌 등의 무한한 그물망 형태로 펼쳐져 있습니다. 물론 국가를 다시 제한적 권력 상태로 돌려놓으면서 적법성과 권위를 돌려줄 수도 있지요.

하지만 이런 사회 상태에서 가능한 일일까요? 사회와 그 오래된 구조의 해체, 견제와 통제의 느슨해짐, 공동체의 인간관계와 인간, 국가, 성스러움 사이의 관계를 조정하던 모든 구전 관습의 소멸은 심각한 현대적 현상으로 보입니다.

틀림없이 국가도, 정치사상도 이 놀라운 분리에 책임이 없을 것입니다. 나의 왕당파 우파 스승들이 믿었던 것처럼요. 그것은 증기기관차부터 '질외 사정', 공작 기계, 테일러리즘에 이르기까지 온갖 기술의 대량 도입에 따른 것입니다. 이것은 또한 자유주의적 자본주의 국가에서뿐만 아니라 전체주의적 마르크스주의 국가에서도 마찬가지입니다. 인간과 자연, 물질, 노동, 성, 죽음의 관계들은 변화했고, 수세기에 걸쳐 경험적으로 구축된 보호막은 터져 버렸습니다. 따라서 옛 문화의 폐허에는 텅 빈 구덩이가 생겨났습니다. 그 구덩이는 예전에 역사에서 찾아낸 제도들로 채워졌던 자리입니다. 과학적 결정론의 '무에서부터의' 창조가 필요한 상황이지요. 국가와 가족은 동일한 전문성과 동일한 프로그램에 따라, 대립하는 동시에 공모하는 두 개의 중심이었습니다.

국가와 정치의 유용성을 인정하려면, 물론 바람직한 일이지만, 사회성을 완전히 바꿔야 합니다. 외과의사가 절단된 사지를 다시 붙이듯, 근본적으로 사회성을 재구축해야 하는 것입니다. 이 일은 정치학이나 정치적 논쟁 도구를 가지고 이뤄질 수 없습니다. 우선, 몬느로가 얘기했듯, 사회적인 것들choses 말고 사회적 현상들faits sociaux의 중요성을 인식해야만 합니다. 오늘날은 역사, 민족학, 철학을 광범하게 아우르는 성찰이 정치적 행동보다 더 유용하고 필요한 때입니다. 적어도, 이것이 내가 애초에는 정치성을 지향하다가 그 후 쭉 걸어왔던 여정을 통해서 도달한 확신입니다. 이것은 정치를 포기하는 것이 아니라 목표의 변경, 전략의 변화입니다. 떨어져 있고, 흐트러져 있고, 순응주의에 억눌려 있던 자동적인 반응들이 여기저기 나타나면서 눈덩이처럼 불어납니다. 사상가들, 연구자들, 그리고 또 시인들, 인간성의 탐구자들, 경건한 신앙인들의 반응들입니다. 이제 더 이상 정치의 시간이 아니라 예언자의 시간이기 때문입니다.

일요일의 역사가
필리프 아리에스 자서전

초판 1쇄 인쇄 2017년 6월 20일
초판 1쇄 발행 2017년 6월 30일

지은이 필리프 아리에스
옮긴이 이은진

펴낸이 연준혁
편집인 정보배
편집 엄정원
디자인 조은덕

펴낸곳 이마 **출판등록** 2014년 12월 8일 제2014-000225호
주소 (10402) 경기도 고양시 일산동구 정발산로 43-20 센트럴프라자 6층
전화 031)936-4000 **팩스** 031)903-3895
홈페이지 www.yima.co.kr **전자우편** yima2015@naver.com **트위터** twitter.com/yima2015

값 16,000원
ISBN 979-11-86940-27-3 03920

이 도서의 국립중앙도서관 출판시도서목록(CIP)은 서지정보유통지원시스템 홈페이지(http://seoji.nl.go.kr)와 국가자료공동목록시스템(http://www.nl.go.kr/kolisnet)에서 이용하실 수 있습니다.(CIP제어번호: CIP2017013506)